国家社会科学基金项目"循环经济的经济学理论基础研究"
（项目批准号：12BJL015）研究成果

王　岩／著

循环经济的
经济学理论基础研究

Research on the Economic Theoretical Basis of
Circular Economy

中国财经出版传媒集团
经济科学出版社
Economic Science Press

目　录

第一章

绪　论

循环经济不可能完全独立于现存的经济形态而发展，从包容性、渐进性理念出发，循环经济是在市场经济、工业化框架下实现绿色、生态和可持续发展的重要途径。循环经济不仅要求实现资源的节约和循环利用，而且要求生产活动要经济。因此，循环经济的研究和实践离不开经济学。运用经济学理论建立循环经济的经济学理论体系，并且用这一理论体系指导循环经济发展实践，是循环经济发展研究的重要内容。从经济学角度讲，古典经济学、新古典经济学和凯恩斯主义经济学理论几乎没有关注和涉及循环经济问题。马克思主义政治经济学视野广阔，把人与人、人与自然的关系融为一体，研究经济社会发展规律，而且是循环经济的经济学理论开先河者。本书以马克思主义政治经济学为理论基础，吸收现代经济学合理的内容，在循环经济的经济学理论方面做了一些研究工作。

第一节　循环经济理念的形成和思想概述

从工业革命开始，一系列发明和技术革新快速提高了人类社会的生产力，给人类带来了巨大的物质财富，人类社会开始大规模、高速度地开采和消耗能源和其他自然资源。大量的不可再生的矿物质能源和原料的使用，不仅带来一些地区的资源耗竭，而且在使用中排放出的废气、废水、废渣对环境造成污染。工业化所伴随的高度城市化使人口和工业聚集在大城市，使城市及周边地区饱受水污染、垃圾污染、工业废气和汽车尾气污染。面对这些不争的事实，人类开始全面反思自己对待自然的态度，开始关注自然条件对人类社会可持续发展的影响问题。可持续发展、绿色经济、循环经济等理论应运而生。

一、循环经济提出的背景

从 18 世纪中叶到 19 世纪中叶，伴随着市场的不断扩大和蒸汽机、纺织机的发明，在英国进行了以机器广泛使用为标志的工业革命，这是以劳动资料为起点进行的产业革命，特点是使手工劳动工具转变为机器。马克思认为，工业革命的结果是使工人成为机器的附属品，必须依赖于整个工厂和资本才能够进行生产。机器使技术条件彻底改变：机器的使用突破了手工劳动的局限性，通过机器把自然力和自然科学并入生产过程，使劳动生产力大幅度提高；机器的使用还进一步改变了社会劳动组织以适应新的技术条件，如按照机器的生产程序组织劳动的分工、协作。工业革命的完成，使先进的资本主义生产关系彻底战胜了腐朽的封建主义生产关系，从而解放了被封建主义生产关系所束缚的生产力，使社会生产关系与建立在分工协作和机器大工业基础上的社会化的生产力相适应，最终确立了资本主义经济制度在社会生产过程中的统治地位。马克思和恩格斯在《共产党宣言》中对资产阶级所领导的工业革命创造出的巨大的生产力给予高度评价："资产阶级在它的不到一百年的阶级统治中所创造的生产力，比过去一切世代创造的全部生产力还要多，还要大。自然力的征服，机器的采用，化学在工业和农业中的应用，轮船的行驶，铁路的通行，电报的使用，整个整个大陆的开垦，河川的通航，仿佛用法术从地下呼唤出来的大量人口，——过去哪一个世纪料想到在社会劳动里蕴藏有这样的生产力呢？"[1]

托夫勒在《第三次浪潮》一书中把工业革命带来的工业文明称为"第二次浪潮"，并且概括了工业文明的特征："一、以使用不能再生的化石能源作为能源基础。二、技术的突飞猛进。三、大规模的销售系统。三者结合，形成了第二次浪潮的技术领域。"[2] 他还特别指出，"能源，是任何文明的先决条件。第一次浪潮文明的能源是'活的电池'：人力与畜力，还有来自太阳、

---

① 《马克思恩格斯文集》（第 2 卷），人民出版社 2009 年版，第 36 页。
② 托夫勒：《第三次浪潮》，生活·读书·新知三联书店 1983 年版，第 6 页。

风和水。烧饭取暖用的是木材,推动磨盘是利用水力的水车和风车,拉犁用的是牲口。到法国大革命时为止,据估计,欧洲的能源是一千四百万匹马和二千四百万头牛。所以第一次浪潮社会的能源是可以再生的。大自然长出新林替代砍伐之木,风帆不愁无风,流水永远推动水车。至于牲畜和人,更是可以代代生息以新替老的'能源奴隶'。与此相反,所有第二次浪潮社会的能源开始使用煤,天然气和石油,这些都是不能再生的化石燃料。这一革命性的改变是在1712年纽康曼(Newcomen)发明的可以使用的蒸汽机以后。它意味着人类文明开始吃自然界的'老本',而不只是吃自然界的'利息'了。这种采掘地下贮藏的能源,为工业文明提供了不为人们所察觉的大量的补贴,大大地促进了经济的增长。从此开始,第二次浪潮所及之处,各国无不自以为是在取之不尽用之不竭的廉价化石燃料基础上,建立起庞大的技术和经济结构。……化石燃料组成了所有第二次浪潮社会的能源基础。"[①]

工业革命不仅给人类带来了巨大的财富,也带来了发展的困境。马克思认为,资产阶级完成了工业革命,在工业化基础上建立起来的资本主义经济制度一方面刺激着社会生产力的快速发展;另一方面其固有的基本矛盾又不可避免地通过周期性爆发的经济危机和社会生产的比例失衡破坏着社会生产力的成果,"社会的理智总是事后才起作用,因此可能并且必然会不断产生巨大的紊乱"[②]。而且,以资本为本、以逐利为目的的资本主义制度导致了对自然资源和劳动力疯狂的掠夺式的使用,使财富的源泉遭到破坏,使自然环境日益恶化。资本主义社会在其工业化过程中陷入经济和生态双重危机不能自拔。恩格斯在《自然辩证法》中指出:"西班牙的种植场主曾在古巴焚烧山坡上的森林,以为木灰作为肥料足够最能赢利的咖啡树利用一个世代之久,至于后来热带的倾盆大雨竟冲毁毫无保护的沃土而只留下赤裸裸的岩石,这同他们又有什么相干呢?在今天的生产方式中,面对自然界和社会,人们注意的主要只是最初的最显著的结果,可是后来人们又感到惊奇的是:取得上述成果的行为所产生的较远的后果,竟然完全是另外一回事,在大多数情况下甚至是完全相反的。"[③]

---

① 托夫勒:《第三次浪潮》,生活·读书·新知三联书店1983年版,第69~70页。

② 《资本论》(第2卷),人民出版社2004年版,第349页。

③ 《马克思恩格斯文集》(第9卷),人民出版社2009年版,第562~563页。

机器大工业和以煤炭为主要能源的生产不可避免地生产出废气、废水和固体废物，造成对人类生存的自然环境的污染。托夫勒也指出了工业革命的弊病："第二次浪潮本身有两个变化，使工业文明不可能再正常生存下去。第一，征服自然的战役，已经到达到一个转折点。生物圈已不容许工业化再继续侵袭了。第二，不能再无限地依赖不可再生的能源。第二次浪潮文明两个非常重要的基本补贴：廉价的能源与廉价的原料均将消失。"① "第二次浪潮文明降临，资本主义的实业家在规模巨大的范围内挖掘资源，把毒气注入空中，为追求利润而大面积砍伐，不考虑各方面后果和长远影响。由于目光短浅和自私自利，竟然认为自然界为人类利用提供了最方便的场所。"②

1962 年，美国女学者、海洋生物学家雷切尔·卡逊出版了《寂静的春天》，描绘在现代工业化生产方式下因过度使用化学药品和肥料而导致环境污染、生态破坏，最终给人类带来不堪重负的灾难。

在 20 世纪六七十年代，发达国家普遍支出高成本治理城市环境问题，但是，发展中国家在之后的工业化和城市化过程中，仍然在步发达国家工业化的后尘，加之发达国家把污染严重的工业输出到发展中国家，使发展中国家面临着严重的生态破坏和环境污染问题。

二、循环经济概念的提出

环境污染、生态失调、能源短缺等一系列问题已经开始严重威胁到人类的生存和发展。不断出现的生态危机使人类意识到，只关注提高生产率追逐物质财富，不遵循生态规律利用自然，人类社会的发展将是不可持续的。

循环经济的理念早已有之。马克思身处英国的资本主义机器大工业时代，已经看到了资本主义生产过程产生的生产排泄物对环境造成的污染和资源的浪费以及生产排泄物利用的必要性，也看到了消费排泄物对环境的污染。马克思指出，环境污染和资源的浪费，根源在于资本主义生产方式，在于资本为了追求最大限度剩余价值对其垄断的自然界无偿提供的自然资源和环境资源的掠夺性使用。马克思在《资本论》中对生产排泄物和消费排泄物的循环

---

① 托夫勒：《第三次浪潮》，生活·读书·新知三联书店 1983 年版，第 14 页。
② 同上，第 152 页。

利用问题进行了比较深入具体的研究，提出了生产和消费排泄物循环利用的基本思想，马克思用事例说明，在能够获得更多物质财富的前提下，通过发现使用生产排泄物的技术，循环利用生产排泄物是可能的，并且在当时的英国已经出现。马克思从政治经济学视角，以机器大工业生产为背景讨论了生产排泄物的循环利用问题，说明机器大工业与生产排泄物的利用不存在根本性冲突，根本问题在于物质利益关系和生产技术决定的生产的具体方式。毋庸置疑，马克思是循环经济思想的开先河者，然而直到1965年，资源循环利用问题由美国学者肯尼斯·鲍尔丁在《地球像一艘宇宙飞船》一文中提出才引起研究者和实践者的广泛重视。鲍尔丁在该文中提出，人是生态系统中的一员，人的生存能力依赖于具有闭路循环特征的世界生态系统上所有元素和人的共生关系的观点，并且从经济发展的视角推断，在人口及经济的迅速增长的"黄金时期"，终将耗尽飞船有限的资源，同时，排出的各种废弃物也将充斥飞船的内舱，其后果是飞船因内耗毁灭，而目前，快速的经济增长已使地球成为一个极小的、封闭的、有限的、拥挤的、正撞向未知空间的球体。他认为，面对这样的局面，人类需要开发一种不同于现在状况的、稳定的、循环的高级技术，以满足生活高质量的需求。1966年，鲍尔丁又发表《未来宇宙飞船地球经济学》一文，指出过去那种不计后果的"牛仔经济"应当代之以"宇航员经济"，即要求以新的"循环式经济"代替旧的"单程式经济"；在地球这艘孤独的宇宙飞船上生活的人类必须找到自己在生态系统循环中的位置；因此，一定要尽快减少生产和消费的流量，避免对自然资源的损害以维护自然资源的存量。① 英国环境学家皮尔斯和图奈（Pearce and Turner，1990）在《自然资源和环境经济学》一书中首次正式使用了循环经济（circular economy）一词，② 主要从资源管理角度讨论了物质循环问题③。

实践上，20世纪七八十年代，以德国为代表的发达工业国家，在为解决环保问题而对废弃物进行处理的过程中，逐步由单纯的末端治理，发展到源

① 杨志等：《循环经济可持续发展的经济学基础》（总论），石油工业出版社2009年版，第33页。

② Pearce, D. & Turner, R. K. Economics of Natuml Resource and the Environment. Harvester Wttxtsheaf, 1990.

③ 周宏春、刘燕华等：《循环经济学》，中国发展出版社2005年版，第10页。

头预防、减少废弃物的产生并对废弃物进行资源化处理后再生循环利用，而且确立了废弃物处置的顺序：尽量抑制废弃物产生、再使用、再生利用、热回收、无害化处理。1996年，德国颁布《循环经济与废物处置法》，首次在国家法律文本中使用循环经济概念。

在中国，循环经济一词最初由刘庆山（1994）使用，他从资源再生角度提出，废弃物资源化本质上是自然资源的循环经济利用①，之后，我国研究者从不同角度对循环经济内涵进行了阐述。在《中华人民共和国循环经济促进法》（2008）中把循环经济定义为是资源节约和循环利用活动的总称，其核心是资源综合、高效利用。总体看，比较普遍的看法是循环经济本质上是生态经济，即要按照自然生态系统物质循环和能量流动规律重构经济系统，在经济发展过程中遵循生态规律。循环经济以资源的高效利用和循环利用为核心，以"减量化、再利用、资源化"为原则，以低消耗、低排放、高效率为基本特征，是实现可持续发展的重要途径。

三、循环经济主要思想概述②

循环经济的主体是经济，但是与传统工业经济采取的"自然资源—产品—生产和生活废弃物向自然环境中排放"单项流动的线性生产方式不同，循环经济采取生态学意义上的循环生产方式，即采取自然资源—产品—生产和生活废弃物再生资源利用的物质循环流动生产方式，所有的物质和能源能在这个不断进行的经济循环中得到合理和持久的利用，并且把经济活动对自然环境的影响降低到尽可能小的程度。

在商品经济条件下，在由物质（使用价值）流和价值流组成的经济活动过程中，传统线性经济只关注价值流的增长（如价值或资本—商品或者服务—价值或资本增值）而不关注物质流的循环，因此是一种"有经济无循环"的过程。循环经济在价值流增长的前提下强调物质流循环，改变以大量消耗自然资源为特征的"有经济无循环"的传统线性经济。

---

① 刘庆山：《开发利用再生资源，缓解自然资源短缺》，载于《再生资源研究》1994年第10期。

② 基本问题的概述来自诸大建主编：《中国循环经济与可持续发展》，科学出版社2007年版，第2~5页。

《中华人民共和国循环经济促进法》所称循环经济，是指在生产、流通和消费等过程中进行的减量化、再利用、资源化活动的总称。该法确定了循环经济的三个原则，即减量化、再利用、资源化。减量化是指在生产、流通和消费等过程中减少资源消耗和废物产生；再利用是指将废物直接作为产品或者经修复、翻新、再制造后继续作为产品使用，或者将废物的全部或者部分作为其他产品的部件予以使用；资源化是指将废物直接作为原料进行利用或者对废物进行再生利用。其中的"资源化"有许多研究也称为"再循环"，因此可以简称为"3R"原则。一些相关研究把循环经济的原则发展为"5R"，但是并未取得共识。吴季松在2005年3月26～30日阿布扎比举行的"思想者论坛"大会上提出"5R"原则，即再思考、减量化、再利用、再循环（或者资源化）、再修复。李兆前、齐建国、吴贵生（2008）提出的5R原则，即减量化、循环再生利用、资源再配置、资源替代、无害化储藏。本书使用通行的"3R"原则，认为"3R"原则能够更好地反映循环经济的内容和实质，也更有可操作性。

减量化（reduce）原则是循环经济的第一原则。减量化原则属于输入端方法，目的是减少进入生产和消费流程的物质量，是指要减少进入生产和消费流程的物质量。即在生产中，通过减少产品的物质使用量节约资源和减少排放；在消费中，减少对物品的过度需求。通过减量化，减少对自然资源的压力、减少垃圾处理的压力。

再利用（reuse）原则是循环经济的第二个原则。再利用原则属于过程性方法，目的是延长物品在消费和生产中的时间强度，是指设计生产尽可能多次及尽可能多种方式使用的生产和生活消费品，发展再制造工业，节约能源和材料，防止物品过早成为垃圾。

再循环（recycle）原则是循环经济的第三个原则。再循环原则是输出端方法，通过把废弃物再次变成资源以减少最终处理量，尽可能多地再生利用或资源化。可以有两方面的资源化途径：一是工艺性的资源化，即把废弃物返回到经济过程中的生产端，在那里粉碎之后再融入新的产品之中。这又有两种不同的资源化方式，最合意的资源化方式是原级资源化（也称为闭路的资源化），即将消费者遗弃的废弃物资源化后形成与原来相同的新产品（报纸变成报纸、铝罐变成铝罐，等等）。略为逊色的资源化是次级资源化（也称为开路的资源化），即废弃物被变成不同类型的新产品。二是生态性的资源化，即经济过程中所利用的物质养分应该设计成能够返回到自然界的生态循环之中，被土壤中的微生物或者其他动物吸收掉。例如，把生产过程和消费过程中使用的清洁剂设计为含有新陈代谢功能的生物养分，当它们被消费排放到湿地、江河湖海中时，依然维持着生态系统的平衡。再如，把从产品和工厂里流出来的水设计成和城市里的供水一样清洁，甚至比供水更清洁。

循环经济要求经济系统有网络状的物质交流，从这个角度看，循环经济与线性经济的根本区别在于，线性经济内部是一些相互不发生关系的线性物质流的叠加，由此造成出入系统的物质流远远大于内部相互交流的物质流，造成经济活动的"高开采、低利用、高排放"特征。循环经济则要求系统内部要以互联的方式进行物质交换，以最大限度地利用进入系统的物质和能量，从而能够形成"低开采、高利用、低排放"的结果。一个理想的循环经济系统通常包括四类主要行为者，即资源开采者、资源处理者（制造商）、消费者和废物处理者。由于存在反馈式、网络状的相互联系，循环经济系统内不同行为者之间的物质流远远大于线性经济出入系统的物质流。

循环经济的发展是一个逐渐深化的过程。可以将线性经济向循环经济的转化过程与地球上的生态系统做一个类比。地球上的生态系统可以分为三类：第一类是系统内中的物质流基本上是线性的一级生态系统，这种系统需要从环境中大量吸收资源并大量排出污染；第二类是系统中的物质要素开始相互依赖并形成某些循环二级生态系统，从环境中吸收的资源和排放的污染有明显减少；第三类是系统内部有完整循环、复杂关系的三级生态系统，这时系统与环境之间的交换只有对太阳的能源吸收而没有资源消耗和污染排放。按照勃拉登·阿伦比（Braden Allenby）的看法，传统的经济体系属于一级生态系统，而发展循环经济就是要使现在的经济系统从一级生态系统向二级生态系统、三级生态系统转化。"理想的工业社会（包括基础设施和农业），应尽可能接近三级生态系统"（苏伦·埃尔克曼，1994）。实现三级生态系统意义上的循环经济，不是对现有生产方式和消费方式的简单改进，而是要求对生产方式和消费方式的重大变革，这是一个逐渐深化的发展过程。本书研究所涉及的是经济系统从一级系统向二级系统转变中的经济学理论基础问题。

第二节　循环经济的经济学理论基础研究现状概述

从理论基础看，对循环经济的理论依据的研究主要涉及物理学理论、生态学理论、系统科学理论和区域科学理论等，并且把生态经济学作为循环经济的理论基础的研究占据主导地位。一篇关于循环经济理论研究综述的文献在梳理相关文献的基础上认为：循环经济尚未形成完整的理论体系，理论内核不明晰，理论边界模糊，理论研究陷入"漂移状态"和"破碎困境"。实践表明，循环经济的发展必须要在当代市场经济体系中进行，因此，用经济学范畴构建循环经济的经济学理论基础，使循环经济理论系统化，并且能够用以指导循环经济实践，是循环经济理论研究工作的重要内容。关于循环经济的经济学理论基础研究，主要涉及两个部分：一部分是以西方主流经济学为理论基础展开研究；另一部分是对马克思经济学中的循环经济思想进行研究。

一、运用马克思主义政治经济学研究循环经济

任勇和吴玉萍（2005）指出，马克思认为，人类社会面临着两大变革，那就是人同自然的和解以及人同本身的和解。前者是人与自然的关系，后者是人与人的关系。在人与自然的关系问题上，马克思是以实践和物质交换来解释的。马克思认为，劳动首先是人与自然之间的过程，是人以自身的活动来引起、调整和控制人和自然之间的物质变换的过程。这种人与自然之间的物质变换，包括人类从自然界获取资源，将其加工成人们消费的产品，也包括产品生产和消费产生的废弃物。这种物质变换理论，深刻地揭示了人类和自然界之间的本质联系，人与自然之间的一切矛盾，都是在这一过程中不断显现、发展、解决的。在人与自然的关系问题上，除了恩格斯敲响了"我们不要过分陶醉于我们人类对自然的胜利"的警钟之外，马克思还指出，关于生产条件节约的另一大类是指生产排泄物，即所谓的生产废料再转化为同一个产业部门或另一个产业部门的新的生产要素，这种所谓的排泄物就回到生产从而消

费（生产消费或个人消费）的循环中；原料的日益昂贵，自然成为废物利用的刺激；对生产排泄物和消费排泄物的利用，随着资本主义生产方式的发展而扩大。所以，尽管马恩时代资源环境问题没有显化为突出问题，但从人与自然之间物质变换的本质关系的角度，马克思已对物质循环型的生产实践做了较深刻的分析。

刘玉珂等（2005）认为，《资本论》从辩证唯物主义和历史唯物主义的观点出发，严格地以现实经济生活为依据，通过对自由资本主义运行所依托的自由市场机制的考察，揭示了资本主义生产方式的经济运动规律，同时又揭示了市场经济的一般原理和规律以及人类社会普遍适用的经济规律。在对生产力和生产关系相统一的社会生产方式的考察中，注重人类社会发展的客观自然物质，注重人和自然之间关系的辩证发展，注重对资源的节约和保护，注重再生资源的回收利用，注重经济生态体系的自身循环，等等。这些都是循环经济模式的基本内容和原则。诚然，《资本论》没有直接使用循环经济这个词，但这并不妨碍我们对《资本论》各卷所蕴含的十分深刻的循环经济的实质、内容、实现途径，以及所揭示的在生态规律指导下社会活动和经济活动的规律的把握。可以说，《资本论》是循环经济理论的滥觞。[1]

刘思华（2006）认为，在人类思想史上，"只有马克思和恩格斯比较系统地论述了人、社会和自然之间相互依赖、相互制约、相互作用的辩证关系，向人们提供了自然、人、社会相互依赖、相互作用的辩证统一理论"。[2] 刘思华（2006）指出，在马克思的理论中，生态循环和经济循环之间的相互转化，是生态经济系统物质循环运动的重要表现。它在本质上反映了生态经济系统这个有机整体内的生态系统和经济系统之间的一种内在的循环联系和循环关系。[3] 马克思在论述物质变换理论时，是从自然界、人与自然关系和人类社会三个层次揭示了物质变换关系及其自然生态系统的物质变换和社会经济系统的物质变换之间物质变换的客观规律。通过对这一规律的揭示，实质上找到了自然生态系统的生态循环和社会经济系统的经济循环之间相互转化、相互

① 刘玉珂、王现林、张淑萍：《〈资本论〉是循环经济理论的滥觞》，载于《经济经纬》2005 年第 4 期。

② 刘思华：《生态马克思主义经济学原理》，人民出版社 2006 年版，第 440 页。

③ 同上，第 307 页。

作用的纽带。因此，在自然生态、社会、经济这一统一整体的客观体系中，自然界内部的物质变换，本质上是自然生态系统中的自然物质循环运动；人类社会内部的物质变换，本质上是社会经济系统中的经济物质循环运动；而人类劳动中实现的人与自然之间的物质变换，本质上是自然生态系统中的生态循环和社会经济系统中的经济循环之间相互转换的物质循环运动过程。[①]

郑志国（2006）认为，虽然资源利用和资本循环是两个不同的过程，但它们在市场经济条件下是密切联系的。产业资本的三种形态与资源循环利用的三种形态在一定的条件下可以相互转化。资源在循环利用过程中发生的形态变化，实际上是使用价值的变化。同时，资源在循环利用过程中逐步发生使用价值的变化。生产要素的使用价值被用来生产新产品，产品被消费之后，不是被当作垃圾扔掉，而是当作具有一定使用价值的资源重新加以利用。资本循环和资源循环利用实质上分别是价值和使用价值的循环。资本循环实现价值增殖，带来剩余价值。尤其是货币资本的循环突出反映价值增殖，被马克思视为产业资本循环最明显、最典型的表现形式。

杨志（2007）指出，马克思主义经济学的资本循环的理论为在市场经济框架下构建循环经济理论提供了直接可参考的理论模式。资本循环就是资本运动的基本形式。产业资本循环是各种形式的资本循环中唯一能够直接承载自然与社会交错运动关系的资本形式。马克思在《资本论》第二卷非常详尽地研究了单个产业资本循环和作为具有各种各样差异性有机整体的社会总资本循环。

张顺铃等（2008）认为，马克思对循环经济进行了深入的分析，与现代循环经济的论述是相似的，其本质是一致的，对其实现条件也做了翔实的论述，包括从社会制度、科技、法制等方面。

王岩（2008）指出，马克思已经对人类活动所产生的排泄物进行了分类和界定，已经涉及了现代循环经济理论中的核心思想——减量化、再利用和垃圾是放错了位置的原料；提出通过对生产排泄物的循环利用可以节约自然资源、保护环境；提出人的观念、适用性技术、生产的规模等都是实现自然资源循环利用的重要条件。结合马克思关于资本循环理论和社会分工条件下

[①] 刘思华：《生态马克思主义经济学原理》，人民出版社 2006 年版，第 309 页。

的按比例规律理论还可以看到，企业内部管理和社会管理对实现自然资源循环利用的重要意义。

张新平（2008）认为，站在生态马克思主义经济学理论的高度，认真梳理和深刻认识马克思主义物质循环理论和物质变换理论，可以看出循环经济思想本质来源于马克思，生态马克思主义经济理论中蕴含着大量的循环经济思想。马克思关于物质循环是包括能力流动、信息传递和价值实现在内的整个社会经济生态系统中物质的反复利用的循环运动状态。它分为两大类：一类是自然界的物质循环，也叫生态循环；另一类是社会经济的物质循环，也叫经济循环。这两大循环都是在一个具体的系统中物质通过一定的序列过程，周而复始永续不断地推动着各自具体系统的运动和发展。马克思的物质循环利用原理是循环经济物质循环的基本内容，马克思的物质循环理论是循环经济物质循环运动的基础理论，他是构建循环经济整体理论的理论基础，离开了该理论，循环经济理论也就成了无源之水、无本之木。马克思的社会生产与再生产过程中的物质变换和物质循环，再现了整体的自然生态、社会、经济这个统一体系内循环经济运行与发展的基本形式。

马江（2009）认为，马克思在《资本论》中提出了人和自然之间的物质变换和"生产排泄物的利用"的观点，马克思虽然没有直接使用"循环经济"概念，但是，他的循环经济思想已经十分清晰。已经具体提出了废料再利用和减少废料问题，把生产排泄物的再利用和节约资源、提高原料的利用率加以区别，从机器的质量和原料本身的质量上分析了减少废料途径。马克思已经把废料利用和废料减少区别开来，并且已经分析提出了与今天循环经济提出和坚持的"资源化""减量化"的原则一致的内容。马克思关于生产力与生产关系的一般原理揭示，生产力决定生产关系，生产关系如果适应生产力的发展，将促进生产力发展，如果生产关系不适应生产力的发展将阻碍生产力发展。经济基础决定上层建筑，上层建筑必须适应经济基础。技术变迁（创新）是推动经济发展和社会进步的决定性因素，制度变迁取决于技术变迁（创新）的状况及其发展变化，同时，制度变迁又通过促进或阻碍技术创新而影响经济发展和技术进步。在长期经济增长中，制度变迁则是适应经济增长和技术创新而对制度结构所做出的调整，制度扮演的是一个兼具主动性和适应性的双重角色。我们可以将适应循环经济的技术变迁理解为发展"绿色生产力",也可以将适应循环经济的制度变迁理解为重构"绿色生产关系"以适应绿色生产力的发展。同时,根据马克思主义的再生产理论和社会生产部门按比例发展理论,对适应循环经济发展的技术变迁与制度变迁进行研究有重大的理论价值。

钱箭星、肖巍(2009)认为,我们所提倡的循环经济的内容都包含在了《资本论》当中,虽然关于循环经济的原则——"减量化、再利用、资源化"——并没有直接的提及。

卢嘉瑞(2013)认为,发展循环经济的实践需要有科学的理论指导,而马克思的高级使用价值理论对此作出了无与伦比的贡献。马克思的高级使用价值理论已经包含了当代循环经济理论的基本内涵,循环经济理论只不过是高级使用价值理论的别名而已。从马克思关于谷物和酒的生产举例可以看出,所谓低级使用价值就是形成新的使用价值的要素(即作为生产新产品的原材料),它是形成新的高级使用价值的基本前提。据此可以说,一切用于生产新产品的要素对于新产品来说都是低级使用价值。所谓高级使用价值就是由过去的劳动过程的产品,即劳动材料被消费后所生产出来的使用价值,高级使用价值是经过较多劳动过程媒介的使用价值。谷物对于酒而言,就是较低级的使用价值,而酒对于谷物而言,就是较高级的使用价值。在循环经济中,多次反复使用某种物品或将废弃物投入新的劳动过程进行再加工再利用,就是对物的使用价值"吃干榨净"。确保生产过程安全或服务仍居高水平前提下的"再利用"是一种节约,而废弃物不断再投入新的劳动过程的结果是不断实现着使用价值的升级,即不断创造出新的高级使用价值。马克思的这一理论主要分布于《马克思恩格斯全集》第 25、46、47、48 卷,内容丰富、实际、精辟。循环经济理论只不过是马克思的高级使用价值理论的别名而已,马克思是循环生产抑或循环经济理论的创始人。

综上所述,在循环经济理论基础研究方面,已经较为全面地挖掘出马克思的循环经济思想;指出马克思对资本循环的研究包含着对资源循环利用的一些具有普遍意义的认识,其方法可以用来研究循环经济;马克思对排泄物资源化和再利用的分析,已经说明了循环经济的一些原则。马克思在《资本论》中,尤其是在论述不变资本使用上的节约问题时,明确提出过与循环经济类似的思想和观点。随着研究的不断深入,马克思的价值和使用价值理论、生产力生产关系及上层建筑理论、人与自然之间的物质变换理论、资本循环、社会分工条件下按比例生产规律理论等，在循环经济的经济学理论基础研究中不断深化。这些研究成果表明，马克思主义政治经济学无论是研究方法还是研究视野，都把人与自然关系深刻融入经济社会发展之中，从商品经济活动过程入手，对循环经济原则、实现途径、技术条件等具体问题也有较为深入具体的研究。但是，就把马克思主义政治经济学作为对循环经济的经济学理论基础而言，研究还缺乏系统化，特别是对于马克思主义政治经济学的方法论、劳动价值论、生产关系理论、生产方式理论、价值规律等在循环经济的经济学理论中的作用缺乏系统研究。本书在这些研究成果基础上，以马克思主义政治经济学理论为基础，较为系统地展开对循环经济的经济学理论基础研究。

二、运用西方主流经济学研究循环经济

黄英娜、张天柱、颜辉武（2004）从主流经济学的稀缺和效率入手，通过分析稀缺和效率在循环经济理念中的新内涵，阐述循环经济理论的经济学基础，认为生态效率这个概念的"目标刚好体现了循环经济的'3R'原则所规范的内容，正是因为循环经济追求的效率目标从传统经济学中的效率含义扩展至'生态效率'的深度和广度，在自然资源稀缺性（包括自然环境生态承载力有限性）凸显的今天，能够有助于现代社会解决经济可持续发展与自然资源稀缺之间的矛盾，所以，循环经济理论越来越被人们认可，并得以快速发展。'稀缺'和'效率'在新古典经济学理论框架下的内涵延伸，为循环经济理论产生和发展的合理性提供了基本经济学依据。由此可见，'稀缺性'向自然资源要素的转移，是循环经济理念在这一时代得以发展的经济学前提"。

彭秀丽（2005）认为，资源是稀缺的，社会必须有效率地利用资源，这是经济学的两大主题。现代经济社会所面对的稀缺性要素的转移，效率目标的变革以及生态效益根本目标的定位，成为循环经济产生和发展的经济学基础。

牛桂敏（2009）以要素价值理论为基础提出，既然土地被视为生产三要素之一，参与价值创造，是价值的源泉之一。那么，循环经济理论认为自然

资源和生态环境成为价值的源泉。以边际效用价值理论为基础，循环经济理论认为由于人类活动超过了自然资源和生态环境的阈限，因而破坏了自然资源和生态环境的自我调节和更新能力，自然资源短缺、生态环境恶化开始制约经济发展并威胁人类生存，成为越来越稀缺的资源，其边际效益不再小得可以忽略不计，而是变得非常明显了，其价值理应得到承认，成为价值源泉。以按照生产要素的贡献进行分配为理论基础，循环经济理论认为自然资源和生态环境同劳动、资本和土地一样，都是价值生产的贡献者，也会在生产中被耗损，因而也应参与价值分配，新创造的价值至少应该被分解为四部分，即工资、地租、利息和资源环境租金（即自然资源和生态环境补偿与积累价值）。自然资源和生态环境参与价值的分配，是人类实现自己最大福利和社会生产力发展的需要。

任勇和吴玉萍（2005）指出，经济学是研究财富或经济增长以及经济发展机制的科学。从经济学史看，重农学派和古典经济学认为土地或生产为财富的源泉，强调生产成本和劳动价值论。重商主义强调财富是在交换流通过程中产生的。新古典经济学提出了边际效用和个人偏好主观判断的交换价格理论，在假设投入要素间具有相互替代性的基础上，强调通过交易来实现资源的最优配置，从而忽略或放弃了古典经济学关于生产成本和劳动价值理论，这就导致了依据个人偏好主观判断而形成对自然资源与生态环境市场价值的忽视，造成浪费资源和环境污染问题。为此，环境经济学悄然产生。但环境经济学仍以新古典经济学的稀缺理论和效用价值理论为理论基础，探讨资源环境恶化的制度根源，即市场失灵和政府失灵所导致的经济行为的外部性，进一步寻求内化这一外部性的市场机制（庇古税）和制度（科思产权理论）途径。总体上，环境经济学仍属于新古典经济学的范畴，其虽有将生态环境内生于影响经济增长变量之中的倾向，但并没有突破新古典经济学市场价格理论基础和基本分析方法。由于没有触动经济发展方式本身，所以，环境经济学也无法从根本上解决经济发展过程中必然产生的资源环境问题，而且愈演愈烈，成为经济发展的瓶颈约束。这一形势就要求经济学不断创新和完善，以适应可持续发展的时代要求。为此，在探索如何克服新古典经济学对自然资源与生态环境方面考虑的缺陷的过程中，生态学家和经济学家共同努力建立了生态经济学，延伸了古典经济学的生产理论，将自然资源与生态环境纳入影响经济增长的内生变量之中，强调以物质循环、能量转换、信息传递和价值增值作为系统分析自然资源与生态环境价值的工具，谋求彻底改变古典经济学指导下的经济发展方式。生态经济学是研究生态经济系统的矛盾运动发展规律及其应用的科学。如何实现生态系统与经济系统协调发展是生态经济学的中心课题。生态经济系统基本矛盾是生态经济学产生的核心基础。生态经济系统基本矛盾是：具有增长型机制的经济系统对自然资源需求的无限性与具有稳定型机制的生态系统对自然资源供给的有限性的矛盾。生态经济学家从生态经济系统基本矛盾入手，运用经济学理论、生态学理论和现代系统论分析方法来研究社会物质资料生产和再生产运动过程中生态经济系统的物质循环、能量流动、信息传递以及价值增值的一般规律性及其应用。因此，从循环经济的逻辑起点——资源环境与经济社会发展的矛盾、核心调控对象和手段——物质流动方式和物流分析与管理等、目标——协调自然生态系统与社会系统的关系和追求可持续发展等方面看，循环经济实质上是以生态经济理论为核心基础的，是一种应用生态经济学，注重实践模式。当然，经典经济学的许多理论和方法仍然对循环经济理论发挥作用，也是其重要的理论基础。

杨雪锋（2006）、刘旌（2012）从市场失灵方面进行分析指出，市场不是万能的，由于环境领域的外部性、环境资源的公共性，以及信息不对称等原因，使得市场失灵的现象很多，尤其是市场在对自然资源、环境和生态领域进行配置时出现了一定程度上的失灵，不能使资源得到有效的配置。要想使市场机制能够有效地发挥其对资源的配置功能，前提就是解决好产权和制度的安排问题。李刚和孙丰云（2011）、张凯（2004）、李云燕（2006）、张象枢（2007）认为，在市场失灵的情况下，为了减少市场失灵的现象，在市场失灵的领域，就需要政府出面进行干预。可以制定有效的制度规制、政策，通过税收、转移支付与再分配等方法来解决。如以资源税的方式来调节资源的价格就是一个有效的方式，构建绿色税收体系和优惠政策、建立健全可以有效促进循环经济发展的政策制度和法律体系等。或者政府可以通过行政或者法律手段进行产权制度的安排，通过环境产权的界定来解决负的外部性效应问题。

凤亚红和李永清（2003）指出，市场失灵给政府干预提供了机会和理由，成为政府干预这只看得见的手的必要条件。一旦政府对企业环境保护行为进行相应的监督，企业与政府之间将面临企业投资保护与政府监督的博弈。武春友等（2010）认为，在环境保护中，由于在各种环境事故的背后致污企业之间、致污企业与居民、致污企业与政府等各方利益主体之间有着紧密相关的利益关系，因此可以利用博弈论的相关理论，对循环经济各主体之间的决策关系进行深入的探讨和分析。周国雄（2007）用治理环境污染为例分析指出，一些政府所形成的政策难以执行的主要根源，就是由于各个地方政府不断追逐利益所导致的，其具体表现就是中央政府和地方政府之间的利益博弈。

以西方主流经济学为经济学理论基础对循环经济展开研究的成果很多，并且被认为作为循环经济理论基础的生态经济学也是在延伸了古典经济学的生产理论基础上建立起来的。在具体内容研究方面，主要是从主流经济学的稀缺和效率入手，通过分析稀缺和效率在循环经济理念中的新内涵，阐述循环经济理论的经济学基础；根据生产要素价值理论，把自然资源和生态环境引入价值理论，作为价值的源泉之一，相应地，根据生产要素贡献分配理论，认为自然资源和生态环境也应参与价值分配；运用市场失灵理论研究市场在配置废弃物资源方面失灵，提出应通过政府的有效制度规制、产权制度安排、政策调控解决市场失灵；用博弈论研究发展循环经济中企业与政府间的关系。

循环经济本质上是一种和传统的线性生产方式不同的新型生产方式，它所处理的是人与自然之间的矛盾关系，而且必须要通过处理人与人之间的物质利益关系才能够转变生产方式，解决人与自然的矛盾。虽然，在对循环经济特别是生态环境保护的对策研究方面，西方主流经济学的外部性方法和理论、市场失灵理论、产权理论、制度经济学理论有一些可以借鉴使用的地方，但是，由于其理论的局限性以及其急功近利的发展观与可持续发展观的冲突，因此本书认为，西方主流经济学难以形成系统的作为循环经济的经济学理论基础的理论体系。

第三节　基于经济学视角的循环经济性质研究进展

从经济学视角认识循环经济的性质，是探索构建循环经济的经济学理论基础的重要一环，因此是本书研究的重点问题之一。基于经济学视角的循环经济的性质问题，目前在学术界还没有达成统一的认识，专家学者们对这个问题有着不同的见解。关于经济学视角下循环经济性质的观点，从生产力、生产关系、经济形态、经济发展方式到经济发展模式、经济增长方式、经济增长模式，认识差别很大。对于循环经济性质的认识是构建循环经济的经济学理论的基本问题，认识上的混乱在很大程度上会影响循环经济的经济学理论的构建。

一、循环经济是包含生产力发展和制度及技术创新的一种新经济形态

张凯（2004）认为，生态环境就是生产力，发展循环经济就是发展生产力。

王彦鑫（2007）指出，循环经济范式发展了生产力概念，生产力是人类与自然和谐相处以最大限度地利用自然的能力。生产力是使人类与自然万物实现和谐发展的媒介，自然是生产力赖以存在和功能实现的必要条件。

齐建国（2004）认为，以信息化带动工业化，发展高新技术产业，用高新技术改造传统制造业，全面提高资源的技术利用效率，当然也都是新型工业化的重要内涵，但却不是新型工业化的全部。循环经济要求在这一切的基础上，通过制度创新进行技术范式的革命，是新型工业化的高级形式，是在生态环境成为经济增长制约要素、良好的生态环境成为一种公共财富阶段的一种新的技术经济范式，是建立在人类生存条件和福利平等基础上的以全体社会成员生活福利最大化为目标的一种新的经济形态。

段宁（2001）认为，循环经济是以人类可持续发展为增长目的、以循环利用的资源和环境为物质基础，充分满足人类物质财富需求，生产者、消费者和分解者高效协调的经济形态。

二、循环经济是一种科学的经济发展方式

马世忠认为，循环经济是一种科学的经济发展方式。循环经济是对传统经济发展方式的根本变革，是在经济增长中保护环境，实现经济系统与自然生态系统的和谐循环的经济发展方式，是一种可持续发展的经济发展方式。

三、循环经济是一种新的生产方式

保罗·霍肯（2007）指出，我们传统的线性生产存在着极其严重的弊端，因此在循环经济当中"系统设计"应该居于首要位置，例如，重新设计经济系统，包括工业生产系统、农业生产系统、公共交通系统等。牛文元（2004）认为，循环经济是指借鉴自然生态系统进化原理，依据物质循环和能量守恒规律而重构的经济系统。该系统将和谐地纳入'自然—经济—社会'复杂而系统全面、协调、可持续的运行之中，是以产品清洁生产、资源循环利用、废物无害再生为特征的高级生态经济。冯之浚（2009）认为，循环经济是要借助于对生态系统和生物圈的认识，特别是产业代谢研究，找到能使经济体系与生物生态系统"正常"运行相匹配的可能的革新途径，最终是要建立理想的经济生态系统。崔铁宁（2009）认为，循环经济是将经济系统构造成一个高效、和谐、物质循环的整体，将其纳入自然生态循环当中，实现经济社会与自然生态系统和谐共生。借鉴生态系统进化原理，依据物质循环和能量守恒规律重新设计构造经济系统，实际上就是通过系统设计，实现生产方式从传统的线性生产方式向新型的循环生产方式转变。

解振华（2009）认为，循环经济是一种新的生产方式，它是与传统经济活动的"资源消费—产品—废物排放"开放（或称为单程）型物质流动模式相对应的"资源消费—产品—再生资源"闭环型物质流动模式。其技术特征表现为资源消耗的减量化、再利用和资源再生化。其本质是生态经济学，其核心是提高生态环境的利用效率。循环经济就是在人、自然资源和科学技术的大系统内，在资源投入、企业生产、产品消费及其废弃的全过程中，不断提高资源利用效率，把传统的、依赖资源净消耗线性增加的粗放链式经济，转变为依附于自然生态良性循环来发展的集约闭环经济。解振华（2004）认为，生态环境的约束迫使生态环境的使用者改变原来的技术范式，采取新的技术体系和生产方式。而就私人资本的特性来说，如果没有外力干预，它是不会放弃或减少对利益的追求而投入成本改变技术范式的。从这个角度来说，技术范式的改变是制度安排的结果。另外，我们对各种废旧产品和废弃物的处理技术发展滞后，在很多情况下，把废旧产品和生产过程中产生的废弃物变为有用资源的再生成本比购买新资源的价格相对更高，为了我们的生态环境，必须通过社会经济制度的变革，才能实现由人类生存要素向生产要素的转化，才能通过市场经济体制实现它的保护与可持续利用。

杨志（2007）指出，生产方式革命是决定或推动经济结构的变迁或经济形态的演进的根本力量，也是决定和推动新的经济增长模型或新的经济发展模式的力量，因此循环经济首先作为一种新的生产方式才能作为一种新的经济发展模式而不是相反。

卢嘉瑞（2013）认为，循环经济是指以资源循环利用和环境友好为基本特征的社会生产方式，这种生产方式坚持"3R"原则，即资源利用减量化（reduce）原则、产品生产和使用过程中的再利用（reuse）原则和废弃物的再循环（recycle）原则，力求以较少的资源消耗和环境代价实现最大的发展效益。

四、循环经济是符合可持续发展理念的经济增长方式

马凯（2004）认为，循环经济是一种以资源的高效利用和循环利用为核心，以"减量化、再利用、资源化"为原则，以低消耗、低排放、高效率为特征，符合可持续发展理念的经济增长模式，是对"大量生产、大量消费、大量废弃"的传统增长模式的根本变革。

冯之浚（2007）认为，循环经济是一种新的经济增长方式。

国家统计局"循环经济评价指标体系"课题组认为，循环经济有广义和狭义之分。广义的循环经济着眼于经济、资源环境及社会三者之间的相互作用及相互衔接，追求这三个系统之间达到一种理想的优化组合状态，以高素质的劳动力、低污染的环境质量以及可持续的资源利用等来保障长期持续的经济增长及其结构优化，在此意义上，循环经济与可持续发展、和谐社会所涵盖的范畴相同；狭义的循环经济主要强调经济与资源环境之间的协调发展，是指以减量化、再利用、资源化为原则，以低消耗、低排放、高效率为基本特征。狭义的循环经济符合可持续发展理念的经济增长模式，体现了对大量生产、大量消费、大量废弃的传统经济增长模式的根本变革。

五、循环经济是一种新的经济发展模式

曲格平（2001）认为，循环经济在本质上隶属于生态经济的一种，循环

经济是一种新的经济发展模式。

吴季松（2006）认为，"循环经济是对物质闭环流动型经济的简称，是基于工业化运动以来以'高开采、低利用、高排放（两高一低）'为特征的线性经济模式的弊端所提出的一种人类社会未来应该建立的以物质闭环流动为特征的经济模式"。只有在生产过程中使用到的科学技术、整个社会的知识结构、人们所持有的生活观念和方式都有了变革后，循环经济的目标才有可能得以实现，人和自然才能和谐的共存，而循环经济目标的实现还会反过来再次促进这些途径（吴季松，2003）。

左铁镛（2005）认为，发展循环经济就是要改变传统的生产方式，对于经济发展应该注重质量和效益，而不应只注重数量。对于资源约束和环境污染之间的矛盾，应通过发展循环经济来解决。循环经济是一种多赢的经济发展模式，以人与自然的和谐发展为前提，将经济效益和生态效益结合起来，兼顾发展的效率与公平。

庄威、徐平东（2005）认为，循环经济是一种建立在物质不断循环利用基础上的经济发展模式，是一个'资源—产品—再生资源—再生产品'的物质往复循环流动过程。所有的资源和能量在这个动态的经济循环链中都会得到合理、科学、持久及最大限度的利用，从而把经济活动对环境的影响降到最低程度。

任勇、吴玉萍（2005）认为，循环经济是对社会生产和再生产活动中物质流动方式实施了"减量化、资源化、再循环和无害化"管理调控的，具有较高生态效率的新的经济发展模式。

诸大健（1998）指出，循环经济是针对工业化运动以来高消耗、高排放的线性经济（加勒特·哈丁所谓的"牧童经济"）而言的；它是一种善待地球的经济发展新模式，是可持续发展战略的经济体现。诸大建、藏曼丹等（2005）认为，发展循环经济需要从原来的仅对劳动生产率的重视转向提高资源利用率，达到经济发展和环境保护的双赢目的。发展循环经济是实现中国可持续发展战略的重要途径，相对于过去传统的发展模式和末端治理模式，是一种新的全过程治理的发展模式。所以不能把循环经济简单理解为治理环境污染或资源循环利用。循环经济是一种经济模式，是一种增长方式，而且也是人类安身立命的生存方式。

杨志等（2009）认为，循环经济是一种全新的经济发展模式，它是对物质闭环流动型经济的简称。它倡导在物质不断循环利用的基础上发展经济，建立资源—产品—再生资源的新经济模式，这样的模式可以实现资源开采少、生产效率高，污染排放少的结果。

周宏春等（2005）认为，循环经济一词是对物质循环流动型经济的简称，是一种新的经济形态和经济发展模式。其含义是：以资源循环为主要特征，以环境友好的方式利用资源，将环境保护和发展经济有机地结合起来，把人类生产活动纳入自然循环过程中，所有的原料和能源都在不断循环的经济过程中得到合理和高效利用，从而把经济活动对自然环境的影响控制在尽可能小的程度。

任勇、吴玉萍（2005）认为，循环经济是对社会生产和再生产活动中的资源流动方式实施了减量化、再利用、再循环和无害化管理调控的，具有较高生态效率的新的经济发展模式。具体讲，就是根据减量化、再利用、再循环和无害化原则，以物质流管理方法为基础，依靠科学技术、政策手段和市场机制调控生产和消费活动过程中的资源能源流动方式和效率，将资源—产品—废物这一传统的线性物质流动方式改造为资源—产品—再生资源的物质循环模式，充分提高生产和再生产活动的生态效率，以最少的资源能源消耗，取得最大的经济产出和最低的污染排放，实现经济、环境和社会效益的统一，形成可持续的生产和消费模式，建成资源节约型和环境友好型社会。

六、小结

综上所述，一直以来，对基于经济学视角的循环经济的性质没有形成比较一致的认识，虽然已经形成几种观点，并且取得一些研究成果，但是，即使持相同观点的研究者，对其研究内容的论述也没有统一的观点，有些内容差异很大。有些观点甚至把生产方式、经济形态和经济发展模式并列使用。对于循环经济性质认识上的不一致，在很大程度上源于经济学相关概念界定不够清晰，对概念的内涵把握不够准确。

在百度百科上，关于经济形态、经济增长方式、经济发展方式、经济发展模式、生产方式等概念有如下解释。

经济形态是对人类文明史上不同历史时期的代表当时先进生产力水平的

经济活动以及它的结构和特点的一种抽象表述，每种经济形态都包括自己独特的生产要素、生产模式、主导产业、基本结构、基本制度和基本观念等。在具体的经济形态划分上，一种说法是人类历史上共产生了四种经济形态：原始经济、农业经济、工业经济以及知识经济。另一种说法是人类社会迄今为止两种基本的经济形态是自然经济和商品经济，到了共产主义社会，将出现产品经济，这是一种较完整的主题的表述方式。

经济增长一般是指经济活动单纯的数量增加，经济增长方式一般是指通过生产要素变化，包括数量增加、结构变化、质量改善等，实现经济增长的方法和模式。

经济发展是指一个国家或地区人均实际福利的增长过程，不仅指社会财富量的增多，还包括社会财富质的提升，即经济结构、社会结构的变化，投入产出效益的提高，人民生活质量的改善等。可见，经济发展是在经济增长的基础上，一个国家或地区经济结构、社会结构持续高级化的进程和人口素质、生活质量、生活方式不断提高和文明化的过程。经济发展方式的内容既包括经济增长方式的内容，还包括产业结构、收入分配、居民生活，以及城乡结构、区域结构、资源利用、生态环境等方面的内容。经济发展方式，是实现经济发展的方法、手段和模式，其中不仅包含经济增长方式，而且包括结构（经济结构、产业结构、城乡结构、地区结构等）、运行质量、经济效益、收入分配、环境保护、城市化程度、工业化水平以及现代化进程等诸多方面的内容。

经济发展模式是指在一定时期内国民经济发展战略及其生产力要素增长机制、运行原则的特殊类型，它包括经济发展的目标、方式、发展重心、步骤等一系列要素。通常所说的经济发展模式，指在一定地区、一定历史条件下形成的独具特色的经济发展道路，主要包括所有制形式、产业结构和经济发展思路、分配方式等。

生产方式是指社会生活所必需的物质资料的谋得方式，在生产过程中形成的人与自然界之间和人与人之间的相互关系的体系。生产方式的物质内容是生产力，其社会形式是生产关系，生产方式是两者在物质资料生产过程中的统一。

在《新帕尔格雷夫经济学大辞典》中，只有等同于资本积累的经济增长概念，没有经济发展和经济形态概念。而关于生产方式，《新帕尔格雷夫经济学大辞典》中指出，这个概念是马克思在尝试对资本主义总体结构和动态过程进行理论概括时首先采用的。在一般意义上，生产方式可以定义为生产力与生产关系的某一具体组合。书中认为，"由于马克思着重研究资本主义生产方式，因此他是在相当抽象的意义上讨论生产方式的……。许多模棱两可的解释和空白存在至今，以致生产方式概念的含义和范围现在仍有争议"①。

回顾比较上述各种概念可见，经济形态是一个内涵最广泛的概念，社会在一个特定的经济形态下，通过经济活动，推动其经济增长和经济发展；经济增长一般是指经济活动单纯的数量增加，经济发展一般是指经济总量增加与经济结构优化同时出现，所以，经济发展比经济增长具有更加广泛和深刻的含义。由比较方式和模式两个概念可见，方式是一个内涵比模式广泛的概念，方式包含着方法、手段和模式。因此，经济增长方式比经济增长模式含义广泛，经济发展方式比经济发展模式含义广泛。循环经济是针对工业经济形态下的线性生产方式提出的，其发展要遵循生态规律，要遵循"3R"原则，基于经济学视角的循环经济从性质上看，不是一个新的经济形态，也不能归结为是一种新的经济发展方式和经济增长方式，更不能归结为是一种新的经济发展模式和经济增长模式。

本书认为，循环经济不可能完全独立于当代已有的经济形态而发展，从包容性、渐进性理念出发，在现代市场经济和工业化框架下，循环经济就是要像自然生态系统那样，通过采取"自然资源—产品—再生资源"物质循环流动的生产力要素配置和使用方式进行生产，以创造并构筑一个能够使物质和能量高效循环，并能保持与自然生态系统协同演进的经济循环系统。所以，从经济学视角看，循环经济本质上是有别于传统的线性生产方式的新型生产方式。由于对生产方式本身理解存在争议，所以，目前关于循环经济是生产方式的观点的表述不尽相同，需要从经济学视角对此进行研究。鉴于本书以马克思主义政治经济学为理论基础，而马克思对生产方式的概念有不同表述，且后人的理解存在争议，所以，关于循环经济的

---

① 约翰·伊特韦尔、默里·米尔盖特、彼得·纽曼：《新帕尔格雷夫经济学大辞典》（第三卷），经济科学出版社1996年版，第525页。

生产方式性质问题将在第三章中以马克思的生产方式理论为基础专门进行讨论。

第四节　研究的主要内容

从文献综述中可见，马克思主义政治经济学对人与自然的关系有深刻系统的论述，并且指出，由社会制度决定的生产目的在实现人与自然的和谐发展中起着决定性作用。资本主义工业化的实践充分证明了资本主义制度所规定的资本追求最大剩余价值的生产目的是导致人与自然关系不断恶化的根本原因，只有马克思主义政治经济学从根本源上揭示传统生产方式的弊端，从而寻找到人与自然和谐相处的必然之路，为从传统的线性生产方式向循环经济生产方式转变提供了理论武器。本书以马克思主义政治经济学理论为理论基础，展开对循环经济的经济学理论基础研究。

一、马克思主义唯物史观和发展观与循环经济的经济学理论研究

马克思主义政治经济学中蕴含着的唯物史观和发展观为循环经济的经济理论研究提供了研究方法和科学的视野。

现代西方主流经济学在发展观上视野狭窄，急功近利，虽然对不可再生资源和环境问题有所关注，但是大多纠缠于资本的获利和经济增长上，只关注人与物之间的关系，不关注人与自然之间的关系和实现人与自然和谐相处过程中人与人之间关系的重要作用。发展循环经济，是实现可持续发展的重要途径，循环经济的发展，不仅是要处理好人与物之间的关系，更是要处理好人与自然之间的关系，而处理好这些关系，还需要处理好参与循环经济发展的主体之间的人与人之间的关系，西方主流经济学显然无力承担这些重任，因此，西方主流经济学不能作为循环经济的经济学理论基础。建立在马克思主义生产关系要适合生产力性质的唯物史观基础上的发展观认为，人类社会的可持续发展必须通过人的努力创造一个人与人和谐相处进而人与自然界有机融合、和谐相处的自然和社会环境。马克思主义生产关系要适合生产力性

25

质的唯物史观方法论和以此为指导的发展观，为循环经济的经济学理论研究提供研究方法和科学的视野。

二、马克思主义生产方式理论与循环经济的经济学理论研究

马克思主义政治经济学的生产方式理论为从经济学视角研究循环经济的性质提供了理论基础。循环经济性质的规定是构建循环经济的经济学理论框架的基础。本书以马克思主义政治经济学中的生产方式理论为基础研究循环经济的性质，认为循环经济是一种新型的生产方式。

马克思主义政治经济学中的生产方式提法不一，概括起来有包含生产力和生产关系的社会生产方式与只涉及社会生产力的生产方式两个层次。第一个层次是社会生产方式，是指社会生产力和社会生产关系的统一，这是广义的生产方式，从事物发展变化的角度看，社会生产方式内部的社会生产力和社会生产关系的矛盾运动，推动着社会生产方式的演变。第二个层次是生产方式，这是和社会生产力相关的概念，即在特定的社会生产力条件下，社会生产采取的具体方式，这是狭义生产方式。从经济学视角看，循环经济的生产方式性质所涉及的是狭义生产方式。运用狭义生产方式理论看循环经济，其本质上是一种有别于建立在机器大工业基础上的工业化过程中所采取的传统的线性生产方式的新型生产方式，是社会生产力在机器大工业基础上的一个新的发展阶段。

三、马克思的劳动价值论与循环经济的经济学理论研究

马克思的劳动价值理论为循环经济的经济学理论研究提供了理论基石。马克思运用唯物史观联系生产力研究生产关系展开对政治经济学研究，从商品经济形态下的经济细胞商品入手，构建起劳动价值论这个支撑整个政治经济学理论体系的理论基石。在当代市场经济条件下，经济的循环流动，必然包含物质流动和价值流动，循环经济的运行必然涉及与使用价值相关的生产力发展方式问题和与价值相关的人与人之间关系问题。因此，循环经济的经济学理论研究，仍然需要从包含使用价值和价值两个因素的商品与生产商品的劳动两重性入手，价值规律仍然是循环经济生产方式下商品生产和交换的基本规律。以使用价值和具体劳动为基础，马克思主义政治经济学的劳动生

产力理论以及对劳动过程进行的理论研究，为循环经济物质流动的研究提供了理论基础和研究视角。以劳动价值理论为基础，马克思主义政治经济学的价值形成和价值增殖理论可以为研究循环经济生产过程中减少和再利用生产排泄物的动力和所能获得的物质利益提供理论基础和研究视角，并且为深入研究循环经济行为者之间存在物质利益关系及循环经济的制度建设提供理论和思路。

四、马克思的生产力和生产关系理论与循环经济的经济学理论研究

马克思的生产力和生产关系理论是引领生产方式从线性生产方式向循环经济生产方式转变的理论基础。

马克思主义政治经济学的生产关系理论表明，生产关系所规定的生产目的对生产力发展方式选择具有引领作用，因此，对生产力的重要源泉自然条件产生重大影响，生产关系不仅规定了生产目的，而且生产关系理论提供了研究循环经济制度的理论依据。马克思的生产力理论告诉我们，只有从生产力的三个源泉即劳动的社会生产力、劳动的自然生产力和劳动的科学技术生产力入手进行变革，才能完成从线性生产方式向循环经济生产方式的全面转变。采取科学利用劳动的自然生产力的生产方式，十分重视科学利用自然资源的劳动的科学技术生产力，十分重视劳动生产力变动规律，重视马克思提出的决定生产力水平高低的因素对提高循环经济生产力水平的重要作用，对于循环经济的经济学理论构建和循环经济发展实践具有重要意义。

五、马克思的资本生产和流通过程理论与循环经济的经济学理论研究

马克思的资本生产过程理论、资本流通过程，即单个资本的循环周转和社会总资本的再生产理论，为研究循环经济生产方式的生产过程和流通过程提供了理论工具。

市场经济条件下的循环经济生产过程必然是商品生产。商品生产过程是劳动过程和价值形成过程的统一，资本主义商品生产过程是劳动过程和价值形成及一定点而延长的增殖过程的统一。马克思所概括的最全面的资本含义

是："资本作为自行增殖的价值，不仅包含着阶级关系，还包含着建立在劳动作为雇佣劳动而存在的基础上的一定的社会性质。它是一种运动，是一个经过各个不同阶段的循环过程，这个过程本身包含循环过程的三种不同的形式。因此，它只能理解为运动，而不能理解为静止物。"① 结合《资本论》中马克思对资本的研究可见，资本具有两重性质：资本是带来剩余价值的价值，资本是一种包含着资本家阶级剥削雇佣工人阶级关系的社会生产关系，资本是建立在雇佣劳动基础上的社会历史范畴，是一定历史条件的产物；资本还是一种以货币资本、生产资本、商品资本形式交替存在的循环往复的运动，只有在不断的运动中才能实现资本自身的保值和增殖，企业和社会再生产才能不断进行下去。如此看来，如果去掉资本无偿占有劳动者剩余劳动创造的剩余价值②的社会性质不谈，从资本是一种运动这重含义看，在现代市场经济活动条件下研究循环经济生产方式的运动过程，无疑可以把马克思的资本生产过程理论和资本的流通过程理论作为理论分析工具。

六、马克思所揭示的价值规律与循环经济的经济学理论研究

马克思所揭示的商品经济条件下的基本经济规律——价值规律是引导循环经济生产方式资源配置的基本规律。

在现代社会化大生产的商品经济基础上，形成市场经济。在市场经济条件下，市场对资源配置起决定性作用，作为市场经济基本规律，价值规律通过市场竞争、供求和价格波动，引导实现资源有效配置即资源高效利用和按比例配置到社会生产各个部门。价值规律引导实现资源有效配置，其核心是对物质利益的调整。建立在劳动价值论基础之上的价值规律理论为研究循环经济生产方式的资源配置提供了理论基础，在市场经济条件下，循环经济生产方式的资源有效配置也必然由价值规律引导实现。在循环经济生产方式下，价值规律引导实现资源有效配置的一个关键的问题是，必须要有反映自然资源的租金水平和市场供求的自然资源市场价格，必须要在自然资源供求体系中纳入在线性生产方式下被当作废弃物的生产和消费排泄物。循环经济生产

---

① 《资本论》（第2卷），人民出版社2004年版，第121~122页。
② 剩余劳动是社会分工的基础，是社会发展的基础。

方式的资源配置仍然离不开物质利益关系的调整和引导，循环经济系统中的资源开采者、资源处理者（制造商）、消费者和废物处理者之间都需要通过价值规律作用机制调整物质利益关系，激励市场生产者和消费者节约使用资源，循环利用生产和消费排泄物。

七、马克思的生产关系理论与循环经济的经济学理论研究

马克思的生产关系作用于生产力理论表明，生产关系决定生产力要素的归属，因此，生产力表现为特定生产关系下的生产力，由此可以深刻认识到生产关系对生产力发展方式和方向的引领作用。马克思的生产关系理论是循环经济生产方式下生产关系调整和制度建设的理论基础。

与特定的生产关系相适应有体现生产关系的制度体系，生产关系的调整通过制度建设和有效运行对生产力发生作用。推进线性生产方式向循环经济生产方式转变，促进循环经济健康发展，需要通过调整生产关系构建制度体系，体现生产目的，调节循环经济参与主体的物质利益关系。本书以马克思主义生产关系理论为基础，以中国特色社会主义市场经济为研究对象，研究循环经济制度体系建设。这样的循环经济制度体系建设，要以中国国家宪法规定的基本经济制度为基础，体现生产关系规定的生产目的，体现协调市场经济中各方物质利益关系，体现对市场经济中各个利益集团的行为的约束监督。

本书将运用马克思主义政治经济学的研究方法和基本理论，在厘清马克思的相关理论基础上，对上述问题逐一展开研究。

第二章

马克思主义唯物史观和发展观为循环经济的经济学理论研究提供研究方法和科学的视野

现代西方主流经济学在发展观上相对视野狭窄，虽然对不可再生资源和环境问题有所关注，但是大多纠缠于资本的获利和经济增长上，只关注人与物之间的关系，不关注人与自然之间的关系和实现人与自然和谐相处过程中人与人之间关系的重要作用。发展循环经济，是实现可持续发展的重要途径，循环经济的发展，不仅是要处理好人与物之间的关系，更是要处理好人与自然之间的关系，而处理好这些关系，还需要处理好参与循环经济发展的主体之间的人与人之间的关系，西方主流经济学显然无力承担这些重任，因此，西方主流经济学不能作为循环经济的经济学理论基础。建立在马克思主义生产关系要适合生产力性质的唯物史观基础的上发展观认为，人类社会的可持续发展必须通过人的努力创造一个人与人和谐相处进而人与自然界有机融合、和谐相处的自然和社会环境。马克思主义生产关系要适合生产力性质的唯物史观方法论和以此为指导的发展观，为循环经济的经济学理论研究提供研究方法和科学的视野。

第一节 西方主流经济学的发展观与循环经济的矛盾

被西方世界作为主流经济学的经济学理论主要包括古典经济理论、新古典经济理论和凯恩斯主义。综观其学说的发展，作为为资本主义经济发展服务提供理论工具的西方主流经济学，无论是从古典经济学到新古典经济学还是凯恩斯主义和后凯恩斯主义经济学，其占主导地位的思想和关注点都不在如何保持长期发展和发展将会出现什么样的趋势上，它们从经济人出发，重点关注资本的获利和经济增长，不关注人与自然和人与人的关系，几乎没有关注和涉及循环经济问题。西方主流经济学的发展观与循环经济存在矛盾。

一、古典经济学只关注追求眼前的利润

古典经济学主要关注的是土地的稀缺程度对经济增长或经济发展的影响。重农学派强调土地和农业发展对经济发展的重要性，土地和劳动是社会财富的源泉。社会经济发展会受到自然资源和环境等条件的绝对限制，这一观点最早在亚当·斯密的《国富论》中就有了论述。斯密（1974）认为，构成一国真实财富与收入的是一国劳动与土地的年产物的全部商品。因此，当一国所获得的财富如果已经达到其土壤、气候和相对于他国而言的位置所允许获得的限度时，就没有再进步的可能。在这种状态下，劳动工资低落到仅足以维持现状，资本达到饱和程度，利润非常低。[①] 斯密是在讨论资本利润时顺便谈到这一点，但是他认为这件事情不可能发生。他之后的古典政治经济学主要都在研究资本是否能够和如何获得最大利润问题，并没人去特别关注如何节约自然资源，以使自然资源能够可持续利用。虽然马尔萨斯首次提出了人口增长与人类赖以生存的食物之间存在矛盾，提出了环境负荷问题，认为持续增长的人口是经济增长的最大制约；李嘉图提出资源报酬递减规律，认为它是制约经济增长的自然法则。他们的研究给予了自然资源极大的重视，但是，其视野仅局限于经济能否增长。并且，李嘉图、马尔萨斯和穆勒提出的人类发展受土地资源的制约发展前景不容乐观的观点，也没有被后来发展起来的新古典经济学所认可。

恩格斯在《自然辩证法》中尖锐指出："资产阶级的社会科学，即古典政治经济学，主要指研究人以生产和交换为取向的行为在社会方面所产生的直接预期的影响。这同以这种社会科学为其理论表现社会组织是完全相适合的。在各个资本家都是为了直接的利润而从事生产和交换的地方，他们首先考虑的只能是最近的最直接的结果。当一个厂主在卖出他所制造的商品或者一个商人卖出他所买进的商品时，只要获得普通的利润，他就满意了，至于商品

[①] 亚当·斯密：《国民财富的性质与原因的研究》（上卷），商务印书馆 1974 年版。

和买主以后会怎样，他并不关心。关于这些行为在自然方面的影响，情况也是这样。西班牙的种植场主曾在古巴焚烧山坡上的森林，以为木灰作为肥料足够最能盈利的咖啡树施用一个世纪之久，至于后来热带的倾盆大雨竟冲毁毫无掩护的沃土而只留下赤裸裸的岩石，这同他们又有什么相干呢？在今天的生产方式中，面对自然界和社会，人们注意的主要只是最初的最显著的结果，可是后来人们又感到惊奇的是：取得上述成果的行为所产生的较远的后果，竟完全是另外一回事，在大多数情况下甚至是完全相反的。"① 资本家以追求利润为目的进行生产和交换，因此，只关注其活动的直接结果，所以，为资本主义经济活动服务的古典经济学，无论是对经济问题还是对自然条件在经济方面的作用问题的看法，必然表现出其狭窄的视野，即只关注追求眼前的利润。

二、新古典经济学急功近利的发展观

新古典经济学认为，在一个自由选择的体制中，社会的各类人群在不断追求自身利益最大化的过程中，可以使整个社会的经济资源得到最合理的配置。市场机制是一只"看不见的手"，推动着人们从自利的动机出发，结果是使交易的双方都能得到好处。如果经济中没有任何一个人可以在不使他人境况变坏的同时使自己的情况变得更好，那么这种状态就达到了资源配置的最优化，即达到了资源配置的帕累托最优效率。然而，由于市场本身不完备，特别是市场的交易信息不充分，使社会经济资源的配置往往不能够达到帕累托最优，这就需要进行调整。如果对某种资源配置状态进行调整，使一些人的境况得到改善，而其他人的状况至少不变坏，符合这一性质的调整被称为帕累托改进。如果有调整改进的空间，就意味着存在资源的浪费，提高经济效率意味着减少浪费，所以，如果在资源配置方面实现了帕累托改进，经济的效率也就提高了。由于提高效率并没有损害其他人的利益，这种改进也是相对公平的，帕累托最优实现了公平与效率的结合。

然而，新古典经济学所提出的帕累托最优只是在抽象地讨论市场机制实现资源有效配置的作用机制，其关注的是可利用的资源怎样有效率地使用，

---

① 《马克思恩格斯文集》（第9卷），人民出版社2009年版，第562~563页。

并不包括对环境的使用和自然资源的可持续利用，因此，在帕累托最优和帕累托改进中，效率并不包含生态效率，公平并不包含资源使用的代际间的公平。由于市场配置资源不包括环境资源的使用，因此，当在工业化过程中面临严重的环境污染问题时，新古典经济学理论只能把这个结果归为市场失灵，即由"看不见的手"的调节下虽然实现了资源配置的帕累托最优，但是却不能避免环境污染。而可持续发展问题提出之后，新古典经济学理论又把当代社会无法有效调节自然资源在代际间的公平配置也归结为市场失灵。所以，新古典经济学不能用市场内在机制解决这些问题，只能寄希望于从市场机制外部的干预和调整来激励或者约束企业的行为。但是由于"新古典传统重点强调的是自由放任，只给政府有限的经济干预作用。这反映在他们尽管简短，然而确实有所研究的涉及自然资源与环境的经济著述中"①。如马歇尔（1890）首次提出了外部性经济分析的方法，为环境问题的经济学分析提供了关键性的分析方法，但是他只是提出了外部性的利益。对环境的外部性问题讨论的重要论述由卡普（1950）指出，认为经济增长对环境具有深远的逆向后果，他讨论了来自生产过程而被传递到外部者那里的社会成本，诸如冰和空气污染损害健康，减少农业产量，加速物质腐化，使水生物、动植物灭绝，并给饮用水源带来难题等。巴特尔（1958）指出，外部性是市场失灵的表现。它们大规模地出现的原因是缺乏市场化的产权，这使一些个体可以滥用这些为许多人共有的资源。通过在所有经济活动领域制定严格定义的、可传递的、市场化的产权，这样的市场失灵问题可以得到解决。这就是说，大多数环境问题的根源是未能全面地应用资本主义制度方法。科斯（1960）提出，如果产权制度被严格制度化，并获得法律力量的保障，那么，对污染等问题施行干预就没有任何必要，而是应该将所有牵涉到的问题留给参与方各自去解决。科斯反对政府建立统一标准、依靠税收和补贴等进行干预，提出在一个有明确产权规定的自由市场环境中，经济主体通过谈判达成协议，一定能够把污染控制在适度的范围内。实践中，科斯的方法在涉及的谈判者数量很少，影响范围明确时，可以获得比较满意的效果，如解决某一地区工厂排放的烟尘

① E. 库拉：《环境经济学思想史》，世纪出版集团、上海人民出版社 2007 年版，第72 页。

对该地区的危害。但是，科斯定理也受到多方面的批评，认为它有较高的协议成本，对于环境污染的外部影响散布较广的地理区域，以及代际间的资源环境可持续利用问题，运用谈判达成协议几乎是不可能的。

虽然新古典经济学家也有关注资源环境问题的理论，但是，新古典经济学家们有一个重要特点是，"他们用由需求决定的边际效用概念取代由供给决定的价值理论。和古典经济学家将焦点放在供给不同，新古典著述家强调需求在决定商品和服务价值方面的重要性。有一定数量收入的个体，将能够对市场上可获得的种类繁多的商品和服务做出选择。如果个体是效用最大化者，他们就必定以新古典经济学家为据，那么他们就以诸如此类的方式配置他们的金钱，以使得最后一镑花在恰好可以满足他们需要的东西上，而不是花到其他任何东西上"①。所以，"新古典经济学主要关注的是在资源稀缺或资源数量一定的条件下，如何在不同的用途中配置资源使得达到帕累托最优状态。这种研究重心的转移使得资源稀缺程度对经济增长的影响在新古典经济学体系中被降低了"②。新古典经济学只关心如何把可以利用的劳动力和自然资源充分有效地利用起来，通过提高劳动生产力，以最小成本获得最大利润。在能否可持续发展问题上，认为市场机制自发运行可以通过促进技术进步和稀缺资源的价格上升，解决自然资源与可持续发展之间的矛盾。虽然新古典经济学有一些关注资源环境问题的理论，提出了资源使用和环境污染的外部性经济分析方法，指出了外部性是市场失灵的表现，其原因是缺乏市场化的产权，这使一些个体可以滥用共有的资源，如果产权被严格制度化，并获得法律力量的保障，政府不需要对污染等问题施行干预，经济主体通过谈判达成协议或者产权交易，能够把污染控制在适度的范围内，市场失灵问题可以解决。但是，产权也好，法律也好，在资本主义制度下都是以服务资本为核心构建的，而资本的本质就是追求剩余价值最大化，当环境保护、资源节约利用目标与资本追求最大剩余价值目标冲突时，产权和法律保护的是资本利益，而不是普惠民生的生态环境和子孙后代的发展能力。所以，其主要关注点是

———————

　① E. 库拉：《环境经济学思想史》，世纪出版集团、上海人民出版社 2007 年版，第 72 页。

　② 方福前：《可持续发展理论在西方经济学中的演进》，载于《当代经济研究》2000 年第 10 期。

如何把可以利用的劳动力和自然资源充分有效地利用起来，通过提高劳动生产力，以最小成本获得最大利润。

　　然而现实情况是，市场机制并没有解决自然资源与可持续发展之间的矛盾，自然条件对资本主义国家的发展制约日益严重。而当资本主义国家发现在他们自己的国家出现自然条件质量下降问题时，经济学家们不仅没有兴趣去研究与环境保护、资源节约、生态恶化紧密相关的可持续发展问题，而且还极力主张通过所谓的经济全球化和自由贸易，去掠夺不发达国家的自然资源，把污染转嫁给不发达国家，并且极力为其寻找理论依据和提出政策主张。[①] 发达国家获得的环境改善的成果许多都是建立在发展中国家和不发达国家环境污染和资源滥用基础上的。然而，人类共同拥有一个地球，那种掠夺发展中国家和不发达国家的自然资源，把污染转移给发展中国家和不发达国家的"以邻为壑"的做法终究是不可持续的，环境污染、资源紧张、全球气候变化，就是在主流经济学主张下结出的恶果。从人类社会可持续发展的角度看，这是一种典型的急功近利的发展观，这种发展观之所以能够畅行无阻，是因为它完全符合资本主义生产方式下资本追求剩余价值的生产目的。

三、凯恩斯主义经济学无法解决生态和经济双重危机

　　凯恩斯及追随者的经济学不关注生态问题，其主张和政策无法解决生态和经济双重危机。第二次世界大战结束以后到 20 世纪 60 年代中期，凯恩斯经济学作为西方经济学的"新正统"盛极一时。根据凯恩斯本人的理论及他的追随者们对这一理论的补充和发展而制定的经济稳定政策和经济增长政策，被看成是凯恩斯经济学的成就。凯恩斯主义试图用经济增长解决失业和增强经济实力，因此在理论和实践中掀起"经济增长热"，并且也带来了经济繁荣。20 世纪 60 年代末和 70 年代初，所谓战后"黄金时代"结束，1973～1975 年，爆发了一场席卷整个资本主义世界的通货膨胀和失业交织的经济危机。并且，20 年的"经济增长热"不仅带来了滞胀，还带来了能源紧张、环境污染等问题，凯恩斯主义的实践，给资本主义世界带来了生态和经济双重

---

　　① 杨志：《对循环经济研究的理论思考——基于马克思主义经济学视角》，载于《教学与研究》2007 年第 11 期。

危机。从凯恩斯主义主张的国家干预经济的政策和实践中完全看不到有助于推进可持续发展的影子，这由凯恩斯主义的政策目标所决定。由于凯恩斯主义的政策目标是通过刺激投资需求和消费需求刺激短期经济增长，实现这个目标不需要环境保护政策，因此，我们所能够看到的是一个鼓励国民高投资、高消费的促进经济短期增长的理论和政策体系。在凯恩斯主义政策推动下的经济高速增长埋下了阻碍可持续发展的隐患。

可持续发展的核心是发展，关键是发展的可持续性。离开了发展，社会进步、环境保护、资源利用和生态建设都无法实现，可持续发展也就无从谈起。同时，发展的可持续性要求，发展既要考虑当前的发展需要，又要考虑未来发展的需要，不能以牺牲后代人的利益为代价来满足当代人的利益。经济增长不等于发展，发展强调社会进步和全体社会成员的福利水平的不断提高，如果经济不能保持持续平稳的增长，经济增长以大量消耗自然资源为代价，结果只是促进财富向少数人集中，这样的增长谈不上发展，更加谈不上可持续发展。所以，可持续发展不仅涉及人与物之间的关系，而且涉及人与人和人与自然之间的关系，凯恩斯主义以激励资本投资为核心拉动经济增长的政策显然与可持续发展不协调。凯恩斯主义经济学只关注经济增长中出现的短期波动问题，致力于为政府制定和实施调节经济短期波动的经济政策提供理论基础，这个很具有局限性的研究目的和视野使得凯恩斯主义经济学不可能关注可持续发展问题，这也是西方主流经济学一直以来不能把可持续发展纳入其中的重要原因之一。凯恩斯主义者采取的态度是，"那些环境问题是遥远的将来的事情，现在是不可能钻研得了的，因而不属于他们的真正课题；在凯恩斯的理论架构中，重点是且应当是短期问题"[1]。

后凯恩斯主义在保留凯恩斯主义理论要点基础上，对滞胀、经济增长导致自然资源不足从而是否要放慢经济增长速度等问题做了理论上的解释并提出解决办法。比如索洛在其新古典增长理论基础上就自然资源在经济增长中是否会消耗日益增加问题提出，依靠有助于节约使用现有自然资源和有助于发展替代品的技术进步，可以解决这个问题。索洛（1974）认为，同技术进

---

[1] E. 库拉：《环境经济学思想史》，世纪出版集团、上海人民出版社 2007 年版，第106 页。

步对生产率的促进作用一样，每单位自然资源投入量的产出率越往后增长越快，所以，经济增长过程中资源枯竭的假设缺乏技术上的依据。[①] 索洛指出，《增长极限》的作者提出的零增长是把零技术进步当作出发点，零技术进步下的零增长不能缓解资源供给危机，反而会加速资源枯竭，因为越往后，自然资源开采的难度就越大。解决问题的办法是必须依靠有助于节约使用现有自然资源和有助于发展替代品的技术进步。[②] 后凯恩斯主义提出，国家干预是必要的，可以通过微观财政支出政策（部门优先发展政策）和微观的财政收入政策（税收结构政策）影响资源的供给和需求。可见，后凯恩斯主义对资源供给问题有所关注，提出通过节约自然资源的技术进步和财政政策调节资源的供给和需求的主张对于促进资源节约利用有实践价值，但是其关注点还是在经济增长上，目的还是要证明其经济增长和稳定增长的概念没有过时，因此，并没有对资源环境可持续利用问题进行系统研究和提出系统具体的对策。而且，技术是把双刃剑，既可以为人类谋福利，也可能给人类带来灾难性的后果。使用什么样的技术有着明显的价值导向，在之后的研究中我们会看到，正如马克思所揭示的，技术的发明和使用受制于制度的制约，在资本主义制度下，技术为资本追求最大剩余价值服务，当保护环境和自然资源与资本的逐利目标冲突时，技术的发明和使用更倾向于为资本谋利服务。政府的行为和政策制定也是如此。

四、庇古独树一帜的国家干预自然资源和环境保护主张

在西方经济学中，庇古的国家干预自然资源和环境保护的主张独树一帜，因此有必要单独进行概述。庇古（1920）提出，外部性是双刃剑，即包含利益，也包含成本支出。庇古认为，自由市场经济不能总是有效运行，因此，存在很大的空间供政府为推进经济福利的目的来行使干预。据此，庇古提出，政府既应当保护现代人的利益，也应当保护后代人的利益，杜绝过度和非理性的贴现现象。政府既是未来人、也是当代人的受托人，如果必要的话，需要依据法律监督和行动，以保卫本国可耗竭资源储备免受过早或者不顾一切

---

① 索洛：《世界就要面临末日了吗？》，收录于威廉·米契尔编：《宏观经济学文选：当前政策问题》，纽约出版社 1974 年版，第 484～485 页。

② 索洛：《资源的经济学和经济学的发展》，载于《美国经济评论》1974 年第 5 期。

的开发，为此他提出三条政策措施：国家补贴、税收、立法。其中的税收被称为庇古税。庇古税可以根据是污染源的工业活动的生产水平来核算征收，也可以直接按照污染本身核算征收，通过影响企业的收益控制那些是污染源的工业活动的产量，进而控制污染物排放量，庇古税被认为是使环境污染的外部性问题内部化并且使企业自动解决污染问题的手段，霍特林提出的对不可再生自然资源提取企业征收消费税也是一种庇古税。在理论探讨上，由于税收涉及当代人之间的公平和效率问题，所以争议很大。在实践中，庇古提出的三条政策措施在许多国家都有实施，特别是在大多数国家，环境保护的立法范围不断扩大，并且不断增加。①

五、小结

综上所述，古典、新古典和后凯恩斯主义等这些被西方世界作为主流经济学的经济学理论，虽然对不可再生资源和环境问题有所关注，但是大多纠缠在资本的获利和经济增长问题上，无法有实质性推进。虽然近几十年来，主流经济学也针对资源耗竭、环境污染问题提出经济外部性理论、产权理论；提出法律保护和利用市场机制解决问题的方案；提出利用市场机制催生新技术和新产品，从而通过企业的自主行为解决资源短缺和环境破坏问题；提出只有经济的快速增长才能解决贫困人口的贫穷问题和众多不发达国家的贫穷问题，从而实现世界范围内的可持续发展。但是其主导思想还是强调，只有在完全竞争的自由市场（自由竞争的市场机制和自由贸易）中才能实现资源的有效配置，才能以更高的经济效率实现可持续的经济发展。他们还在经济增长理论中试图把自然资源和环境因素内生化②，以讨论可持续发展问题。然而制约可持续发展的根源是资本主义生产关系所决定的生产目的和由此决定的发展观，西方主流经济学为资本主义制度服务，在发展观上相对视野狭窄，与可持续发展观相冲突，无法解决人类社会发展所面临的生态危机。虽然对不可再生资源和环境问题有所关注，但是局限于它的研究对象、研究方法和发展观，研究大多纠缠于资本的获利和经济增长上，不关注人与人和人与自

---

① E. 库拉：《环境经济学思想史》，世纪出版集团、上海人民出版社 2007 年版，第 93～102 页。

② 菲利普·阿吉翁、彼得·霍依特：《内生增长理论》，北京大学出版社 2004 年版。

然在经济发展中的关系，致使理论研究无法有实质性推进，特别是，几乎没有关注和涉及循环经济问题。发展循环经济，是实现可持续发展的重要途径，循环经济的发展，不仅是要处理好人与物之间的关系，更是要处理好人与自然之间的关系，而处理好这些关系，还需要处理好参与循环经济发展的主体之间的人与人之间的关系。综观西方主流经济学的理论，显然无力承担这些重任，因此，西方主流经济学不能作为循环经济的经济学理论基础。但是在促进循环经济发展的具体层面，比如具体到制定政策引导节约资源保护环境问题时，可以借鉴其外部性方法和理论，制定政策时要有奖有罚；借鉴其市场失灵理论，强调政府要做循环经济生产方式的推动者；借鉴其产权理论，要以社会主义基本经济制度为基础，建立明晰的资源环境产权制度；借鉴其博弈论的思想方法和庇古税，通过制度建设和制定与其相配套的经济政策，协调循环经济各个主体的关系，实现环境治理、资源节约利用和企业发展共赢和利益共享。当然，循环经济制度建设的经济学理论基础主要来源于马克思主义政治经济学的生产关系理论，之后会专门讨论这个问题。

第二节　马克思主义唯物史观提供了研究的方法论

马克思主义唯物史观认为，构成社会最原始的要素是人类劳动与自然环境及自然条件，它们是形成生产力的源泉。没有脱离社会关系单独运动发展的生产力，生产力总是在一定的生产关系中存在和发展的，二者是一对矛盾。生产力和生产关系的矛盾运动是社会经济发展和形态更迭的动力，无论社会形态怎样更迭，人创造环境，同样，环境也创造人。因此，人类社会的可持续发展必须通过人的努力创造一个人与人和谐相处进而人与自然界有机融合、和谐相处的自然和社会环境。马克思主义唯物史观为构建循环经济的经济学理论基础提供了方法论。

一、唯物史观提供了科学认识人与自然之间交互作用的方法论

马克思主义的唯物史观认为，人类只有把自己作为自然的一部分，才可

能存在和发展，因为"从理论领域来说，植物、动物、石头、空气、光等，一方面作为自然科学的对象，另一方面作为艺术的对象，都是人的意识的一部分，是人的精神的无机界，是人必须事先进行加工以便享用和消化的精神食粮；同样，从实践领域来说，这些东西也是人的生活和人的活动的一部分。人在肉体上只有靠这些自然产品才能生活，不管这些产品是以食物、燃料、衣着的形式还是以住房等的形式表现出来。在实践上，人的普遍性正是表现为这样的普遍性，它把整个自然界——首先作为人的直接的生活资料，其次作为人的生命活动的对象（材料）和工具——变成人的无机的身体。自然界，就它自身不是人的身体而言，是人的无机的身体。人靠自然生活。这就是说，自然界是人为了不致死亡而必须与之处于持续不断地交互作用过程的、人的身体。所谓人的肉体生活和精神生活同自然界相联系，不外乎是说自然界同自身相联系，因为人是自然界的一部分"①。所以，从有人类史以来，人类与自然界、人的意识与客观世界、人的精神与物质之间就存在着相互作用的辩证关系，而自然界、客观世界和物质是人类生存、意识和精神的根基。恩格斯指出："现代唯物主义把历史看作人类的发展过程，而它的任务就在于发现这个过程的运动规律……现代唯物主义概括了自然科学的新近的进步，从这些进步看来，自然界同样也有自己的时间上的历史，天体和在适宜条件下生存在天体上的有机物种一样是有生有灭的……在这两种情况下，现代唯物主义本质上都是辩证的，而且不再需要任何凌驾于其他科学之上的哲学了。"②而关于唯物史观中的辩证法，马克思说："我的阐述方法不是黑格尔的阐述方法，因为我是唯物主义者，而黑格尔是唯心主义者。黑格尔的辩证法是一切辩证法的基本形式，但是，只有在剥去它的神秘的形式之后才是这样，而这恰好就是我的方法的特点。"③ 他还说："辩证法在对现存事物的肯定的理解中同时包含对现存事物的否定的理解，即对现存事物的必然灭亡的理解；辩证法对每一种既成的形式都是从不断的运动中，因而也是从它的暂时性方面去理解；辩证法不崇拜任何东西，按其本质来说，它是批判的和革命的。"④

---

① 《马克思恩格斯文集》（第1卷），人民出版社2009年版，第161页。
② 《马克思恩格斯文集》（第9卷），人民出版社2009年版，第28页。
③ 《马克思恩格斯文集》（第10卷），人民出版社2009年版，第280页。
④ 《资本论》（第1卷），人民出版社2004年版，第22页。

恩格斯在《反杜林论》序言中说："马克思和我，可以说是唯一把自觉的辩证法从德国唯心主义哲学中拯救出来并运用于唯物主义的自然观和历史观的人。"① 所以，马克思主义唯物史观是涵盖辩证唯物主义和历史唯物主义的唯物主义历史观。

唯物史观是以人类社会存在为前提和根本并由此揭示其发展规律的科学世界观，是在人与自然和人与人之间交互作用的历史进程中探讨思维与存在、精神与物质之间的关系并由此阐释人民创造历史的科学认识论。唯物史观同唯心史观不同，它把人类实践活动作为联系人的主观世界与客观世界的桥梁。运用马克思主义唯物史观看人类社会，构成社会的最原始的要素包括：人类的有意识的生命活动，即劳动或与生活和生产相关的活动——消费、物质资料的生产、人口的生产（繁衍）；自然环境及自然条件等。② 其中，人的活动即劳动本身是本能的、主体的、能动的、选择性的因素，因而是社会的、联系的、结合的因素；自然环境及自然条件是本原的、受动的、对象性的要素，是人类的生存条件及人类的劳动对象。在构成社会的最原始的物质要素相互作用的基础上，人类社会展开其社会经济不断发展、生产方式从低级向高级转变③和社会经济形态更迭的历史画卷。

二、唯物史观强调人对自然界的关系是推动人类社会可持续发展的重要因素

马克思主义唯物史观认为，无论社会形态怎样更迭，"历史的每一阶段都遇到一定的物质结果，一定的生产力总和，人对自然以及个人之间历史地形成的关系，都遇到前一代人传给后一代人的大量生产力、资金和环境，尽管一方面这些生产力、资金和环境为新的一代所改变，但是另一方面，它们也预先规定新的一代本身的生活条件，使它得到一定的发展和具有特殊的性质。

---

① 《马克思恩格斯文集》（第9卷），人民出版社2009年版，第13页。

② 杨志、王岩：《〈资本论〉解读》（马克思主义研究论库第一辑），中国人民大学出版社2015年版，第31页。

③ 在第三章中的进一步研究将表明，循环经济是一种比传统的线性生产方式更高级的新型生产方式。

由此可见，这种观点表明，人创造环境，同样，环境也创造人"①。而唯心主义历史观"不是完全忽视了历史的这一现实基础，就是把它仅看成与历史进程没有任何联系的附带因素。因此，历史总是遵照在它之外的某种尺度来编写的：现实的生活生产被看成是某种非历史的东西，而历史的东西则被看成是某种脱离日常生活的东西，某种处于世界之外和超乎世界之上的东西。这样，就把人对自然界的关系从历史中排除出去了，因而造成了自然界和历史之间的对立"②。因此，与唯心主义历史观根本不同，马克思主义唯物史观认为，人类社会的发展是一个现实的生活生产的历史过程，在这个历史过程中，人对自然界的关系是重要的因素之一，由人对自然界的关系构成的物质生产力是代代相传不断发展的，物质生产力的发展是推动人类社会历史不断发展的最活跃、最革命的因素。所以，要实现人类社会的可持续发展，必须要通过人的努力创造一个人与自然界有机融合和谐相处的自然和社会环境，保持物质生产力的可持续发展，人类社会才能够保持可持续发展。

三、唯物史观强调生产关系和上层建筑对于可持续发展有重要作用

马克思主义唯物史观认为，人源于自然、离不开自然，但是人不能简单等同于自然的生命有机体，人类生命活动的特点是有意识的活动，其基本形式是劳动，因为"劳动这种生命活动、这种生产生活本身对人来说不过是满足一种需要即维持肉体生存的需要的一种手段"③。作为有意识的人的生命活动、生产和生活的活动，劳动必须在人与人之间相互联系的活动关系中进行，或者说必须借助人们的活动方式才能进行，所以"劳动这种生命活动"不仅具有自然属性，而且具有社会属性，因为"人的本质不是单个人所固有的抽象物，在其现实性上，它是一切社会关系的总和"④。"社会关系的含义在这里是指许多个人的共同活动……而这种共同活动方式本身就是'生产力'；由此可见，人们所达到的生产力的总和决定着社会状况……人们之间一开始就

---

① 《马克思恩格斯文集》（第1卷），人民出版社2009年版，第544~545页。

② 同上，第545页。

③ 《马克思恩格斯文集》（第1卷），人民出版社2009年版，第162页。

④ 同上，第501页。

有一种物质的联系。这种联系是由需要和生产方式决定的，它和人本身有同样长久的历史；这种联系不断采取新的形式，因而就表现为'历史'"①。生产力产生于人类共同活动，从来就没有抽象的不包含社会关系的生产力，人们的共同活动的目的是生产物质财富，联系人们共同活动的是物质利益。在人类历史发展的长河中，物质利益联系的形式会随着社会生产方式的保护而变化。物质利益关系就是人们在共同活动产生生产力过程中形成的生产关系，生产力决定生产关系，生产关系联系着人们之间的共同活动，因此深刻作用于生产力。马克思主义唯物史观认为，从来就没有纯粹的、抽象的、由生产力单独决定的经济因素存在，并且可以成为推动历史发展的唯一因素。恩格斯在致约·布洛赫的信中说："根据唯物史观，历史过程中的决定性因素归根到底是现实生活的生产和再生产。无论马克思或我都从来没有肯定过比这更多的东西。如果有人在这里加以歪曲，说经济因素是唯一决定性的因素，那么他就是把这个命题变成毫无内容的、抽象的、荒诞无稽的空话。经济状况是基础，但是对历史斗争的进程发生影响并且在许多情况下主要是决定着这一斗争的形式的，还有上层建筑的各种因素。……否则把理论应用于任何历史时期，就会比解一个最简单的一次方程式更容易了。"② 所以，按照唯物史观，不仅生产力和生产关系紧密相连，而且，由生产关系的总和构成的社会经济基础之上还竖立着上层建筑（意识形态以及与之相适应的制度、组织和设施），所以，生产力与生产关系矛盾运动的规律和经济基础与上层建筑矛盾运动的规律共同构成人类社会发展的基本规律。在社会经济不断发展和形态更迭过程中，由人与自然关系形成的生产力是最活跃、最革命的因素，但不是唯一的决定因素，人们在生产过程中形成的人与人之间的生产关系和由此决定的物质利益关系以及上层建筑的各种因素在推动或者制约生产力发展从而在影响人与自然关系方面起着重要作用。

用唯物史观看世界，人类社会的发展是人与自然、人与人之间交互作用的过程，马克思主义唯物史观为我们研究人类社会可持续发展提供了科学的方法。实现人与自然和谐相处，走可持续发展道路，不仅要正确处理人与自

---

① 《马克思恩格斯文集》（第 1 卷），人民出版社 2009 年版，第 532~533 页。

② 《马克思恩格斯选集》（第 10 卷），人民出版社 1995 年版，第 591~592 页。

然之间的关系，还要正确处理人与人之间的关系，通过不断深化改革（根据生产力发展要求调整生产关系）协调物质利益关系、通过观念引领、通过制度建设促进实现人与自然的和谐相处。

四、小结

马克思说："历史本身是自然史的即自然界成为人这一过程的一个现实部分，即自然界生成为人这一过程的一个现实部分。自然科学往后将包括关于人的科学，正像关于人的科学包括自然科学一样。"[1] 用马克思主义唯物史观看待人类社会发展，其核心问题是物质社会的经济发展，而把自然界的变化和自然科学引入政治经济学研究，是马克思主义政治经济学的一个重要特征，这些内容充分展示在马克思的生产力理论之中，并且也必然融入他的生产关系理论之中，这使马克思主义政治经济学研究的视野非常开阔。

马克思主义政治经济学是"劳动的政治经济学"[2]，它运用唯物史观方法论联系社会劳动生产力研究社会生产关系，揭示人类社会发展的一般规律，展现其科学的发展观，涵盖着经济社会发展的全部内容，其研究内容必然包含着可持续发展，涉及循环经济的基本问题。以马克思主义政治经济学为理论基础，运用马克思主义唯物主义史观和方法论来构建循环经济的经济学理论基础，应该是最恰当地选择了。

第三节　马克思主义发展观提供了科学广阔的研究视野

发展循环经济，目的是解决人与自然之间的矛盾，实现自然资源的永续利用，但是，实现这个目的，处理好人与人之间的关系至关重要。马克思主义运用辩证唯物主义和历史唯物主义方法论，把经济、社会、自然三者有机地结合为一体，形成其发展观的科学思想体系。马克思主义发展观不仅从发

---

[1] 《马克思恩格斯文集》（第1卷），人民出版社2009年版，第194页。

[2] 《马克思恩格斯文集》（第3卷），人民出版社2009年版，第12页。

展的视角揭示出人与物的关系，而且揭示出人与自然的关系，揭示出人与人
的关系对人与自然关系的影响，为循环经济的经济学理论研究提供了科学广
阔的研究视野。

一、人与自然的关系是人类社会发展的重要因素

马克思主义政治经济学揭示出，劳动生产力的源泉是劳动和自然条件，
二者必须结合才能形成现实的劳动生产力。人类社会可持续发展的本质是社
会生产力的可持续发展。实现生产力可持续发展的关键问题是：人类要尊重
自然界，要正确认识和运用自然规律谋求人类社会的发展；要通过技术创新，
用更少的劳动和自然条件的耗费获取人类生存和发展所需要的不断增加的物
质财富；当代人要在谋求自身发展的同时保持外界自然条件永续利用的能力。

在人类社会发展过程中，人和自然界是一个不可分割的有机统一体，人
类必须利用自然条件进行劳动，才能获得赖以生存和发展的物质财富，自然
条件的好坏和对其的有效利用是决定生产力高低和发展能力的重要因素。不
仅如此，人还是自然界的一个组成部分，"撇开社会生产的形态的发展过程不
说，劳动生产率是同自然条件相联系的。这些自然条件都可以归结为人本身
的自然（如人种等）和人的周围的自然"[1]。虽然人类在不同的历史阶段对不
同的自然条件的依赖程度不同，但是，自然条件作为劳动对象的富源和劳动
者生活资料的富源，总是和人的劳动一起，共同成为劳动生产力的源泉。劳
动生产力发挥作用的过程就是人以自身的活动引起的、调整和控制人和自然
之间的物质变换的过程。

从劳动生产力发展过程看，劳动生产力的两个源泉缺一不可。人类必
须不断地把他们的劳动和人周围的自然相结合，生产出不断增加的使用价
值，才能满足人类不断增加的对物质财富的需求，实现人类自身的发展。
同时，人类不仅要关注自身的发展，而且必须要善待人周围的自然，保持
自然界提供自然条件的能力的持续性。只有劳动生产力的两个源泉能够源
源不断地按照生产力正常发挥作用的要求提供出来，才能保证劳动生产力
的不断发展。

---

① 《资本论》（第 1 卷），人民出版社 2004 年版，第 586 页。

从生产力的两个客观要素劳动资料和劳动对象看，自然界是"一切劳动资料和劳动对象的第一源泉"。[①] "外界自然条件在经济上可以分为两大类：生活资料的自然富源，例如土壤的肥力，渔产丰富的水等等；劳动资料的自然富源，如奔腾的瀑布、可以航行的河流、森林、金属、煤炭等等。在文化初期，第一类自然富源具有决定性的意义；在较高的发展阶段，第二类自然富源具有决定性的意义。"[②] 马克思把这些自然条件提供的具有经济意义的富源称为自然物质。在人类社会发展过程中，在文化初期即农业社会，马克思称为生活资料的自然富源起着决定性作用，即决定着劳动生产力水平的高低和社会的富裕程度；在工业社会，马克思称为劳动资料的自然富源起着决定性作用，即决定着劳动生产力水平的高低和社会的富裕程度。

此外，自然条件还包括气候、空气和水体等自然环境，人类的生活和生产活动对自然环境产生着极大的影响。从经济上看，这些自然环境因素并不像生活资料的自然富源和劳动资料的自然富源那样对劳动生产力水平和社会的富裕程度产生直接的影响，但是，自然环境通过对人的生存环境、生产环境的影响，通过对动植物等作为生活和生产的自然富源的影响，对生产力的发展产生重要的影响。[③]

自然条件包括自然物质和自然环境两大部分，二者相互影响，紧密相关，地球是生态环境的承载体，各种自然物质和自然环境构成空间、地上、地下存在着的阳光、空气、水、土地、矿藏和动植物之间相互依存的人周围的生态环境系统，为人类的生成和发展提供必需的外界自然条件。

广义地讲，人类也是地球上自然物质的一个组成部分，因此也是整个地球的生态环境或者生态系统的一部分。把人类放到整个地球的生态系统之中，从广义自然条件的视野看人类历史的发展过程，人与自然之间紧密相关，天人合一，不能分离，只有人与自然和谐相处，才能保持地球生态系统的平衡，才能保证人类社会劳动生产力的发展能够有持续不断的源泉。"没有自然界，

---

① 《马克思恩格斯文集》（第 3 卷），人民出版社 2009 年版，第 428 页。
② 《资本论》（第 1 卷），人民出版社 2004 年版，第 586 页。
③ 《马克思恩格斯文集》（第 1 卷），人民出版社 2009 年版，第 225 页；《马克思恩格斯文集》（第 9 卷），人民出版社 2009 年版，第 184～185 页、第 312～313 页、第 482～484 页。

没有感性的外部世界，工人什么也不能创造。自然界是工人的劳动得以实现、工人的劳动在其中活动、工人的劳动从中生产出和借以生产出自己的产品的材料。"①自然条件为人的劳动提供劳动资料和劳动对象的源泉，使劳动可以进行，自然条件是一切劳动资料和劳动对象的第一源泉。人只有通过劳动对自然物质进行能够满足自己需要的物质变换，才能够生存和发展。在人类社会生产力发展过程中，无论社会形态如何，生产力都不能离开自然条件的制约而独立发展，生产力发展从来就是受自然界制约的，良好的自然条件是劳动生产力提高的自然基础。同时，正是在对自然的利用过程中，人的劳动不仅使自然条件发生物质变换，而且使人的体力和智力的不断发展。

二、人与自然条件产生冲突的原因

人利用其身体蕴含着的体力和脑力进行劳动，一方面为自己创造了日益发展变化的新的生存条件，另一方面使外界自然条件发生着变化，在这个过程中，人与外界自然条件可能存在着对立和冲突。这是因为，在劳动过程中，人具有主观能动性，当人把自然界隶属于自己，去利用自然界为人类生活和生产过程服务时，人和自然界的冲突就可能出现。马克思指出，"劳动首先是人和自然之间的过程，是人以自身的活动来中介、调整和控制人和自然之间的物质变换的过程。人自身作为一种自然力与自然物质相对立。"② 这种对立是明显的，"日耳曼人移入时期的德意志的'自然界'，现在剩下的已经微乎其微了。地球的表面、气候、植物界、动物界以及人本身都发生了无限的变化，而且这一切都是由于人的活动，而德意志的自然界在这一期间未经人的干预而发生的变化，简直微小的无法计算"③。人的活动造成的人与外界自然条件的对立和冲突，早已经从自然界中自然环境的恶化及自然物质的减少中表现出来了。

从自然环境的变化看，人类不当的使用外界自然条件的行为，导致自然环境发生不利于人类的生产生活的变化，表现为气候变化、空气和水体污染等。历史发展的现实表明，自然环境的恶化是伴随着工业化过程带来的劳动

---

① 《马克思恩格斯文集》（第 1 卷），人民出版社 2009 年版，第 158 页。
② 《资本论》（第 1 卷），人民出版社 2004 年版，第 207 ~ 208 页。
③ 《马克思恩格斯文集》（第 9 卷），人民出版社 2009 年版，第 484 页。

生产力水平的提高发生的。生产力水平的提高本来可以改善人类的生活水平，但是，由于生产力发展的同时造成自然环境的恶化，使人类的生存条件恶化，有时甚至会使生活条件下降到人类的最低阶段。恩格斯在考察了英国工业化过程中工人阶级状况后如此描述了工人生活的环境："到处都是死水洼，高高地堆积在这些死水洼之间的一堆堆的垃圾、废弃物和令人作呕的脏东西不断地散发出臭味来污染四周的空气。"① "在这种难以想像的肮脏恶臭的环境中，在这种似乎是被故意毒化了的空气中，在这种条件下生活的人们，的确不能不下降到人类的最低阶段。"②自然环境的恶化，还使人类的生产条件恶化。例如，机器大工业把科学和自然力并入了机器，使生产力水平迅速提高，由于"蒸汽机的第一需要和大工业中差不多一切生产部门的主要需要，就是比较干净的水。但是工厂城市把所有的水都变成臭气熏天的污水。因此，虽然向城市集中是资本主义生产的基本条件，但是每个工业资本家又总是力图离开资本主义生产所必然造成的大城市，而迁移到农村地区去经营"③。大工业带来气候的改变、水害（洪灾、水体污染）、病虫害等，给人类生产力的发展带来巨大的损害。自然环境的改变在短期可能不会对人类的生产和生活产生大的影响，但是，经过一段时间，影响会显露出来，并且在吞噬着人类劳动的成果。恩格斯说："我们不要过分陶醉于我们人类对自然界的胜利。对于每一次这样的胜利，自然界都对我们进行报复。每一次胜利，起初确实取得了我们预期的结果，但是往后和再往后却发生完全不同的、出乎预料的影响，常常把最初的结果又消除了。美索不达米亚、希腊、小亚细亚以及其他各地的居民，为了想得到耕地，毁灭了森林，但是他们做梦也想不到，这些地方今天竟因此而成为不毛之地，因为他们使这些地方失去了森林，也就失去了水分的积聚中心和贮藏库。阿尔卑斯山的意大利人，当他们在山南坡把在山北坡得到精心保护的枞树林砍光用尽时，没有预料到，这样一来，他们就把本地区的高山畜牧业的根基给毁掉了；他们更没有预料到，他们这样做，竟使山泉在一年中的大部分时间内枯竭了，同时在雨季又使更加凶猛的洪水倾泻到平原上。"④

---

①② 《马克思恩格斯全集》（第 2 卷），人民出版社 1961 年版，第 342 页。

③ 《马克思恩格斯文集》（第 9 卷），人民出版社 2009 年版，第 312～313 页。

④ 同上，第 559～560 页。

从形成劳动资料和劳动对象的自然物质的变化看，人类不合理地使用自然物质的行为，破坏了"一切劳动资料和劳动对象的第一源泉"。在劳动生产力发展的历史长河中，特别是从农业社会进入工业社会后，科学技术的发展使人类利用自然物质的能力迅速提高，结果是一定的劳动推动了对更多的自然界免费提供的自然物质的利用，劳动生产力水平不断提高。但是，这种劳动生产力的发展更多的是建立在节约劳动的基础之上，而较少关注对自然界提供的自然物质的节约使用。这是因为，自然物质作为构成当前物质财富的基本要素不需要付出代价，而且"撇开自然物质不说，各种不费分文的自然力，也可以作为要素，以或大或小的效能并入生产过程"①。而劳动支出是人类为了获取物质财富无论什么时候都必须要付出的代价。人类希望花费最小的代价获得最大的财富，因此，通过节约劳动提高劳动生产率就成了实现这个目的的基本手段，人类从农业社会到工业社会发展生产力的历史过程就是对此最好的诠释。但是，事情并不像人类想象得那么美好，由于自然界中许多自然物质不可再生，伴随着劳动生产力的快速发展，自然界提供自然物质的能力下降，自然环境遭到破坏。恩格斯指出："在北美洲，绝大部分的土地是自由农的劳动开垦出来的，而南部的大地主用他们的奴隶和掠夺性的耕作制度耗尽了地力，以致在这些土地上只能生长云杉，而棉花的种植则不得不愈来愈往西移。"② 还有，"劳动生产率也是和自然条件联系在一起的，这些自然条件的丰饶度往往随着社会条件所决定的生产率的提高而相应地减低。……我们只要想一想决定大部分原料产量的季节的影响，森林、煤矿、铁矿的枯竭等等，就明白了。"③ 作为劳动资料和劳动对象的第一源泉的自然物质的枯竭，直接影响着人类生活和生产，因此更直接和明显地表现出对劳动生产力发展的制约，表现出人与自然条件的尖锐冲突。

人和他所处的自然条件最大的差别是人有主观能动性，可以利用他的体力和智力根据自己的意愿开发和使用自然。恩格斯在《自然辩证法》中说："动物仅仅利用外部自然界，单纯地通过自身的存在在自然界中引起变化；而人则通过他所作出的改变来使自然界为自己的目的服务，来支配自然界。这

① 《资本论》（第2卷），人民出版社2004年版，第394页。
② 《马克思恩格斯文集》（第9卷），人民出版社2009年版，第184页。
③ 《资本论》（第3卷），人民出版社2004年版，第289页。

便是人同其他动物的最终的本质的差别，而造成这一区别的又是劳动。"① 劳动可以利用自然界为自己的目的服务，自然条件则是被人类劳动支配使用的生产力的客观要素，由于"作为要素加入生产但无须付代价的自然要素"是"作为劳动的无偿的自然生产力加入生产的……它在价格的决定上就不会计算进去"②，所以，人类为了满足自身的需要，有动机、有能力去使用自然物质为自己不断增加财富，如果人类只把自然界当作为自己提供无偿服务的东西随意支配，结果必然造成人的自然和外界自然条件的冲突。

纵观人类社会劳动生产力发展的历史，人主宰自然，按照自己的主观意志和欲望而不是正确认识和运用自然规律来利用自然，是造成人与自然条件冲突的根源，而社会生产方式和构成生产方式重要内容的生产关系对利用自然条件的方式产生决定性影响。在生产力的两个基本源泉的对立运动中，生产力虽然得到了迅速发展，但是，自然条件的恶化也在报复人类，使人类社会生产力的可持续发展面临着困境。人类滥用自然条件的结果是，通过影响人类生活质量影响人自身的发展，使劳动生产力的主观源泉劳动力遭到破坏；通过影响劳动资料和劳动对象的第一源泉——自然条件，使劳动生产力的客观源泉遭到破坏。马克思对这种冲突的结果做出了远见卓识的预见，他在致恩格斯的信中使用了比·特雷莫《人类和其他生物的起源和变异》中的一段论述来说明自己的观点："不以伟大的自然规律为依据的人类计划，只会带来灾难……破坏的工作不可能永久继续下去，恢复工作才是永恒的。"③ 人和人周围的自然条件的冲突终将导致对社会劳动生产力的破坏和人类生存条件的破坏，给人类社会的发展带来灾难，这个结果早已经不断地被现实所证明。正如马克思所说，对自然的破坏不可能"永久继续下去"，因为，自然条件的不断恶化迟早会使劳动生产率下降。如果发展到不得不为了恢复生产力的自然条件源泉寻找出路时，代价将是巨大的，一些自然条件的破坏甚至需要无限期地进行保护才能逐渐得以恢复，而有些自然条件则可能无法恢复。

———————————

① 《马克思恩格斯文集》（第9卷），人民出版社2009年版，第559页。
② 《资本论》（第3卷），人民出版社2004年版，第843页。
③ 《马克思恩格斯全集》（第31卷），人民出版社1972年版，第251页。

三、马克思主义发展观揭示出人与人的关系对人与自然关系的作用

人类社会发展的核心问题是物质社会的经济发展，但是，"历史本身是自然史的一个现实部分，即自然界生成为人这一过程的一个现实部分。自然科学往后将包括关于人的科学，正像关于人的科学包括自然科学一样：这将是一门科学"①。所以，经济学作为从物质社会的经济发展到研究人的行为的人的科学，不可能是纯粹的、完全独立存在的科学。马克思运用历史唯物主义方法研究政治经济学，努力把自然科学和社会科学结合在一起，阐述他的经济社会发展观。正像马克思主义学者欧内斯特·曼德尔所说，"经济科学不可能作为一门与社会学、历史学、人类学等完全无关的特殊科学而独立存在，这是马克思大多数经济分析的基本思想。事实上，历史唯物主义试图尽可能地把有关人类的各门科学统一为一门社会科学"②。把自然界的变化和自然科学引入政治经济学研究，是马克思主义政治经济学的一个重要特征，这些内容在其生产力理论中有充分的展示，这使马克思主义发展观的视野非常开阔。

从人类生存发展的最基本的生产活动看，人要利用自然条件为人类自身造福，"人们在生产中不仅仅影响自然界，而且也互相影响。他们只有以一定方式共同活动和互相交换其活动，才能进行生产。为了进行生产，人们相互之间便发生一定的联系和关系；只有在这些社会联系和社会关系的范围内，才会有他们对自然界的影响，才会有生产"③。从人类全部活动看，人是社会的人，作为社会的人，人与人之间的联系必须要以自然界为纽带，因为人是自然界的一个组成部分，自然界是人类社会存在发展的自然基础，人类社会本质上是自然界与人的统一体。所以，在人类社会经济发展过程中，不仅有人与人之间的复杂的、发展变化的社会生产关系，而且，由于劳动生产力的源泉是人类劳动和自然条件，因此，还必然存在着人与自然之间复杂的、发展变化的劳动生产力关系。这些关系统一在人与自然之间和人与人之间交错运动的辩证关系体系之中，构成了人类的社会经济活动的发展变化过程，这

---

① 《马克思恩格斯文集》（第 1 卷），人民出版社 2009 年版，第 194 页。

② 欧内斯特·曼德尔：《马克思，卡尔·海因里希》，收录于《新帕尔格雷夫经济学大辞典》（第三卷），经济科学出版社 1996 年版，第 399 页。

③ 《马克思恩格斯文集》（第 1 卷），人民出版社 2009 年版，第 724 页。

个过程的最理想状态是人与人以及人与自然界的和谐统一，马克思把它称之为真正的自由王国："自由王国只是在必要性和外在目的规定要做的劳动终止的地方才开始；因而按照事物的本性来说，它存在于真正物质生产领域的彼岸。像野蛮人为了满足自己的需要，为了维持和再生产自己的生命，必须与自然搏斗一样，文明人也必须这样做；而且在一切社会形式中，在一切可能的生产方式中，他都必须这样做。这个自然必然性的王国会随着人的发展而扩大，因为需要会扩大；但是，满足这种需要的生产力同时也会扩大。这个领域内的自由只能是：社会化的人，联合起来的生产者，将合理地调节他们和自然之间的物质变换，把它置于他们的共同控制之下，而不让它作为一种盲目的力量来统治自己；靠消耗最小的力量，在最无愧于和最适合于他们的人类本性的条件下来进行这种物质变换。"① 无论什么时代，人类为了生存和发展，都必须要利用自然，把他们的劳动和自然相结合，形成劳动生产力，完成他们和自然之间的物质变换，才能获得满足人类需求的物质财富，人类才能生存和发展。客观上，人类与自然之间的物质变换存在着矛盾，因为，自然条件是自然界免费提供给人类使用的，如果人类把自然条件当作免费的午餐任意享有，虽然可以方便地获得更多的物质财富，满足更多的需求，但是，这对于作为自然界的一个组成部分、依赖于自然条件而生存发展的人类来说，是在损害人类社会生产力可持续发展的源泉，毁坏人类社会存在的基本条件。马克思认为，这种竭泽而渔的行为和人类的社会生产方式紧密相关。马克思对资本主义生产方式进行了考察，认为通过资本所有者以追逐剩余价值为目的的资本积累确实促进了生产力快速发展，确实给人类带来了巨大的财富，但是，在资本主义生产方式下，资本家异化为资本，人的劳动和自然也异化为资本，资本支配着劳动和自然，如何使用生产力源泉，采用什么方式提高生产力，都以是否能够为资本带来最大剩余价值为目标。虽然在不可再生资源供给能力下降使获取它们所需要耗费的劳动成本上升，而需求量不断增加情况下，在价值规律作用下，资本家必须要通过节约自然资源来节约不变资本，因此也会考虑通过减量化、再循环和再利用来实现在自然资源使用上的节约从而节约不变资本，但是，所有节约自然资源的方法的使用都要

---

① 《资本论》（第 3 卷），人民出版社 2004 年版，第 928～929 页。

以资本能否获得最大剩余价值为目的，只要能够廉价而方便地支配自然，满足获得最大剩余价值的欲望，资本绝对不会关心其生产目的之外的自然资源的节约和保护问题。从实践中看，和资本在世界范围内对自然资源的掠夺性使用相比较，对自然资源的这种节约不足挂齿，而资本主义生产方式导致的对生产力源泉的滥用和不合理使用则是必然的。所以，从本质上讲，"资本主义生产发展了社会生产过程的技术和结合，只是由于它同时破坏了一切财富的源泉——土地和工人"①。马克思认为，为了在"最无愧于和最适合于人类本性的条件下"生存和发展，回归到人与人、人与自然和谐相处的最适合人类本性的状态中，实现真正的人道主义社会，实现人类社会的可持续发展，人类必须要联合起来，共同控制和利用自然，以最小的劳动和自然的耗费，完成人和自然之间的物质变换。实现这个目标，需要转变社会生产方式，恩格斯说，这个转变是资本主义向科学社会主义的转变。"生产资料由社会占有，不仅会消除生产的现存的人为障碍，而且还会消除生产力和产品的有形的浪费和破坏，这种浪费和破坏在目前是生产的无法摆脱的伴侣，并且在危机时期达到顶点。此外，这种占有还由于消除了现在的统治阶级及其政治代表的穷奢极欲的挥霍而为全社会节省出大量的生产资料和产品。通过社会化生产，不仅可能保证一切社会成员有富足的和一天比一天充裕的物质生活，而且还可能保证他们的体力和智力获得充分的自由的发展和运用，……一旦社会占有了生产资料……人们第一次成为自然界的自觉的和真正的主人，因为他们已经成为自身的社会结合的主人了。……只是从这时起，人们才完全自觉地自己创造自己的历史；只是从这时起，由人们使之起作用的社会原因才大部分并且越来越多地达到他们所预期的结果。这是人类从必然王国进入自由王国的飞跃。……人终于成为自己的社会结合的主人，从而也就成为自然界的主人，成为自身的主人——自由的人。"② 所以，只有当以生产资料社会占有为基础的社会主义生产关系与不断发展的社会生产力结合时，即在科学社会主义生产方式下，才能消除资本主义生产方式造成的资本对自然资源垄断和的掠夺，使全体社会成员"成为自然界的自觉的和真正的主人"，实现

---

① 《资本论》（第1卷），人民出版社2004年版，第580页。

② 《马克思恩格斯文集》（第3卷），人民出版社2009年版，第563~566页。

社会财富共享和人与人之间的和谐相处，人类才能真正有意识地选择人与自然和谐相处的生产力的发展方式，实现可持续发展。

四、马克思主义发展观的本质和关键问题

马克思主义的历史唯物主义发展观认为，人类社会发展的核心动力是社会劳动生产力的发展，由此推论，如果社会生产力的发展是不可持续的，那将导致人类社会发展的不可持续，因此，社会生产力的可持续发展是人类社会可持续发展的本质。劳动生产力的两个源泉——人类劳动和自然条件，在劳动生产力发展中紧密相关但是各自又起着不可替代的作用，其中起主导作用的是人类劳动。只有人类真正认识到自己的活动无法离开自然条件，有意识地通过改变利用自然条件的方式消除生产力发展过程中人与自然条件的冲突，与自然界和谐相处，才能够真正实现生产力的可持续发展，进而实现人类社会的可持续发展。

作为劳动生产力的客观源泉，如果自然界提供自然物质能力的下降，会阻碍劳动生产力的发展，如果自然界提供的自然物质能力持续下降，甚至会使人类社会逐渐丧失劳动生产力持续发展的客观源泉。自然界提供自然条件能力的下降在很大程度上来自人类为了自身发展利用自然界所进行的生产和生活活动，因此，如何处理人类的发展与保护自然界提供自然条件的能力之间的关系，是实现生产力可持续发展的关键问题。在关于人与自然关系的处理上，恩格斯反对自然主义历史观，指出"自然主义的历史观……是片面的，它认为只是自然界作用于人，只是自然条件到处在决定人的历史发展，它忘记了人也反作用于自然界，改变自然界，为自己创造新的生存条件"[1]。人类利用自身的体力和智力"社会地控制自然力，从而节约地利用自然力，用人力兴建大规模的工程占有或驯服自然力……这种必要性在产业史上起着最有决定性的作用。如埃及、伦巴第、荷兰等地的治水工程就是例子。或者如印度、波斯等地，在那里人们利用人工渠道进行灌溉，不仅使土地获得必不可少的水，而且使矿物质肥料同淤泥一起从山上流下来。兴修水利是阿拉伯人

---

① 《马克思恩格斯全集》（第 20 卷），人民出版社版 1971 年版，第 574 页。

统治下的西班牙和西西里岛产业繁荣的秘密"①。生产力的发展给人类生产出日益丰富的满足人类需求的物质财富，所以，人类只有主动利用自然，发展自己的生产能力，而不是被动地让"自然界作用于人"，人类社会才能够日益繁荣，这也是人类世界区别于动物世界的根本。然而，这并不是说，人类就可以随意役使自然界，因为劳动力的再生产和劳动者体力、智力的发展又要依赖于劳动者通过消费他们利用自然物质所生产的物质财富和享有良好的自然环境来实现，如果作为人类基本生存条件的自然条件恶化，人的发展也无从谈起。在人与自然界这对矛盾中，二者的本质区别是前者具有主观能动性，可以通过有目的的活动调节其与客观的外界自然条件之间的关系，因此是矛盾的主要方面，实现生产力的可持续发展，关键在于生产力的主观源泉劳动的载体人的认识和行为。恩格斯在《自然辩证法》中指出："我们每走一步都要记住：我们决不像征服者统治异族人那样支配自然界，决不像站在自然界之外的人似的去支配自然界——相反，我们连同我们的肉、血和头脑都是属于自然界和存在于自然界之中的；我们对自然界的整个支配作用，就在于我们比其他一切生物强，能够认识和正确运用自然规律。"② 因此，人类在发展自身的生产力过程中，不能急功近利，而是要尊重自然界，要正确认识和运用自然规律谋求人类社会的发展，这是马克思主义发展观的第一个关键问题。

与人的认识和行为紧密相关的一个问题是劳动者的智力发展带来的技术进步对生产力可持续发展的影响。人类社会发展的历史表明，技术创新是社会生产力发展的重要推动力。如果技术进步只是节约劳动型的，这意味着技术只是节约了劳动者的体力和脑力支出，或者说，同量劳动推动了更多的自然条件的耗费，生产出更多的使用价值，人类社会开发和利用自然界的能力提高了，表现为劳动生产力水平提高。但是，在节约劳动的技术推动下的劳动生产力的快速发展，如果同时带来的是劳动对自然界的过度利用，长期下去，会使自然界提供自然物质的能力下降，使自然环境恶化，破坏了劳动生产力持续发展的自然条件源泉。所以，从劳动生产力的源泉看，提高劳动生产力，不仅仅需要节约劳动的技术，而且需要节约使用和保护自然条件（自

---

① 《资本论》（第1卷），人民出版社2004年版，第587～582页。
② 《马克思恩格斯文集》（第9卷），人民出版社2009年版，第560页。

然物质和自然环境）的技术。通过技术创新发展劳动生产力，不应只是追求节约劳动者的劳动支出，而且要追求劳动者节约使用自然条件的能力的提高，技术创新的目的应当是，用更少的劳动和自然条件的耗费获取人类生存和发展所需要的不断增长的物质财富。这是马克思主义发展观的第二个关键问题。

人类社会的可持续发展意味着人类要世代有所发展，其中关键是保持社会生产力的自然基础——自然条件可持续利用的能力。所以，作为生产力的源泉之一，自然条件不仅当代人要使用，而且要传给后代人。当代人传给后代人的自然条件，在相当大程度上规定了后代人的生活条件和发展条件。"历史的每一阶段都遇到一定的物质结果，一定的生产力总和，人对自然以及个人之间历史地形成的关系，都遇到前一代传给后一代的大量生产力、资金和环境，尽管一方面这些生产力、资金和环境为新的一代所改变，但另一方面，它们也预先规定新的一代本身的生活条件，使它得到一定的发展和具有特殊的性质。"[1] 其中，自然条件是基础，而自然条件能否完好传给后一代，不仅需要处理好人与自然的关系，更重要的是要处理好人与人之间的关系，其基础是自然资源的所有权关系。以重要的自然条件土地为例，马克思指出："从一个较高级的经济的社会形态的角度来看，个别人对土地的私有权，和一个人对另一个人的私有权一样，是十分荒谬的。甚至整个社会，一个民族，以至一切同时存在的社会加在一起，都不是土地的所有者。他们只是土地的占有者，土地的受益者，并且他们应当作为好家长把经过改良的土地传给后代。"[2] 因为人类的生存和可持续发展必须依赖于外界自然条件的持续利用，这又依赖于自然界有持续保持良好的自然物质和自然环境的能力，这样的能力"不是自然的恩惠，而是几十万年历史的恩惠"[3]，当代人没有权利独享这样昂贵的恩惠。但是，在社会共同控制使用自然资源的社会形态出现以前，在土地私有权存在条件下，人类不会自觉认识到这一点，土地所有者不会自动放弃独享土地恩惠的权利。所以，为了实现自然条件的可持续利用，人类必须要联合起来，共同控制和有计划地利用自然资源，通过转变生产力发展方式，在谋求自身发展的同时保持自然条件永续利用的能力，以最小的劳动

① 《马克思恩格斯文集》（第 1 卷），人民出版社 2009 年版，第 544 ~ 545 页。
② 《资本论》（第 3 卷），人民出版社 2004 年版，第 878 页。
③ 《资本论》（第 1 卷），人民出版社 2004 年版，第 586 页。

和自然的耗费，完成人和自然之间的物质变换。这是马克思主义发展观的第三个关键问题。

综上可见，在马克思主义的社会经济发展观中，是把经济、社会、人及自然界统一在时间和空间的运动变化之中的，它们都是人类社会发展不可或缺的组成部分。马克思主义发展观不仅从发展的视角揭示出人与物的关系，而且揭示出人与自然的关系，揭示出人与人的关系对人与自然关系的影响，为循环经济的经济学理论基础研究提供了科学广阔的视野。

第三章

生产方式理论提供了循环经济
性质研究的理论基础

　　循环经济性质的规定是构建循环经济的经济学理论框架的基础。本书以马克思主义政治经济学中的生产方式理论为基础研究循环经济的性质，认为循环经济是一种新型的生产方式。马克思主义政治经济学中的生产方式提法不一，概括起来有包含生产力和生产关系的社会生产方式和只涉及社会生产力的生产方式两个层次：第一个层次是社会生产方式，是指社会生产力和社会生产关系的统一，这是广义的生产方式，从事物发展变化的角度看，社会生产方式内部的社会生产力和社会生产关系的矛盾运动，推动着社会生产方式的演变；第二个层次是生产方式，这是和社会生产力相关的概念，即在特定的社会生产力条件下，社会生产采取的具体方式，这是狭义生产方式。从经济学视角看，循环经济的生产方式性质所涉及的是狭义生产方式。运用狭义生产方式理论看循环经济，其本质上是一种有别于建立在机器大工业基础上的工业化过程中所采取的传统的线性生产方式的新型生产方式，是社会生产力在机器大工业基础上的一个新的发展阶段。马克思主义政治经济学的生产方式理论为循环经济性质研究提供了理论基础。

第一节　关于生产方式含义的主要争论

　　R. 杰索普在《新帕尔格雷夫经济学大辞典》关于生产方式词条中指出，

生产方式概念的含义和范围现在仍有争议。① 确实，由于马克思在不同的地方讨论不同的问题时都使用了生产方式一词，由此引起对于生产方式概念理解的争论，大多数争论是围绕政治经济学的研究对象是什么这个问题展开的，但是，归根结底还是一个如何理解生产方式含义的争论。

一、生产方式是社会生产力和社会生产关系统一的社会生产方式

吴宣恭（2013）认为，"生产方式的内涵是多方面的、外延有大有小"②，他指出，"北京大学的赵家祥教授不随时俗，分析生产方式的多种含义的共同点和基本点，肯定斯大林将生产方式概念规范化和明确化。赵家祥认为斯大林将生产方式定义为人们在物质资料生产过程中生产力和生产关系的统一，符合马克思生产方式概念的基本含义，是对马克思历史唯物主义理论的发展，……马克思虽然没有直接说生产方式是生产力和生产关系的统一体，但他在一些场合谈到生产方式时，确实包含了生产力和生产关系的矛盾统一体的含义"③，而"生产方式最大量出现的含义之一是生产关系，即包括生产、交换、分配、消费关系的广义的生产关系，或者是马克思所说的'生产关系总和''社会生产关系''经济关系'，而不是仅在生产领域中发生的、与交换、分配关系并列的狭义的生产关系"④，就《资本论》或者政治经济学的研究对象而言，是研究资本主义生产方式，这里的生产方式是指广义的生产关系。卫兴华也持这种观点。⑤

二、生产方式是介于生产力和生产关系两者之间的范畴

吴易风（2006）认为，"从19世纪40年代起，马克思在一系列著作中论述了生产力—生产方式—生产关系原理"⑥，也即"生产力决定生产方式，生产方式决定生产关系"，或者说，生产方式与生产力相适应，生产关系与生

---

① 《新帕尔格雷夫经济学大辞典》（第三卷），经济科学出版社1996年版，第525页。

②③④ 吴宣恭：《论作为政治经济学研究对象的生产方式范畴》，载于《当代经济研究》2013年第3期。

⑤ 卫兴华：《〈资本论〉的研究对象问题》，载于《经济理论与经济管理》1982年第1期。

⑥ 吴易风：《马克思主义经济学和新自由主义经济学》，中国经济出版社2006年版，第12页。

方式相适应。具体讲，"一定历史阶段上的生产力，是一定生产方式由以产生的历史条件和现成基础；一定的生产方式决定和自己相适应的生产关系。新的生产力会产生和它相适应的新的生产方式，新的生产方式又会产生和自己相适应的新的生产关系"①。以资本主义生产方式为例，吴易风认为，资本主义生产方式"是指生产的资本主义的社会形式，即资本主义条件下劳动者和生产资料相结合以生产人们所需要的物质资料的方式"②，而政治经济学应该是"以生产方式以及和它相适应的生产关系或经济关系为研究对象"③。

马家驹和蔺子荣对于生产方式也有与吴易风类似的观点，他们认为，"马克思所讲的生产方式并不是生产力和生产关系的统一把两者包括在自身之内，而是介于这两者之间从而把它们联系起来的一个范畴"④，也就是说，生产方式是连接生产力和生产关系的纽带。关于研究对象，他们认为，马克思在《资本论》中"把生产方式也放在对象之内并且列在首位，而不是认为政治经济学仅限于研究生产关系"⑤。

三、生产方式有多重含义

吴宣恭（2013）对已有的观点进行了梳理："在马克思、恩格斯的论著中，生产方式一词具有不同含义。初步阅读国内的有关研究成果，能列举出处并加说明的含义就不下十种。例如，有人认为生产方式是指：生产的同义词、生产的技术方式、劳动方式、劳动者与生产资料结合的方式、生产的社会类型或形式、社会经济结构、经济的社会形态、生产力和生产关系的统一，等等。据我个人的初步查找和简略归纳，生产方式除了以上含义之外，至少还指：第一，生产力发展状况或劳动过程的条件；第二，从社会联系看的具体生产类型，如商品生产的生产方式、自给自足的生产方式等；第三，按规

---

① 吴易风：《马克思主义经济学和新自由主义经济学》，中国经济出版社 2006 年版，第 14 页。

② 同上，第 16 页。

③ 同上，第 19 页。

④⑤ 马家驹、蔺子荣：《生产方式和政治经济学的研究对象》，载于《经济研究》1980 年第 6 期。

模或生产工具划分的生产类型，如小生产的生产方式、大工业的生产方式、机器的生产方式等。"①

于金富（2006）认为："对于生产方式的含义，马克思恩格斯有两种主要解释，一是认为生产方式就是人们物质生活资料的谋得方式。二是认为生产方式是社会生产机体本身的特殊方式——社会生产的条件和形式。所谓生产的条件，就是生产的技术条件与社会条件；生产的形式，就是社会的生产形式与生产的社会形式。"② "在马克思政治经济学著作中，生产方式通常有三种具体含义：劳动方式、生产形式及其社会形式。"③ "对于马克思主义政治经济学的生产方式范畴，应当从三个层次来认识和把握其基本含义：广义上的生产方式，即包括劳动方式、社会的生产形式和生产的社会形式三者在内的生产方式；狭义的生产方式，即劳动方式与生产形式，或物质生产方式；最狭义的生产方式，即劳动方式（劳动的技术过程条件与生产组织），或劳动的生产条件。生产方式的三方面含义，可区分为两大方面的内容。其中，劳动方式和生产形式都属于物质生产自身的特征，因而属于物质生产方式；劳动者与生产资料的特殊结合方式，或生产的社会形式，属于生产过程的社会性质的规定性，因而属于社会生产方式"。④

四、小结

生产方式是马克思提出并且在《资本论》中大量使用的概念，应该回到《资本论》中，回顾马克思的论述，理解生产方式的含义。在《资本论》中，在不同的地方讨论不同问题时出现过大量的生产方式一词，确实可以看出含义有所区别。本书对生产方式含义研究的目的在于确立循环经济的性质是一种生产方式，所以，希望通过梳理马克思《资本论》中关于生产方式的论述，从马克思主义政治经济学的视角为循环经济的生产方式性质提供理论依据。

---

① 吴宣恭：《论作为政治经济学研究对象的生产方式范畴》，载于《当代经济研究》2013年第3期。

②③④ 于金富：《马克思生产方式理论与中国特色社会主义生产方式》，载于《中州学刊》2006年第4期。

第二节 从《资本论》中生产方式理论看循环经济的性质

通过梳理马克思《资本论》中的相关论述可见，生产方式的含义可以分为两个层次：一个层次是社会生产方式，如奴隶制生产方式、封建制生产方式、资本主义生产方式，是指社会生产力和社会生产关系的统一，包含社会生产力和人们在特定的社会生产力基础上、在直接生产过程、交换过程和分配过程中形成的人与人之间的社会生产关系。从事物发展变化的角度看，社会生产方式内部的社会生产力和社会生产关系的矛盾运动，推动着社会生产方式的演变，这是广义的生产方式；另一个层次是生产方式，这是和社会生产力相关的概念，即在特定的社会生产力条件下，社会生产采取的具体方式，如社会生产是采取手工业生产方式还是采取机器大工业生产方式，这是狭义生产方式。循环经济本质上是一种新型的生产方式，所涉及的是狭义生产方式。

一、从《资本论》研究对象和研究方法理解广义生产方式

理解社会生产方式或者广义生产方式，需要运用历史唯物主义方法看《资本论》的研究内容来理解马克思在《资本论》（第 1 卷）第一版序言中所说的本书研究对象："我要在本书研究的，是资本主义生产方式以及和它相适应的生产关系和交换关系。到现在为止，这种生产方式的典型地点是在英国。因此，我在理论上主要用英国作为例证"。[1]

马克思突出强调《资本论》的研究对象是"生产方式"，其性质是"资本主义的"，是资本主义社会的生产方式。马克思指出，"大体说来，亚细亚的、古希腊罗马的、封建的和现代资产阶级的生产方式可以看作是经济的社会形态演进的几个时代"[2]。在这里，作为社会经济形态演进时代之一的资本

---

[1] 《资本论》（第 1 卷），人民出版社 2004 年版，第 8 页。
[2] 《马克思恩格斯文集》（第 2 卷），人民出版社 2009 年版，第 592 页。

主义生产方式，是广义生产方式也即是社会生产方式。关于资本主义生产方式所涵盖的内容，马克思在1859年所著《政治经济学批判》序言中指出："人们在自己生活的社会生产中发生一定的、必然的、不以他们的意志为转移的关系，即同他们的物质生产力的一定发展阶段相适合的生产关系。……物质生活的生产方式制约着整个社会生活、政治生活和精神生活的过程。……社会的物质生产力发展到一定阶段，便同它们一直在其中运动的现存生产关系或财产关系（这只是生产关系的法律用语）发生矛盾。于是这些关系便由生产力的发展形式变成生产力的桎梏。那时社会革命的时代就到来了。"①这里所说的制约着整个社会生活、政治生活和精神生活过程的物质生活的生产方式即是社会生产方式。运用历史唯物主义方法研究特定的社会形态，马克思发现，社会形态的物质基础是生产力②，与其相适应形成特定的生产关系总和，即人们在他们的社会生活过程中、在他们的社会生活的生产中所处的各种关系，包括生产、交换、消费和分配关系，也即社会生产关系，而"资本主义生产方式是一种特殊的、具有独特历史规定性的生产方式。它和任何其他一定的生产方式一样，把社会生产力及其发展形式的一个既定的阶段作为自己的历史条件，而这个条件又是一个先行过程的历史结果和产物，并且是新的生产方式由以产生的既定基础；同这种特殊的、历史地规定的生产方式相适应的生产关系，——即人们在他们的社会生活过程中、在他们的社会生活过程中所处的各种关系，——具有一种独特的、历史的和暂时的性质。"③马克思的这段论述阐述了社会生产力、社会生产方式和社会生产关系之间的关系：第一，社会生产力是社会生产方式产生的历史条件和物质基础；第二，不同的社会历史发展阶段有不同的社会生产方式；第三，在每一个社会历史发展阶段都存在一个与以社会生产力为历史条件和物质基础的社会生产方式相适应的社会生产关系，社会生产力是物质基础，是决定其他两个方面的因

---

① 《马克思恩格斯文集》（第2卷），人民出版社2009年版，第591~592页。

② 这是因为，"不论生产的社会的形式如何，劳动者和生产资料始终是生产的因素。但是，二者在彼此分离的情况下只在可能性上是生产因素。凡是要进行生产，它们就必须结合起来。"［《马克思恩格斯文集》（第6卷），人民出版社2009年版，第44页］二者的有机结合形成现实的生产力。

③ 《资本论》（第3卷），人民出版社2004年版，第994页。

素，社会生产方式与生产关系不是前者决定后者，而是相互适应，意在强调社会生产关系要与作为社会生产方式的基础的变化相适应，即要与社会生产力的发展变化相适应；第四，社会生产力和社会生产关系是一对社会基本矛盾，生产力决定生产关系，生产关系反作用于生产力，只有生产关系适应生产力发展的要求，才能促进生产力发展，既定的生产关系才能存在，生产力是最活跃、最革命的因素，因此，社会生产关系具有历史和暂时的性质。

在《资本论》中，马克思运用历史唯物主义方法，研究资本主义生产方式，马克思说，"这种生产方式的典型地点是在英国。因此，我在理论阐述上主要用英国作为例证"①。当时的英国已经完成了工业革命，进入机器大工业时代，商品生产已经占统治地位，生产要素全部成为商品，资本已经统治了整个社会经济活动。马克思以英国为例证，运用历史唯物主义方法从社会生产力（机器大工业）和与其相适应的社会生产关系（资本主义生产关系）的矛盾运动入手，研究资本主义生产方式产生、发展过程和发展趋势，揭示资本主义生产方式的本质特征，"最终目的就是揭示现代社会的经济运动规律"②。恩格斯在《反杜林论》中说："政治经济学，从最广的意义上说，是研究人类社会中支配物质生活资料的生产和交换的规律的科学"③，"经济科学的任务在于：证明现在开始显露出来的社会弊病是现存生产方式的必然结果，同时也是这一生产方式快要瓦解的征兆，并且在正在瓦解的经济运动形式内部发现未来的、能够消除这些弊病的、新的生产组织和交换组织的因素。"④ 所以。在马克思和恩格斯看来，要完成政治经济学的任务，揭示现代社会也即资本主义社会生产方式的本质特征和经济运动规律，必须从对社会生产力和与其相适应的社会生产关系的统一和对立运动过程研究社会生产方式即广义生产方式。在第二章的相关讨论中已经表明，只要有人们的共同活动，就会形成社会生产力并且产生物质利益联系，这种物质利益联系就是社会生产关系。所以，生产力和生产关系紧密联系，相互作用，中间不再需要联系它们的纽带，而社会生产方式是社会生产力和社会生产关系这对矛盾的

---

① 《资本论》（第1卷），人民出版社2004年版，第8页。
② 同上，第10页。
③ 《马克思恩格斯文集》（第9卷），人民出版社2009年版，第153~154页。
④ 同上，第156页。

统一体，是它们在一定社会发展阶段的性质的体现，例如，机器大工业（生产力）和资本主义生产关系的矛盾统一体是资本主义生产方式。

在对资本主义生产方式进行系统研究之后，马克思在《资本论》（第3卷）概括指出："对资本主义生产方式的科学分析证明，资本主义生产方式是一种特殊的、具有独特历史规定性的生产方式……同这种独特、历史规定的生产方式相适应的生产关系……具有一种独特的、历史的和暂时的性质。"① "资本主义生产方式一开始就有两个特征。第一，它生产的产品是商品。使它和其他生产方式相区别的，不在于生产商品，而在于，成为商品的是它的产品的占统治地位的、决定性的性质。这首先意味着，工人自己也只是表现为商品的出售者，因而表现为自由的雇佣工人，这样，劳动就表现为雇佣劳动。…… 这种生产方式的主要当事人，资本家和雇佣工人，本身不过是资本和雇佣劳动的体现者，人格化，是社会生产过程加在人身上的一定的社会性质，是这些一定的社会生产关系的产物。……在商品中，特别是在作为资本产品的商品中，已经包含着作为整个资本主义生产方式的特征的社会生产规定的物化和生产的物质基础的主体化。资本主义生产方式的第二个特征是，剩余价值的生产是生产的直接目的和决定动机。资本本质上是生产资本的，但只有生产剩余价值，它才生产资本。…… 资本主义时期所特有的生产方式，这是劳动社会生产力发展的一种特殊形式，不过，这种劳动社会生产力是作为与工人相对立的资本的独立力量而发展的，并因而直接与工人本身的发展而对立。……由于劳动采取雇佣劳动的形式，生产资料采取资本的形式这样的前提——也就是说，只是由于这两个基本的生产要素采取这种独特的社会形式——价值（产品）的一部分才表现为剩余价值，这个剩余价值才表现为利润（地租），表现为资本家的赢利，表现为可供支配的、归他所有的追加的财富。"② 马克思本人对资本主义生产方式性质和特征的概括足以说明，社会生产方式是广义生产方式，它是社会生产力和与其相适应的社会生产关系的统一。

---

① 《资本论》（第3卷），人民出版社2004年版，第994页。
② 同上，第995～998页。

二、从生产力视角理解狭义生产方式

在《资本论》中，许多地方使用生产方式时是指社会生产力发展所采取的具体方式，即狭义生产方式，例如，社会生产是采取手工业生产方式还是采取机器大工业生产方式。在讨论机器大工业时马克思说："生产方式的变革，在工厂手工业中以劳动力为起点，在大工业中以劳动资料为起点。因此，首先应该研究，劳动资料如何从工具转化为机器，或者说，机器和手工业工具有什么区别。"① 这里所说的生产方式的变革就是社会生产的具体方式的变革，从工厂手工业生产方式向机器大工业生产方式变革，关键的变化是劳动资料从手工操作的工具转变为动力推动的机器。并且，"机器生产发展到一定程度，就必定推翻这个最初是现成地遇到的、后来又在其旧形式中进一步发展了的基础本身，建立起与它自身的生产方式相适应的新基础"②。例如，"工农业生产方式的革命，尤其使社会生产过程的一般条件即交通运输手段的革命成为必要。正像以具有家庭副业的小农业和城市手工业为'枢纽'（我借用傅立叶的用语）的社会所拥有的交通运输手段，完全不再能满足拥有扩大的社会分工、集中的劳动资料和工人以及殖民地市场的工场手工业时期的生产需要，因而事实上已经发生了变革一样，工场手工业时期遗留下来的运输手段，很快又转化为具有狂热的生产速度和巨大的生产规模……因此撇开已经完全发生变革的帆船制造业不说，撇开已经完全发生变革的帆船制造业不说，交通运输业是逐渐靠内河轮船、铁路、远洋货轮和电报的体系而适应了大工业的生产方式"③。"一旦工厂制度达到一定的广度和一定的成熟度，特别是一旦它自己的技术基础即机器本身也用机器来生产，一旦煤和铁的采掘、金属加工以及交通运输业都发生革命，总之，一旦与大工业相适应的一般生产条件形成起来，这种生产方式就获得一种弹性，一种突然的跳跃式的扩展能力，只有原料和销售市场才是它的限制"④。而"一个工业部门生产方式的变革，会引起其他部门生产方式的变革。这首先涉及因社会分工而孤立起来以致各自生产一种独立的商品、但又作为一个总过程的各阶段而紧密联系在

---

① 《资本论》（第 1 卷），人民出版社 2004 年版，第 427 页。
②③　同上，第 441 页。
④　同上，第 518～519 页。

一起的那些工业部门。因此，有了机器纺纱，就必须有机器织布，而这二者又使漂白业、印花业和染色业必须进行力学和化学革命"①。

由此可见，关于生产方式，马克思还有另一层次的分析，即社会生产力发展到不同阶段所采取的不同的具体形式，这是区别于广义社会生产方式的狭义生产方式，即生产方式。狭义的生产方式具体内容包括劳动方式、技术基础、生产的规模、分工的形式和生产的组织形式等。狭义生产方式作为社会生产力发展采取的具体形式是最具革命性和变动性的，这是因为，技术是狭义生产方式的基础，特别是在机器大工业条件下，"现代工业从来不把某一生产过程的现存形式看成和当作最后的形式。因此，现代工业的技术基础是革命的，而所有以往的生产方式的技术基础本质上是保守的"②。

总结一下社会生产力、社会生产关系、社会生产方式以及生产方式之间的差别和关系。马克思认为，生产力和生产关系从来都是相互作用的，它们共同构成社会生产方式（广义生产方式），而在既定的社会生产方式中，社会生产力所采取的作用方式（狭义生产方式）必然受既定生产关系的影响。在资本主义生产关系作用下，生产目的是追求剩余价值最大化，实现生产目的的手段是提高劳动生产力，技术的重要性就是通过变革生产方式提高劳动生产力，劳动者的"劳动生产条件，也就是他的生产方式，从而劳动过程本身，必须发生革命……它必须变革劳动过程的技术条件和社会条件，从而变革生产方式本身，以提高劳动生产力"③，"采用改良的生产方式的资本家，比同行业的其余资本家在一个工作日中占有更大的部分作为剩余劳动。他个别地所做的，就是资本全体在生产相对剩余价值的场合所做的。但是另一方面，当新的生产方式被普遍采用，因而比较便宜地生产出来的商品的个别价值和他的社会价值之间的差额消失的时候，这个超额剩余价值也就消失"④。所以，资本要不断通过技术变革采取新的社会生产力作用方式即狭义生产方式，以不断获得超额剩余价值。在资本主义条件下，社会生产力的发展是手段，目的是使资本获得最大剩余价值（体现着资本主义生产关系），在此目的支配

---

① 《资本论》（第1卷），人民出版社2004年版，第440页。

② 同上，第560页。

③ 同上，第366页。

④ 同上，第370页。

下，激励社会生产力不断发展。在资本主义发展阶段，社会生产力和社会生产关系相互作用，共同构成一种特殊的生产方式——资本主义生产方式。

三、循环经济本质上是社会生产力发展所采取的新型生产方式

对马克思主义政治经济学关于生产方式内容的梳理分析可见，狭义的生产方式指社会生产力发展所采取的具体方式。建立在以机器为技术基础进而形成的生产组织形式和分工体系的传统的机器大工业生产方式，其生产力的技术基础以节约劳动和消耗大量的生产资料生产出大规模的产品为特征，并将产品生产过程中产生的废物，以及产品使用后的残骸排放到大自然中，因此是一种开放（或线性）型物质流动的生产方式，这虽然推动着生产力的快速发展，但是在生产和消费过程中消耗大量的自然物质，排放出大量的废气、废水和固体废物，自然物质的高消耗和污染物的高排放对人类生存的自然环境造成污染，使不可再生资源日趋减少。人的活动造成的人与外界自然条件的对立和冲突，早已经从自然界中自然环境的恶化及自然物质的减少中表现出来了。从自然环境的变化看，人类不当的使用外界自然条件的行为，导致自然环境发生不利于人类的生产生活的变化，表现为气候变化、空气和水体污染等。历史发展表明，自然环境的恶化是伴随着劳动生产力水平的提高发生的。生产力水平的提高本来可以改善人类的生活水平，但是，由于生产力发展的同时造成自然环境的恶化，使人类的生存条件恶化，有时甚至会使生活条件下降到人类的最低阶段。事实上，马克思所说的人与自然之间的物质变换，不仅包括人类从自然界获取资源并且加工成满足人的需要的产品的过程，也包括节约使用自然物质和如何处置产品生产过程中产生的废物和产品使用后残骸排放到大自然中的过程，而以突出使用节约劳动成本却忽视资源节约和环境保护的技术和生产组织形式的线性生产方式必然导致生态破坏、环境污染、资源耗竭等问题，使人与自然之间的矛盾日益尖锐。

面对严峻的生态环境恶化形势，如前所述，循环经济思想和实践应运而生。循环经济以闭环型物质流动方式进行生产，以资源节约和循环利用为特征，在技术、生产的规模、分工的组织形式和生产的组织形式等方面都与开放（或线性）型物质流动的生产方式不同。在理解马克思主义政治经济学关于狭义生产方式论述基础上，可以印证在本书绪论第三节中提出的观点：在

现代市场经济和工业化框架下，循环经济就是要像自然生态系统那样，通过采取"自然资源—产品—再生资源"物质循环流动的生产力要素配置和使用方式进行生产，以创造并构筑一个能够使物质和能量高效循环，并能保持与自然生态系统协同演进的经济循环系统。所以，从经济学视角看，循环经济本质上是一种有别于建立在传统机器大工业基础上的工业化过程中所采取的传统的线性生产方式的新型生产方式。

那么，循环经济生产方式与机器大工业生产方式是否水火不相容呢？从发达国家工业化的历史经验教训看，建立在机器大工业基础上的工业化是一把双刃剑，一方面促进了生产力的快速发展，另一方面又消耗掉了巨大的自然资源，并且把地球当作垃圾场，排放出大量的废弃物丢弃其中。有关资料显示，西方发达国家在相继完成的工业化进程中，消耗了世界60%的能源和50%的矿产资源。从中国的发展道路看，中国走的是一条赶超型工业化道路，工业化这把"双刃剑"也在不断地刺激着中国生产力的发展，有了令世界瞩目的发展成就，同时也带来了自然条件约束经济可持续发展的困扰。以最小的劳动、自然资源、环境资源和物质资本投入满足人们最大的需要（物质需求和优良的环境需求），是经济可持续发展的本质，以往的工业化取得了高生产效率和经济高速增长的成就，实现了以最小的劳动和物质资本投入获得最大的物质财富目的，但是其发展方式是以自然资源和环境资源使用的低成本、高消耗为特征的，违背了可持续发展的客观要求。但是，就生产力发展和人类生存规律而言，我们不可能不走工业化道路，从农业社会到工业社会，人类的文明程度和生活水平有了极大的提高，这一点是不可否认的，特别是发展中国家，还需要加速工业化过程，实现包括农业在内的全面的工业化，这是我们这个时代的历史使命。然而，我们也不能够无视传统工业化高消耗、高排放，先污染后治理的弊病，所以，必须要在工业化框架下选择节约自然资源使用和保护环境的生产方式，之所以要强调在工业化框架下选择节约自然资源使用和保护环境的生产方式，是因为，从人类社会发展趋势看，实施可持续发展的生产方式，传承工业化的基本内容是必然的。工业化的基本内容就是使用机器，并且把科学技术和自然力并入机器之中。"一部富有创造力的机器模仿自然的机制而不是使用化学品、水泥和钢材，是朝着正确的方向迈出的一步，但是他们仍然还只是机器——仍然是一种利用技术手段（尽管是友好的技术）来驾驭自然以实现人类目标的方式。同样，对于我们以不断增多的计算机技术、生物技术和纳米技术来取代化学品和对自然的掠夺，也是如此。"① 马克思指出，生产排泄物循环利用"这一类节约，也是大规模社会劳动的结果。由于大规模社会劳动所产生的废料数量很大，这些废料本身才重新成为贸易的对象，从而成为新的生产要素。这种废料，只有作为共同生产的废料，因而只有作为大规模生产的废料，才对生产过程有这样重要的意义。才仍然是交换价值的承担者"②。而这种大规模社会劳动必须要建立在机器大工业基础之上。因此，从线性生产方式向循环经济生产方式转变，不是抛弃工业化，而是在工业化可取的成就基础上实现"工业的再次进化"，这个进化，是在工业化框架下采用新型的循环经济生产方式，利用工业化的高生产效率和"富有创造力的机器模仿自然的机制"，利用工业化的"计算机技术、生物技术和纳米技术来取代化学品和对自然的掠夺"，等等，"朝着正确的方向迈出的一步"，走资源节约型和环境友好型的新型工业化③发展之路，缓解资源环境压力，避免传统工业化带来的生态危机。所以，循环经济生产方式是有别于传统的机器大工业线性生产方式的社会生产力发展所采取的新型生产方式，但是，循环经济不是全面抛弃机器大工业，而是社会生产力在机器大工业基础上的一个新的发展阶段。马克思在《资本论》中不仅剖析了资本主义机器大工业的弊病，更揭示了机器大工业生产方式的经济运动规律，马克思主义政治经济学为研究循环经济生产方式的经济运动规律提供了理论基础。

---

① 威廉·麦克唐纳、迈克尔·布朗嘉特：《从摇篮到摇篮：循环经济设计之探索》，同济大学出版社 2005 年版，第 141 页。

② 《资本论》（第 3 卷），人民出版社 2004 年版，第 94 页。

③ 我国在党的十六大上提出要走新型工业化道路。所谓新型工业化，就是坚持以信息化带动工业化，以工业化促进信息化，就是科技含量高、经济效益好、资源消耗低、环境污染少、人力资源优势得到充分发挥的工业化。

第四章

劳动价值论是研究循环经济的
经济学理论的基石

马克思运用唯物史观联系生产力研究生产关系展开对政治经济学研究，是从商品经济形态下的经济细胞商品入手，奠定了劳动价值论这个支撑整个政治经济学理论体系的理论基石。在当代市场经济条件下，经济的循环流动，必然包含物质流动和价值流动，循环经济的运行必然涉及与使用价值相关的生产力发展方式问题和与价值相关的人与人之间关系问题。因此，循环经济的经济学理论研究，仍然需要从包含使用价值和价值两个因素的商品和生产商品的劳动两重性入手，价值规律仍然是循环经济生产方式下商品生产和交换的基本规律。以使用价值和具体劳动为基础，马克思主义政治经济学的劳动生产力理论以及对劳动过程进行的理论研究，为循环经济物质流动的研究提供了理论基础和研究视角。以劳动价值理论为基础，可以从价值形成和价值增殖过程角度对生产过程中减少和再利用生产排泄物的动力与所能获得的物质利益展开研究，并且为深入研究循环经济行为者之间存在物质利益关系及循环经济的制度建设提供理论和思路。马克思的劳动价值论依然是研究循环经济的经济学理论的基石。

第一节　商品的两因素理论在研究
循环经济生产方式中的价值

研究和实践循环经济，必须要重视物质流动，研究物质流动，要从构成物质流动的使用价值入手。循环经济强调物质流循环，这是循环经济中"循环"的核心，但是，物质流循环必须要在价值流增长的前提下进行，这是循环经济中"经济"的核心，因为它通过价值形成和价值增值以及商品交换和价值实现，体现着经济行为者之间的物质利益关系。

一、对商品使用价值的研究表明物质流动是循环经济的物质基础

传统线性经济，从理论到实践，只是把物质看作实现价值或资本增值的载体，只关注以价值或资本增值为目的的价值流动，只要实现了目的，就不会再去关注物质流动，结果导致生产物质产品的自然资源浪费和环境污染。研究和实践循环经济，必须要重视物质流动，研究物质流动，要从构成物质流动的使用价值入手。马克思主义政治经济学对作为商品价值物质承担者的使用价值进行了深入系统的研究。

在商品经济中，所有的产品都是商品，作为商品，它是包含使用价值和价值两个因素的劳动产品，"商品首先是一个……靠自己的属性来满足人的某种需要的物品"①，它作为生活资料即消费品直接满足人的需要，作为生产资料间接满足人的需要②。"物的有用性使物成为使用价值。……使用价值只是在使用或消费中得到实现。无论财富的社会形式如何，使用价值总是构成财富的物质内容。"③ 作为商品的使用价值，无论是作为消费品还是作为生产资料，都是为别人、为社会生产的"社会的使用价值"，因此，从作为商品的使用价值来看，无论用什么样的方式进行生产，无论是在生产、分配、交换和消费哪个环节，构成财富物质内容的使用价值的流动或者物质流动都是基础，差别只在于流动的形式不同。每一种商品的使用价值都是由在一定的劳动的具体形式下生产出来的，不同的具体劳动创造不同的使用价值。具体劳动是劳动者支出的有具体目的、操作方式、对象、手段和结果的有用劳动，劳动的有用性由其生产出来的产品的使用价值来体现。各种使用价值或商品体的总和，表现了同样多种有用劳动的总和，即表现了社会分工。具体劳动生产

① 《资本论》（第1卷），人民出版社2004年版，第47页。

② 同上，第48页。

③ 同上，第48~49页。

使用价值所进行的是"人和自然之间的物质变换"①，各种使用价值或者"种种商品体，是自然物质和劳动这两种要素的结合。……人在生产中只能像自然本身那样发挥作用，就是说，只能改变物质的形态。不仅如此，他在这种改变形态的劳动中还要经常依靠自然力的帮助。因此，劳动并不是它所生产的使用价值即物质财富的惟一源泉。正像威廉·配第所说，劳动是财富之父，土地是财富之母"②。

所以，人类社会能够可持续地生产出品质不断提高和不断增加的物质财富，自然物质和自然力起着至关重要的作用，由于自然物质大多数是不可再生的，又由于，使用价值的生产和消费过程会产生大量的排泄物，如果不节约使用资源，不对排泄物加以处理和再利用，会使不可再生资源逐渐枯竭，使生态环境遭到破坏，而这恰恰是机器大工业时代的弊病。马克思身处英国的机器大工业时代，已经看到了生产排泄物对环境造成的污染和资源的浪费以及生产排泄物利用的必要性，也看到了消费排泄物对环境的污染。并且，马克思从生产使用价值的具体劳动以及与此相应的劳动过程角度，从使用价值消费角度研究了自然资源的节约利用和物质循环利用的一系列问题。提出了生产和消费排泄物循环利用的基本思想。马克思认为，节约使用自然资源是节约的重要内容，也是减少环境污染的重要内容，其核心问题是减少废料。马克思指出，从原料来讲，"废料的减少，部分地要取决于所使用的机器的质量……在生产过程中，究竟有多大一部分原料变为废料，这取决于所使用的机器和工具的质量。最后，这还取决于原料本身的质量"③。机器设备使用上的节约（使其充分利用）"是劳动条件大规模使用的结果，一句话，是劳动条件成为直接社会的、社会化的劳动的条件，或成为生产过程内直接协作的条件的结果。一方面，这是力学和化学上的各种发明得以应用又不会使商品的价格变得昂贵的唯一条件，并且这总是不可或缺的条件。另一方面，从共同的生产消费中产生的节约，也只有在大规模生产中才有可能。但是最后，只有结合工人的经验才能发现并且指出，在什么地方节约和怎样节约，怎样用最简单的方法来应用各种已有的发现，在理论的应用即把它用于生产过程的

---

① 《资本论》（第1卷），人民出版社2004年版，第56页。
② 同上，第56~57页。
③ 《资本论》（第3卷），人民出版社2004年版，第117页。

时候，需要克服哪些实际障碍，等等"①。节约即是高效利用生产资料，其中，原料的节约和机器设备的质量相关，而机器设备的质量和技术、发明、工艺相关。节约还与生产规模相关，这特别体现在机器设备的高效和充分利用、体现在各种节约生产资料的技术和工艺的发明利用方面。节约还和工人相关，劳动者的经验、节约意识等，在实际生产过程中对生产资料的节约使用起着重要作用。马克思从生产和消费排泄物循环利用角度寻找节约使用自然资源、保护生态环境的生产方式，是循环经济思想的开先河者。

节约自然资源、保护生态环境的另一个方面的问题是对生产排泄物的再利用。马克思指出："所谓的废料，几乎在每一种产业中都起着重要的作用。"② 也就是说，生产中形成的废料本质上只是生产排泄物，而不是没有利用价值的垃圾，它们可以通过减量化和再利用成为生产的原料，这个思想体现了循环经济的一个基本理念——"垃圾是放错了位置的原料"。马克思还引用了一些资料来说明，废料不是垃圾，只要有适用的技术，完全可以减少废料和把废料重新变成原料。例如，通过改进工艺和设备，可以大幅度减少亚麻、谷物在加工中的损失；通过工艺、机器的改良和新发明，可以把废毛和破烂毛织物制成再生毛呢，把废丝制成多种用途的丝织品，把以前几乎毫无用处的煤焦油，变为苯胺染料，茜红染料（茜素），甚至把它变成药品。③

马克思把人类活动所产生的排泄物分为生产排泄物和消费排泄物，并且对它们的内涵进行界定："我们所说的生产排泄物，是指工业和农业的废料；消费排泄物则部分地指人的自然的新陈代谢所产生的排泄物，部分地指消费品消费以后残留下来的东西。因此，化学工业在小规模生产时损失掉的副产品，制造机器时废弃的但又作为原料进入铁的生产的铁屑等等，是生产排泄物。人的自然排泄物和破衣碎布等等，是消费排泄物。"④

马克思已经明确提出了一些循环经济的基本特征。"生产排泄物，即所谓的生产废料再转化为同一个产业部门或另一个产业部门的新的生产要素；这

① 《资本论》（第3卷），人民出版社2004年版，第118~119页。

② 同上，第116页。

③ 同上，第116~117页。

④ 同上，第115页。

是这样一个过程，通过这个过程，这种所谓的排泄物就再回到生产从而消费
（生产消费或个人消费）的循环中。"① 马克思已经提到，这样把生产排泄物
利用起来的生产不是一个开放型的线性的物质流动过程，而是一个一个闭环
型的循环的物质流动过程。并且已经提到，这种循环的物质流动过程不仅涉
及企业和一个产业内部的循环，还涉及其他可以把生产排泄物作为它的新的
生产要素利用起来的相关产业。已经涉及企业内部的小循环和企业间、部门
间的中循环。马克思指出："消费排泄物对农业来说最为重要。"② 这已经涉
及社会层面的大循环，即生活垃圾作为农业肥料的循环利用问题。

马克思指出："应该把这种通过生产排泄物的再利用而造成的节约和由于
废料的减少而造成的节约区别开来，后一种节约是把生产排泄物减少到最低
限度和把一切进入生产中去的原料和辅助材料的直接利用提到最高限度。"③
在这里，马克思已经涉及了现代循环经济理论中的核心思想：以资源的高效
利用和循环利用为核心；涉及了，"减量化"（减少废料）和"再循环"（生
产排泄物转化为再生原材料的再利用）的循环经济的原则。

遗憾的是，马克思的这些循环经济思想并没有传播和付诸实践，直到 20
世纪 60 年代，面临工业化带来的资源耗竭和环境污染日益严重问题，人类社
会才明确提出循环经济理论并且开始实践过程。从实践看，传统的线型经济
转型到循环型经济，生产使用价值的生产要素没有变，生产使用价值的目的
没有变，只是物质流动方式从自然资源—产品—生产和生活废弃物向自然环
境中排放的物质线性流动转变为自然资源—产品—生产和生活废弃物再生资
源利用的物质循环流动，目的是使所有的物质和能源在不断进行的物质循环
中得到合理和持久的利用，并且把生产和消费活动对自然环境的影响降低到
尽可能小的程度。马克思 100 多年前基于使用价值生产所提出的关于节约使
用资源和生产资料，关于通过发明新技术循环利用生产和消费排泄物的理论
依然在循环经济的经济学研究方面具有理论价值，在循环经济物质流动的实
践方面具有指导意义。

循环经济是资源节约和循环利用活动的总称，核心是资源综合、高效利

① 《资本论》（第 3 卷），人民出版社 2004 年版，第 94 页。
② 同上，第 115 页。
③ 同上，第 117 页。

用。从马克思主义政治经济学所揭示的使用价值的源泉和性质看，人类在利用自然资源生产和消费使用价值过程中，必须要关注自然资源的节约使用和保护环境，在使用价值的生产过程中吃干榨净已经开发使用的自然资源中所有可以利用部分，并且把生产和消费过程中的排泄物可以重复利用的部分充分利用起来，即采取循环经济的技术和工艺进行使用价值的生产，在最低限度下消耗自然资源和保护生态环境，实现最大限度满足人类生存和可持续发展的需要。

在生产使用价值时，循环经济的基本原则是资源使用的减量化、再利用、资源化（再循环）。

首先，"减量化"原则是循环经济的第一原则。减量化原则属于输入端方法，目的是减少进入生产和消费流程的物质量。它要求在使用价值生产中，通过开发新的适用性技术，减少产品的物质使用量，通过开发综合利用技术来延长产业链，把生产中的排泄物转化为资源作为生产要素再回到生产的循环中，节约资源和减少排放。在使用价值消费中，以满足生存和发展需要为目的，减少对使用价值的过度需求。通过减量化，减少对自然资源和环境的压力、减少垃圾处理的压力。

其次，生产使用价值的劳动方式和技术对于实现自然资源的合理利用至关重要。从生产使用价值的劳动方式和技术看，"再利用"原则是循环经济的第二个原则。再利用原则属于过程性方法，它要求在生产使用价值的劳动方式（操作方式）和技术（手段）上，要设计生产尽可能多次及尽可能多种方式使用的生产和生活消费品，节约能源和材料，防止物品的使用价值过早消失成为垃圾。

最后，使用价值消费后的遗留物或者排泄物，虽然经过生产消费和生活消费丧失了原有的使用功能，但是并不意味着其中所含的自然物质全部消失，许多产品在特定的使用价值功能报废后，可以再次提取其中有用成分作为新的使用价值的生产要素以替代未开发的自然资源，这即是资源化或再循环（Recycle）原则。再循环是循环经济的第三个原则，是输出端方法，通过把废弃物再次变成资源以减少最终处理量，尽可能多地再生利用或资源化。这就要求在生产使用价值的具体劳动过程中，设计出便于再次提取有用成分重新利用的产品，设计出把废弃物变成与原来一样的或者不一样的新的使用价值的工艺，或者把使用价值设计成能够返回到自然界的生态循环之中，即被土壤中的微生物或者其他动物吸收掉，避免污染，维持生态系统的平衡。

由此可见，循环经济是与传统的线性生产方式完全不同的新型生产方式，从中可以看到，以人与自然和谐相处理念为价值导向的技术和工艺的开发在循环经济生产方式发展中起着重要的作用。价值导向和生产关系决定的生产目的紧密相关，在后面的讨论中将对此进行具体分析。

二、商品价值关系揭示出循环经济参与者之间的物质利益关系

在商品经济条件下，经济活动过程由物质（使用价值）流和价值流组成，循环经济强调物质流循环，这是循环经济中"循环"的核心，但是，物质流循环必须要在价值流增长的前提下进行，这是循环经济中"经济"的核心，价值之所以作为经济的核心，是因为它通过价值形成和价值增值以及商品交换和价值实现，体现着经济行为者之间的物质利益关系，正是这个关系使市场通过价值规律对资源配置起决定性作用。市场经济条件下的循环经济也离不开经济行为者之间的物质利益关系调整，资源配置也离不开价值规律。

在循环经济中，一个理想的循环经济系统通常包括四类主要行为者：资源开采者、资源处理者（制造商）、消费者和废物处理者。在商品经济条件下，价值流增长是循环经济中"经济"的核心，体现着循环经济系统中四类主要行为者之间平等支出劳动、平等交换劳动的物质利益关系①，它是物质流高效流动的前提。

马克思主义政治经济学以劳动价值理论为基础，从价值形成和价值增殖过程角度对生产过程中减少和再利用生产排泄物的动力和所能获得的物质利益进行了初步研究。首先，原材料市场价格的约束和企业追求最大经济利益的行为是生产排泄物利用的动力。马克思指出，随着劳动生产力的发展，机器损耗和活劳动在单位产品中所占比例越来越少，原材料价值在产品价值中

---

① 在循环经济体系中，消费者不单纯是消费者，他们同时还是消费排泄物再利用的提供者，他们收集和提供可再利用的消费排泄物的劳动形成价值，应当获得相应的物质利益。

所占比重越来越大，其价格对利润率的影响也越来越大。原料价格上涨使废料造成的损失上升，这就迫使企业把废料充分利用起来。①所以，"原料的日益昂贵，自然成为废物利用的刺激"②。其次，依据劳动价值理论，由社会必要劳动时间决定的商品价值量中包含着原料的正常损耗，"正常范围内的废料，即原料加工时平均必然损失的数量，总是要算在原料的费用中"③，即生产过程中正常使用的原料的价值已经全部转移到新产品中，由正常损耗形成的生产排泄物中没有价值。由于生产资料"在劳动过程中只是作为使用价值，作为具有有用属性的物起作用，因此，如果它在进入劳动过程之前没有价值，它就不会把任何价值转给产品"④，特别是，"化学的每一个进步不仅增加有用物质的数量和已知物质的用途，从而随着资本的增长扩大投资领域。同时，它还教人们把生产过程和消费过程中的废料投回到再生产过程的循环中去，从而无须预先支出资本，就能创造新的资本材料"⑤。可见，企业内部如果能够循环利用正常损耗形成的生产排泄物，作为再加工的对象，不存在价值转移问题，即排泄物可以无代价使用，在经济利益驱动下，企业有主动利用生产排泄物的动机，这一点无论是对资源开采者还是资源处理者（制造商）来说都适用。最后，如果是不同企业之间利用生产排泄物，"这种废料……会按照它可以重新出售的程度降低原料的费用，……会相应地提高利润率"⑥，也就是说，由于作为生产资料的生产排泄物仍然具有使用价值，但是"因为正常范围内的废料，即原料加工时平均必然损失的数量，总是要算在原料的费用中"⑦，也就是说其价值已经转移到新产品中，而重新作为生产资料再利用所产生的劳动耗费远低于与其相同的生产资料，所以，把生产排泄物再利用作为原料的生产者也可以用较低的价格购买从而降低成本，增加利润。当然，如果有限制排放废物的客观条件或者制度管制，对于生产和消费排泄物的提供者来说，不仅可以节约废物处理费用，而且可以获得一定的收入。

① 《资本论》（第3卷），人民出版社2004年版，第124~125页。

② 同上，第115页。

③ 同上，第94页。

④ 同上，第239页。

⑤ 同上，第698~699页。

⑥⑦ 同上，第94页。

所以，在市场经济框架下，循环经济系统中的资源开采者、资源处理者（制造商）、消费者和废物处理者们自觉的行为取决于是否能够获得物质利益，这是促进循环经济系统中的四类主要行为者自觉发展循环经济的动力。促进生产方式转变，发展循环经济，处理好循环经济系统中的四类主要行为者之间的物质利益关系十分重要，这种关系本质上是生产关系和反映生产关系的分配关系，生产关系和分配关系的调整，需要研究循环经济系统中的四类主要行为者之间的分配关系，需要建立适合循环经济发展的制度体系，适时实施调节利益关系的政策。

第二节　价值规律是循环经济生产方式下生产和交换的基本规律

社会必要劳动时间决定商品价值量大小，等量劳动（等量价值）相交换，单位商品价值量与劳动生产力成反比，是价值规律的基本内容。价值规律总是通过优胜劣汰引导资源配置到劳动生产率高的部门和企业中。市场在资源配置中起决定性作用的市场经济条件下，发展循环经济，必须要熟练掌握和运用价值规律。

一、等价交换是价值运动规律的一个基本内容

列宁在《卡尔·马克思》一书中说："商品是这样一种物，一方面，它能满足人们的某种需要，另方面，它能用来交换别种物。"[①] 首先，作为用来交换别种物品的商品，包含着能够满足人们某种需求的使用价值，"物的有用性使物成为使用价值"[②]，使用价值是由劳动者有具体目的、操作方式、手段的具体劳动创造的。其次，一种一定量的商品之所以能够交换另一种一定量的商品，不仅是因为它们能够互相满足对方对某种使用价值的需求，而且是因

---

① 《列宁选集》（第2卷），人民出版社1972年版，第589页。
② 《资本论》（第1卷），人民出版社2004年版，第48页。

为它们之间存在着可以比较的量的关系或者比例，即有交换价值，它"表现为一种使用价值同另一种使用价值相交换的量的关系或比例"①，所以，使用价值是"交换价值的物质承担者"②。但是，商品的使用价值只是"交换价值的物质承担者"，而不能决定交换价值，因为不同的使用价值天然属性各不相同，没有可比性。为了寻找不同使用价值之间共同、同质可比的东西，必须抽象掉使用价值。价值是把商品的使用价值撇开后剩下的商品属性，由于抽象掉使用价值，也就抽象掉了生产商品劳动的具体属性，这样，商品就只剩下无差别的人类劳动即抽象劳动凝结物这个属性，"这些物现在只是表示，在它们的生产上耗费了人类劳动力，积累了人类劳动。这些物，作为它们共有的这个社会实体的结晶，就是价值——商品价值"③。所以，交换价值只是在形式上"表现为一种使用价值同另一种使用价值相交换的量的关系或比例"，而在本质上是一种使用价值所含价值量和另一种使用价值所含价值量的关系或比例，所以，价值是交换价值的基础。由此可见，商品的两因素来源于生产商品的劳动的两重性，同一劳动，作为具体劳动生产使用价值，作为抽象劳动的凝结创造价值。

抽象劳动是"一般人类劳动的耗费"，即"是每个没有任何专长的普通人的有机体平均具有的简单劳动力的耗费。简单平均劳动本身虽然在不同的国家和不同的文化时代具有不同的性质，但在一定的社会里是一定的"④。由于劳动有简单和复杂的差异，"比较复杂的劳动只是自乘的或不如说多倍的简单劳动"⑤。抽象劳动创造价值的过程实际上是生产关系发挥作用的过程。因为，抽象劳动不是单纯人类生理学意义上的劳动支出，这种生理学意义上的劳动（脑力和体力支出）从来就有，只是在一定的社会历史条件下，即商品经济条件下，才有必要作为抽象劳动。商品经济条件下，当为社会生产但被不同的人占有的产品需要通过交换互通有无时，要有一个区别于不同商品具体形态的第三种所有商品共同具有的、能够计量的东西作为衡量交换产品的尺度，也就是，它们都是"一般人类劳动的耗费"，这是抽象劳动存在的意义，也是价值关系存在的意义。以不同产品中所耗费的"一般人类劳动"作为交换基

---

①② 《资本论》（第1卷），人民出版社2004年版，第49页。

③ 同上，第51页。

④⑤ 同上，第58页。

础，体现了商品生产者之间平等交换劳动，实现各自物质利益的关系，由抽象劳动凝结形成的价值体现着商品生产者之间的生产关系。

所以，抽象劳动和价值范畴是为了满足不同种商品的所有者平等交换使用价值的要求而产生，不同种的商品所有者平等交换使用价值的本质是无差别的等量劳动相交换，交换的目的是补偿劳动耗费和互通有无。等价（等量劳动的凝结）交换是价值运动规律的一个基本规定性，只要是商品生产，无论生产方式是线性的还是循环的，在市场经济条件下这个基本规定性都在客观上发挥作用。

二、社会必要劳动时间决定商品价值量是价值规律的第二个基本内容

单个商品的价值量不是由个别劳动时间耗费决定，而是由社会必要劳动时间决定，决定价值量的劳动时间具有社会性，"这个劳动量本身是社会地决定的"①，即它的产生是一个社会选择过程，在社会选择过程中，产生出的是效率标准，体现着同种商品生产者之间的物质利益获得关系，"社会必要劳动时间是在现有的社会正常的生产条件下，在社会平均的劳动熟练程度和劳动强度下制造某种使用价值所需要的劳动时间"②，这是同种商品生产者支出的具有平均性质的、被社会所承认的劳动时间。

"社会正常生产条件"是指当时社会中某一生产部门大多数生产者所使用的生产资料，即使用正常设备，生产过程中的原料耗费也是正常的，"如果纺1镑纱只需要1磅棉花，那么，纺1镑纱就只应当消耗1磅棉花，纱锭也是这样。如果资本家异想天开，要用金锭代替铁锭，那么，在棉纱的价值中，仍然只计算社会必要劳动，即生产铁锭所必要的劳动时间"③。从再生产过程看，社会现有的正常生产条件是"由它的再生产所需要的社会必要劳动时间决定的"④，"每一种商品（因而也包括构成资本的那些商品）的价值，都不是由这种商品本身包含的必要劳动时间决定的，而是由它的再生产所需要的社会

---

① 《资本论》（第1卷），人民出版社2004年版，第244页。
② 同上，第52页。
③ 同上，第220页。
④ 《资本论》（第3卷），人民出版社2004年版，第157页。

必要劳动时间决定的"①。就原材料而言，"例如，同一数量的棉花在歉收时比在丰收时代表更多的劳动量，那就会反过来对原有的商品发生影响，因为原有的商品始终只是本类商品的一个样品，它的价值总是由社会必要劳动计量的，因而也总是由现有的社会条件下的必要劳动计量的"②。就机器而言，"例如，由于一种新发明，同种机器可由较少的劳动耗费再生产出来，那么旧机器就要或多或少地贬值，因而转移到产品上去的价值也要相应地减少"③。所以，社会正常生产条件是一个可变量，它随着时间推移会发生变动，使它发生变动的因素主要是自然因素影响和生产设备、工艺、技术的变化。自然因素对原材料的价值决定有重要影响，发展循环经济，节约自然资源，循环利用原材料使用过程中的生产排泄物和循环利用消费排泄物作为可再生利用的原材料，对于改善自然因素，进而影响部门的社会正常生产条件，降低单位商品的价值量具有重要意义。这表明，与发展循环经济相关的生产设备、工艺和技术的变革，对循环经济相关部门的社会正常生产条件的形成和降低循环经济产品的单位商品价值量，提高循环经济产品的竞争力，促进生产方式向循环经济生产方式转变具有重要作用。特别是在循环经济生产方式下，派生出一个新产业——静脉产业，即把消费排泄物处理为可再生利用资源的供给者，利用消费排泄物生产出来的可再生利用的资源作为商品，其劳动具有两重性，其生产出的可再生利用的资源作为商品具有使用价值和价值两因素，也必须通过市场交换实现其使用价值和价值。总之，市场中所有提供生产和消费排泄物、利用生产和消费排泄物生产可再生利用资源的生产者以及使用可再生资源作为原材料进行生产的生产者三者之间必须遵循等价交换原则，这是激励资源向静脉产业配置的基本要求。

社会平均的劳动熟练程度和劳动强度涉及的是新价值的创造。社会平均的劳动熟练程度是指劳动者平均具有的劳动技能，是指在社会正常生产条件下劳动者劳动的劳动技巧和速度。社会平均的劳动强度是指，在社会正常生产条件下劳动者在一定劳动时间内大体一致的紧张程度。社会必要劳动所指的劳动是一般人类劳动，它是每个没有任何专长的普通人的机体平均具有的

① 《资本论》（第3卷），人民出版社2004年版，第157页。
②③ 《资本论》（第1卷），人民出版社2004年版，第244页。

简单劳动的耗费，需要经过专门的学习和训练才能进行的劳动是复杂劳动，它需要耗费劳动时间才能获得，这部分劳动耗费是在生产过程之外支出的，因此，它在生产过程中比简单劳动能够体现更多的价值，可以折合为多量的简单劳动。简单劳动随着社会生产力的发展不断变化，在科学技术和知识不断转化为现实生产力的当代社会，简单平均劳动包含了社会当时普遍具有的科学技术和知识（蕴藏在劳动力和生产资料之中），或者说，简单劳动包含了推广为一般的、转化为生产力的科学技术和知识因素。复杂劳动则包含新知识和新研发的技术，它作为多倍的简单劳动使商品中包含的价值量变大，体现着人类为了获得新知识和新技术所花费的代价，只有这样，对获得专业技能的劳动者来说才是公平的。社会必要劳动时间决定商品的价值量体现着同种商品生产者之间平等支出劳动的生产关系。发展循环经济，需要劳动者掌握清洁生产和资源循环利用方面的新的生产设备、工艺和技术，需要更新知识，这些投入是必要的，在一段时间内会提高社会必要劳动耗费，为了鼓励资源向循环经济相关部门投入，需要政府利用经济政策进行扶植，以提高循环经济产品的竞争力，但是长期看，循环经济的深入发展，一定是要建立在劳动者掌握的清洁生产和资源循环利用方面的新的生产设备、工艺和技术、新知识推广为一般的、转化为现实生产力的简单劳动基础之上的。

由马克思对社会必要劳动时间分析可见，社会必要劳动时间既包含新价值的创造，又包含过去劳动创造的凝结在生产资料中的旧价值的转移，所说明的问题是，商品的价值量是在既有的社会正常生产条件下新耗费的劳动量和以往耗费的劳动量共同决定的。关于正常生产条件，在现实经济活动中实际上就是某一商品生产部门所拥有的正常生产力水平。正常生产条件的产生是一个社会过程，是市场通过长期调整实现资源在各部门按比例配置状态下部门的大多数生产者拥有的生产条件，它是公平评价生产同种商品的众多生产者的效率标准。社会必要劳动时间决定商品价值量，是价值规律的一个基本规定性。在静脉产业中，所生产的可再生利用的资源作为商品，包含的价值量也必然是在该部门正常生产条件所耗费的新旧劳动共同决定的，不符合这个标准的企业将在市场竞争中被淘汰。由于循环经济和线性经济的本质差别是资源节约和循环利用，循环经济能否顺利发展，取决于所使用的再生利用资源是否比直接使用自然资源要更加具有竞争力，能够在更加广泛的领域替代自然资源，因此，循环经济相关产业的发展摆脱不了社会必要劳动时间决定商品价值量这个价值规律的基本规定性的制约。

三、价值量变动规律是价值规律的第三个基本内容

马克思认为，商品的价值量是可变的，它的变动取决于劳动生产力的变动。劳动生产力的高低决定生产单位商品的社会必要劳动时间耗费的多少，因此决定价值量大小。如果生产力水平提高，生产同样同量商品所花费的劳动时间就会减少，表现为单位商品价值量下降。"劳动生产力越高，生产一种物品所需要的劳动时间就越少，凝结在该物品中的劳动量就越小，该物品的价值就越小。"[①] 所以，随着劳动生产力水平提高，单位商品价值量下降，是价值量变动的基本规律，是价值规律的又一个基本规定性。顺应价值量变动规律，通过提高劳动生产力水平降低单位商品价值量，是使循环经济生产方式具有市场竞争力，使生产方式从线性生产方式向循环经济生产方式全面转变的必修课。相关具体问题将在第五章中展开讨论。

---

① 《资本论》（第1卷），人民出版社2004年版，第53页。

第五章

生产力和生产关系理论是生产方式
从线性向循环转变的理论基础

马克思主义政治经济学的生产关系理论表明，生产关系所规定的生产目的对生产力发展方式的选择具有引领作用，因此对生产力的重要源泉自然条件产生重大影响，生产关系不仅规定了生产目的，而且生产关系理论提供了研究循环经济制度的理论依据。马克思的生产力理论告诉我们，只有从生产力的三个源泉入手进行变革，才能完成生产方式从线性向循环经济的全面转变。采取科学利用劳动的自然生产力的生产方式，十分重视科学利用自然资源的劳动的科学技术生产力和劳动生产力变动规律，重视马克思提出的决定生产力水平高低的因素对提高循环经济生产力水平的重要作用，对于循环经济的经济学理论构建和循环经济发展实践具有重要意义。

第一节　生产关系理论提供了循环经济制度研究的理论依据

生产关系要同生产力相适应，生产关系具有能动性和历史性，与生产力相适应的生产关系为生产力的发展提供制度保障。在人类利用自然条件进行生产活动发展生产力过程中，对待外界自然条件的态度，取决于生产资料所有制决定的生产关系，不同的生产关系规定着不同的生产目的，从而对作为实现生产目的手段的生产力的发展方向和方式产生深刻影响，进而对生产力的客观要素外界自然条件产生不同的影响。转变生产力发展的方式，即从高排放高污染的线型生产方式转变为低排放（甚至零排放）无污染的循环经济生产方式，一个能够推动社会生产力在与自然条件友好相处中科学发展的生产关系以及由此规定的生产目的，对生产力发展方式的转变起着引领作用，并且为保障循环经济生产方式发展的制度体系构建提供理论基础。

一、社会生产关系内涵及其能动性和历史性

如前所述，马克思把生产关系定义为人们在他们的社会生活过程中、在他们的社会生活的生产中所处的各种关系。这里的生产关系是指包括生产、交换、消费和分配各种关系总和的社会生产关系，它有别于直接生产过程中形成的生产关系，之后的讨论，如果不特别说明，所使用的生产关系都是指社会生产关系。生产关系具体包括生产资料所有制的形式，人们在生产中的地位和相互关系，产品分配的形式等，其中生产资料所有制的形式是生产关系的基础，决定生产关系的性质，并由此决定着人们在生产中的地位和相互关系，而生产关系与产品分配的形式也即分配关系联系最为紧密，这里的分配关系，是指收入分配关系，即"对产品中归个人消费的部分的各种索取权"①，它由生产条件分配关系决定的生产资料所有权关系所决定。所以，生产关系的性质决定分配关系的性质，而生产关系由分配关系来表现，分配关系是生产关系的另一面，"分配关系本质上和这些生产关系是同一的，是生产关系的反面"②，它表现着生产资料的所有制形式和由此决定的人们在生产中的地位和相互关系。由收入分配关系看生产关系，生产关系归根结底是由生产资料所有权关系决定的物质利益关系。

生产关系是人们在自己生活的社会生产中发生的不以他们的意志为转移的物质利益关系，这种不以他们的意志为转移的生产关系是与他们的物质生产力的一定发展阶段相适合的。③ 前面关于唯物史观方法论的研究已经表明，与生产力相适应形成特定的生产关系，可以适应当前生产力发展水平的要求，促进生产力的发展，生产关系具有能动性。马克思和恩格斯在《共产党宣言》中对此做出如下评价："资产阶级在它不到一百年的阶级统治中所创造的生产力，比过去一切世代创造的全部生产力还要多，还要大。自然力的征服，机器的采用，化学在工业和农业中的应用，轮船的行驶，铁路的通行，电报的

---

① 《资本论》（第3卷），人民出版社2004年版，第995页。
② 同上，第994页。
③ 《马克思恩格斯文集》（第2卷），人民出版社2009年版，第591~592页。

使用，整个大陆的开垦，河川的通航，仿佛用法术从地下呼唤出来的大量人口，——过去哪一个世纪能够料想到在社会劳动里蕴藏有这样的生产力呢?"① 可见，生产关系具有强大的推动生产力发展的能动作用。

但是，生产关系也具有历史性，生产关系的演变过程由生产力发展所引起，马克思指出："劳动过程的每个一定的历史形式，都会进一步发展这个过程的物质基础和社会形式。这个一定的历史形式达到一定的成熟阶段就会被抛弃，并让位给较高级的形式。分配关系，从而与之相适应的生产关系的一定的历史形式，同生产力，即生产能力及其要素的发展这两个方面之间的矛盾和对立一旦有了广度与深度，就表明这样的危机时刻已经到来。这时，在生产的物质发展和它的社会形式之间就发生冲突。"② 这就是说，劳动过程不只是"人与自然之间的单纯过程"，而且是在特定的生产关系下进行的，是社会生产过程，是生产关系与生产力相互作用的过程。在这个相互作用的过程中，生产力的发展使生产关系与生产力从适应到出现矛盾冲突，矛盾的出现要求生产关系必须不断地根据生产力发展的要求进行调整。当调整不能根本解决矛盾并激化出现危机时，生产关系就不能在既定框架下继续调整，必须要适应生产力发展的要求，通过变革生产关系来解决冲突和危机，这时，旧有的生产关系必然会被一个新的生产关系所取代。马克思对资本主义生产关系的研究表明，虽然资本主义生产关系通过激励资本对剩余价值的不断追求促进生产力快速发展，但是，从发展趋势看，在资本主义生产关系下的生产力的发展的唯一目的就是追求不断增加的最大量的剩余价值，并且必然是以损害劳动者的体力、智力和全面发展为代价的；是以对自然物质和自然环境的破坏为代价的；是以一方面许多社会成员不能满足生活需要，另一方面生产过剩不得不强制中断生产过程使劳动力和资源浪费为代价的；是以破坏农业可持续发展进而从发展的根基破坏生产力的可持续发展为代价的。因此，从马克思的发展观视角看，资本主义生产关系制约着生产力的可持续发展，为了满足生产力可持续发展要求，资本主义生产关系这个一定的历史形式终究会被抛弃，并让位给一个能够促进生产力可持续发展的较高级的形式。

---

① 《马克思恩格斯文集》（第 2 卷），人民出版社 2009 年版，第 36 页。
② 《资本论》（第 3 卷），人民出版社 2004 年版，第 1000 页。

二、生产关系所规定的生产目的对自然条件产生重大影响

在人类利用外界自然条件进行生产活动时，对等待外界自然条件的态度，取决于生产资料所有制决定的生产关系，不同的生产关系规定着不同的生产目的，从而对作为实现生产目的手段的生产力的发展方向和方式产生深刻影响，进而对生产力的客观要素——自然条件产生不同的影响。马克思说："自然因素的应用——在一定程度上自然因素并入资本——是同科学作为生产过程的独立因素的发展相一致的。生产过程成了科学的应用，而科学反过来成了生产过程的因素即所谓职能。每一项发现都成了新的发明或生产方法的新的改进的基础。只有资本主义生产方式才第一次使自然科学为直接的生产过程服务，同时，生产的发展反过来又为从理论上征服自然提供了手段。科学获得的使命是：成为生产财富的手段，成为致富的手段。"① 所以，新技术的采用对提高劳动生产率有巨大的推动作用，但是，以什么目的和方式、采用什么样的新技术，对于自然界的影响完全不同。如果只把新技术作为致富的手段，新技术就可能在过度使用甚至是破坏性使用外界自然条件基础上实现劳动生产力水平的提高，结果是，虽然促进了财富的增长，但是却破坏了自然界，这一点已经被大量的历史事实证明了。马克思主义把唯物主义自然观和唯物主义的历史观统一在一起，认为人类发展必须利用自然，通过自然的物质变换为自己谋福利，马克思强调指出，人类在利用自然为自己谋福利时，要选择善待自然界的生产方式，劳动生产力三要素即劳动本身、劳动对象（自然资源或者由其形成的原材料）和劳动资料要以可持续利用的方式相结合，不能因为劳动本身具有主观能动性就可以役使自然条件。马克思也不反对科学技术的使用，相反，对于科学技术推动生产力发展和生产力可持续发展的作用给予高度评价，认为科学技术进步所带来的工艺、机器的改良和新发明对于减少生产排泄物和再利用生产排泄物从而实现自然物质的节约利用起着至关重要的作用，同时也强调指出，在利用新技术开发和使用劳动对象、改进劳动资料以推动生产力水平提高时，不能只以追求财富增加为目的，不仅只注重使用节约劳动的新技术，还要注重选择节约自然物质和环境友好型的新技术。

---

① 《马克思恩格斯文集》（第 8 卷），人民出版社 2009 年版，第 356~357 页。

　　马克思以他所处时代的资本主义社会为研究对象指出，在资本主义生产资料所有制下，外界自然条件恩赐于人类的福利由资本垄断占有，成了资本驱使劳动者利用自然界的恩惠提供最大限度的剩余劳动的自然基础，生产的目的不是使用价值而是剩余价值，使用价值只是附属物，只是剩余价值的物质承担者，只要有眼前的市场需求来实现剩余价值，资本都会役使劳动和外界自然条件，通过为市场生产使用价值来实现其对剩余价值的追求。由于"自然界没有制造出任何机器，没有制造出机车、铁路、电报、走锭精纺机等等。它们是人类劳动的产物，是变成了人类意志驾驭自然的器官或人类在自然界活动的器官的自然物质"①，而"生产上利用的自然物质，如土地、海洋、矿山、森林等，不是资本的价值要素。只要提高同样数量劳动力的紧张程度，不增加预付货币资本，就可以从外延方面或内涵方面，加强对这种自然物质的利用。这样，生产资本的现实要素增加了，而无须追加货币资本。如果由于追加辅助材料而必须追加货币资本，那末，资本价值借以预付的货币资本，也不是和生产资本效能的扩大成比例地增加的，因而，根本不是相应地增加的"②。所以，资本必须强制雇佣劳动者利用外界自然条件为其提供最大限度的剩余劳动，才能够占有外界自然条件提供的福利，因此，资本有无限制、大规模使用外界自然条件的内在冲动。在资本主义生产关系下，资本必然会通过役使劳动力和外界自然条件在最大限度上占有劳动者的剩余劳动生产的剩余价值。

　　在资本主义生产目的支配下的机器大工业生产不可避免地生产出废气、废水和固体废物，造成对人类生存的自然环境的污染，正如前面提到的恩格斯在《英国工人阶级状况》中对当时在英国的曼彻斯特周围形成的一批工业城市的污染状况那样，资本主义机器大工业带来的资源破坏和环境污染比比皆是。实际上，工业文明带来的技术进步有能力通过提高资源的使用效率和对生产及消费排泄物的循环利用，不断减少"三废"的排放，实现对自然环境的保护并且节约自然资源，这会带来巨大的社会经济效益和生态效益。但是，对于以追求剩余价值为目的的私人资本来说，如果造成污染会给它带来

---

　　①　《马克思恩格斯全集》（第 46 卷）（下），人民出版社 1980 年版，第 219 页。
　　②　《资本论》（第 2 卷），人民出版社 2004 年版，第 394 页。

更大的利润，如果治理污染对于它而言无利可图，是绝对不会自己花钱去治理环境污染的。在追求剩余价值的生产目的支配下大规模使用外界自然条件，必然的趋势是使不可再生资源持续减少和生产过程中向自然界排放的废气、废水和固体废物等污染物的大规模增加，导致生态危机。

自然界中的一些自然物质通过人的劳动可以得到再生，如森林使用后通过人工种植和养护可以再生。但是，资本要追求自然物质的使用效率，希望在最短的周转时间内获得最大的利润，而林业"漫长的生产时间（只包含比较短的劳动时间），从而漫长的周转期间，使造林不适合私人经营，因而也不适合资本主义经营。资本主义经营本质上就是私人经营，即使由联合的资本家代替单个资本家，也是如此。文明和产业的整个发展，对森林的破坏从来就起很大的作用，对比之下，它所起的相反的作用，即对森林的护养和生产所起的作用则微乎其微"①。恩格斯在 1892 年 3 月 15 日致尼·弗·丹尼尔逊的信中说："至于说到无林化，那末，它和农民的破产一样，是资产阶级社会存在的重要条件之一。欧洲没有一个'文明'国家没有出现过无林化。美国（在美国，我四年前亲自看到过这种情况。在那里，人们拼命在减弱它的影响，纠正已犯的错误），无疑俄国也一样，目前正在发生无林化。因此，我看无林化实质上既是社会因素，也是社会后果。"② 可再生资源本来可以通过人类规划合理利用和努力修复得以再生恢复，从而使其在长期中保持平衡，但是，在资本主义生产目的支配下，使可再生资源日益减少，如无林化现象，它不是一个简单的自然现象的变化，它的变化在本质上是社会因素导致的社会后果。资本主义发展过程中出现的生态危机证明，在资本主义生产关系下，有强烈的使用外界自然条件的动机，但是缺少保护外界自然条件的内在动力。

在当今生态危机日益严重现实下，资本主义国家为了改善自己的国家出现自然条件质量下降问题，他们的统治者和经济学家们极力主张通过所谓的经济全球化和自由贸易，去掠夺不发达国家的自然资源，把污染转嫁给不发达国家，并且极力为其寻找理论依据和提出政策主张。发达国家获得的环境改善的成果许多是通过掠夺发展中国家和不发达国家的自然资源，把污染转

---

① 《资本论》（第 2 卷），人民出版社 2004 年版，第 272 页。
② 《马克思恩格斯全集》（第 38 卷），人民出版社 1972 年版，第 307 页。

移给发展中国家和不发达国家的"以邻为壑"行为的结果。这种行为之所以能够畅行无阻，是因为它完全符合资本主义生产关系所规定的资本追求剩余价值的生产目的。

三、社会主义生产关系规定的生产目的引领生产力绿色低碳循环发展

如前所述，马克思运用唯物史观，阐述了他的发展观，揭示了人类社会从人与人、人与自然的对抗到人与人、人与自然和谐共处的发展过程和趋势。马克思指出："在劳动强度和劳动生产力已定的情况下，劳动在一切有劳动能力的社会成员之间分配得越平均，一个社会阶层把劳动的自然必然性从自身上解脱下来并转嫁给另一个社会阶层的可能性越小，社会工作日中用于物质生产的必要部分就越小，从而用于个人的自由活动，脑力活动和社会活动的时间部分就越大。从这一方面来说，工作日缩短的绝对界限就是劳动的普遍化。在资本主义社会里，一个阶级享有自由时间，是由于群众的全部生活时间都转化为劳动时间了。"① 虽然在促进生产力发展方面，资本主义生产关系远比它之前的社会形态有力得多，文明得多，但是，在资本主义生产关系下，人的劳动和自然异化为资本，发展仍然具有对抗的形式，表现在人与人、人与自然之间的关系是不和谐的。在资本主义生产关系下，社会上的一部分人靠牺牲另一部分人来强制和垄断社会发展，因此必然是通过对劳动力和自然条件的役使，来发展生产力，来最大限度地满足垄断社会发展的资本所有者追逐最大剩余价值的需求。在资本主义生产关系下，资本支配着劳动和自然，发展生产力只是为了最大限度追求剩余价值，只要能够廉价而方便地支配自然，满足获得最大剩余价值的欲望，资本是不会关心其生产目的之外的自然资源的节约和保护问题。所以，在资本主义生产关系下，根本谈不上人与人之间平等劳动，共享剩余产品和自由时间，更谈不上人与自然的和谐相处。福斯特指出："马克思的分析说得明白：人类与自然是相互关联的，而任何特定时期构成这一关联的核心则是历史上特定的生产关系形态。"② 福斯特的判

① 《资本论》（第1卷），人民出版社2009年版，第605～606页。
② 约翰·贝拉米·福斯特：《马克思与生态环境》，收录于《保卫历史》，社会科学文献出版社2009年版，第178～179页。

断是正确的，人类与自然相互关系虽然是生产力的内容，但是，处理生产力发展过程中人与自然相互关系的关键则是生产关系，因为"生产力的性质从来就不是纯技术的，而总是由当时的社会生产关系所规定的"①，具体表现为生产力是实现生产关系所规定的生产目的的手段，对此马克思指出，在资本主义生产关系下，生产力表现为资本的生产力，发展生产力是资本实现最大限度追求剩余价值这个生产目的的手段。

资本主义发展的历史和现实表明，在资本主义生产关系所规定的生产目的引领下，生产力发展不断遭遇经济危机和生态危机的打击，不断地打断生产力持续发展的进程，这表明，资本主义生产关系已经严重束缚着生产力的可持续发展，资本主义生产关系与生产力可持续发展的内在要求存在不可调和的矛盾，生产关系必须做相应的变化，这时，改革生产关系甚至使生产关系发生革命性的变化，是使生产力发展目的和方式根本转变的发动机。在社会化的人，联合起来的生产者进行联合劳动的社会主义社会，由于社会共同控制着外界自然条件，可以合理规划和高效率利用外界自然条件，可以克服盲目地破坏性地与自然作斗争，为实现生产力的可持续发展提供了客观条件。在社会主义生产关系下，社会生产的目的必然是满足社会全体成员（人民）日益增长的贯穿生态文明的物质和精神的需要，在社会主义生产关系所规定的生产目的引领下，实现社会主义生产目的的手段——生产力的发展必然采取绿色、低碳、循环的发展方式。

体现社会主义生产关系，落实社会主义社会生产目的，引领生产力以绿色、低碳、循环的方式发展，需要在社会主义基本经济制度基础之上，围绕社会主义社会生产目的，在生产、交换、消费和分配各个领域构建和不断完善具体的调整利益关系的制度体系，引领生产力作为实现社会主义社会生产目的的手段，以绿色、低碳、循环的方式不断发展。本书研究中国特色社会主义制度下的循环经济的经济学理论基础，马克思主义政治经济学理论以及循环经济发展实践告诉我们，生产关系的调整在激励循环经济发展和协调循环经济各领域、各层次及各个主体之间的利益关系方面作用重大。以马克思主义政治经济学理论为基础展开对循环经济的经济学理论研究，其生产关系

① 《新帕尔格雷夫经济学大辞典》（第三卷），经济科学出版社 1996 年版，第 525 页。

理论为循环经济的制度体系构建提供了理论依据，进一步的讨论将在第八章中展开。

第二节　生产力发展理论指明生产方式向循环经济转变的方向

之前已经指出，循环经济生产方式是有别于传统的机器大工业线性生产方式的社会生产力发展所采取的新型生产方式，即社会生产力发展所采取的一种新方式，那么，马克思的生产力理论对于研究循环经济生产方式具有重要的指导意义。从生产力发展源泉看，生产力发展的动力源泉是劳动，是通过人的劳动使用自然资源产生的生产力，所以说，生产力是劳动的生产力。进一步细分，劳动生产力由三个发展源泉构成，其中，劳动的自然生产力是劳动和自然资源结合的结果，是生产力发展的基础，劳动者在生产过程中通过分工协作和智力发展产生出劳动的社会生产力和劳动的科学技术生产力，表现为劳动者利用自然条件能力的提高和利用自然条件方式的变化。劳动的社会生产力、劳动的科学技术生产力和劳动的自然生产力各自从不同的方面无偿提供出"自然力"，共同构成推动社会劳动生产力发展的源泉。如果破坏了劳动的自然生产力这个劳动生产力发展的基础，会严重阻碍社会劳动生产力的可持续发展。由于技术的不断革命性使生产方式不断处于变革中，所以劳动的科学技术生产力是决定生产方式性质的关键，这一点对于生产方式从线性向循环生产方式转变具有重要意义。马克思的生产力理论告诉我们，只有从生产力的三个源泉入手进行变革，才能完成生产方式从线性向循环经济的全面转变。循环经济生产方式节约使用自然资源，能够用更少的活劳动和物化劳动生产一定量的使用价值，是比传统的线性生产方式生产力水平更高的生产方式。

一、劳动的社会生产力与生产方式转变

劳动的社会生产力产生于劳动和劳动结合。劳动者在一起劳动，通过一定程度的分工协作，在同样的劳动时间和劳动人数下，会产生比单个劳动者

自己独自劳动高出许多的生产力，这种特殊生产力就是劳动的社会生产力。"许多人在同一生产过程中，或在不同的但互相联系的生产过程中，有计划地一起协同劳动，这种劳动形式叫做协作。……这里的问题不仅是通过协作提高了个人生产力，而且是创造了一种生产力，这种生产力本身必然是集体力。"① 这是因为，协作产生规模效益；协作产生集体力，可以完成一个人根本不能进行的生产；协作激发竞争心，提高了劳动效率；协作可以通过分工细化和流水线作业提高工作效率；协作可以集中力量完成紧急任务。"和同样数量的单干的个人工作日的总和比较起来，结合工作日可以生产更多的使用价值，因而可以减少生产一定效用所必要的劳动时间。不论在一定的情况下结合工作日怎样达到生产力的这种提高：是由于提高劳动的机械力，是由于扩大这种力量在空间上的作用范围，是由于与生产规模相比相对地在空间上缩小生产场所，是由于在紧急时期短时间内动用大量劳动，是由于激发个人的竞争心和振奋他们的精力，是由于许多人的同种作业具有连续性和多面性，是由于同时进行不同的操作，是由于共同使用生产资料而达到节约，是由于使个人劳动具有社会平均劳动的性质，在所有这些情形下，结合工作日的特殊生产力都是社会的劳动生产力或社会劳动的生产力。这种生产力是由协作本身产生的。劳动者在有计划地同别人共同工作中，摆脱了他的个人局限，并发挥出他的种属能力。"② "由协作和分工产生的生产力，……是社会劳动的自然力。"③ 这里的"自然力"是每个劳动者个体通过分工协作，摆脱个人劳动的局限性，产生出的劳动社会生产力，它所无偿提供的自然力，是推动社会劳动生产力发展的重要源泉之一。

　　劳动与劳动结合产生现实的社会劳动生产力，离不开生产资料。从劳动资料要素看，根据分工协作的要求，工具专门化，继而在此技术条件基础上逐步实现了机器化。④ 所以，从历史发展过程看，劳动与劳动结合产生的分工协作经历了简单协作、分工协作和以机器大工业为基础的分工协作，与此相伴随，生产方式从手工工场、工厂手工业到机器大工业不断转变。生产方式

---

① 《资本论》（第 1 卷），人民出版社 2004 年版，第 378 页。
② 同上，第 382 页。
③ 同上，第 443 页。
④ 同上，第 396 页。

的改变在客观上要求工厂内部生产各个部分的生产要素要根据生产方式的性质有计划、按比例地投入,并且要针对不同的生产条件,设计安排不同的分工协作系统并加以协调控制。循环经济作为一种有别于传统线性生产方式的新型生产方式,劳动的社会生产力必然发生新变化,主要表现为企业内部的分工协作系统会根据循环经济的技术体系和3R原则(reducing reusing recycling)进行设计,在循环经济的企业内部的分工协作系统中,各种生产要素的投入比例由于生产排泄物的循环利用会发生变化,生产排泄物重新投入生产过程被循环利用,要求企业生产过程有计划按比例的管理要更加精细严密。

二、劳动的科学技术生产力与生产方式转变

劳动与科学技术力(劳动者的智力劳动物化为机器等劳动资料)相结合,产生劳动的科学技术生产力,其源泉是劳动者的智力劳动,是劳动者智力劳动发展的结晶。劳动的科学技术生产力在生产方式的变革中起着重要作用。大工业生产方式的起点是劳动资料从工具转变为机器。人类历史上,最重大的技术革命是工业革命,工业革命产生了机器大工业,它使生产方式发生了翻天覆地的变革,创造出巨大的社会生产力。机器的使用是革命性的:机器的使用突破了手工劳动的局限性,"大工业把巨大的自然力和自然科学并入生产过程,必然大大提高劳动生产率"[1];"机器的使用要遵照严格的科学规律,能够更多地节约它的各个组成部分和它的消费资料的消耗"[2];机器在大工业中的使用使本来是人的劳动产品的机器大规模地像自然界的自然力一样无偿地发生作用。"如果我们不算机器和工具二者每天的平均费用,即不算由于它们每天的平均损耗和机油、煤炭等辅助材料的消费而加到产品上的那个价值组成部分,那末,它们的作用是不需要代价的,同未经人类加工就已经存在的自然力完全一样。机器的生产作用范围越是比工具大,它的无偿服务的范围也就越是比工具大。只是在大工业中,人才学会让自己过去的、已经对象化的劳动的产品大规模地、像自然力那样无偿地发生作用"[3];机器的使用进一步改变了社会劳动组织以适应新的技术条件,比如按机器的生产程序组织劳动的分工、协作[4]。

---

① 《资本论》(第1卷),人民出版社2004年版,第444页。
②③ 同上,第445页。
④ 同上,第436~437页。

所以，机器的使用使劳动力和科学技术力相结合，创造出巨大的劳动的科学技术生产力，它所无偿提供的自然力是推动社会劳动生产力发展的重要源泉之一，促进了劳动生产力的快速提高。

然而，传统的科学技术生产力以主要节约劳动为特征，虽然推动着生产力的快速发展，但是其科学技术生产力的发展方式是以自然物质的高消耗和污染物的高排放为特征的，是一个大规模开采使用自然资源和大规模排放生产排泄物的生产方式。所以，机器的使用，劳动的科学技术生产力的发展，并不意味着能够保证劳动对象的可持续利用，相反，机器产生的"像自然力那样无偿地发生作用"和自然界给人类恩赐的可以无偿使用的自然物质相结合，对自然物质进行大规模使用，可能使不可再生的自然物质耗竭。如果再把大规模使用自然物质后产生的大量的排泄物（固体废物、废水、废气）不加处理地抛弃，还会使自然环境遭受破坏。劳动的科学技术生产力是决定生产方式性质的关键，决定着劳动者利用自然条件的方式，生产方式从线性向循环生产方式转变，关键是要构建一个既节约劳动又节约劳动对象和保护环境的、使生产和消费排泄物循环利用的技术体系，使劳动者能够运用新的技术体系，采取更加节约利用自然资源、循环利用生产排泄物的循环经济生产方式。

三、劳动的自然生产力与生产方式转变

劳动与自然力相结合产生劳动的自然生产力，"劳动的自然生产力，即劳动在无机界中发现的生产力"①。自然界中存在着的自然力即自然条件中的水利、气候、土地肥力、矿藏和动植物等是生产力源泉之一，而不是生产力本身，它只有与劳动结合起来才成为生产力。所以，不是自然条件可以产生生产力，而是在劳动对自然的利用中产生的生产力，即劳动的自然生产力。

根据马克思的劳动价值论，"撇开社会生产的形态的发展程度不说，劳动生产率是同自然条件相联系的"②。"自然力……是特别高的劳动生产力的自然基础。"③ 劳动的自然生产力和劳动的社会生产力、劳动的技术生产力一样，

---

① 《马克思恩格斯全集》（第26卷Ⅲ），人民出版社1974年版，第122页。

② 《资本论》（第1卷），人民出版社2004年版，第586页。

③ 《资本论》（第3卷），人民出版社2004年版，第728页。

与劳动生产力或者劳动生产率的高低同方向变动。在一些部门，如农业部门，劳动的自然生产力在劳动生产力中起着重要的作用。在农产品生产中，如果自然条件较差，即土地肥力较低，气候较差，因而生产农产品所花费的社会必要劳动时间较多，单位商品价值量因此较大，表明劳动的自然生产力水平低，受此影响，生产农产品的劳动生产力水平低。在劳动的社会生产力和劳动的科学技术生产力既定条件下，劳动的自然生产力水平越高，劳动生产力水平就越高。劳动的自然生产力在相当大程度上受自然条件的制约，良好的自然条件和劳动结合，产生较高水平的劳动的自然生产力，使劳动者不必以全部时间从事维持自己生存的必要劳动，使劳动者能够为社会发展提供所需要的必要劳动①。所以，良好的自然条件产生的较高的劳动的自然生产力，为人类社会的发展，福利的改善提供了自然基础。

但是，正因为劳动的自然生产力在相当大程度上受自然条件的制约，而人类迄今为止所使用的自然条件大多属于不可再生的，因此，劳动的自然生产力与劳动的社会生产力和劳动的科学技术生产力最大的不同在于，后者通过分工协作、科学技术进步，可以得到不断发展，前者则在劳动不断地对自然条件的开发利用中由于其中的不可再生的自然条件被不断地消耗掉而趋于下降。作为劳动的自然生产力源泉的劳动和自然条件二者之间在人类生产活动中存在着对立，自然条件可能在被劳动利用的过程中从丰裕变为匮乏，也就是说，劳动的自然生产力从长期看，存在着趋于下降的可能，如在农业中，人类活动导致土地肥力的下降、气候环境变差，使农业的劳动的自然生产力下降。

当然，劳动的自然生产力下降趋势在一定程度上可以通过劳动的社会生产力和劳动的科学技术生产力的发展来弥补，如科学技术的发展能够发现改善土壤条件的更好的方法，这会抵消劳动的自然生产力下降。但是，正如马克思指出的："在农业中（采矿业中也一样），问题不仅涉及劳动的社会生产率，而且涉及由劳动的自然条件决定的劳动的自然生产率。可能有这种情况：在农业中，社会生产力的增长仅仅补偿或甚至补偿不了自然力的减低，——这种补偿总是只能起暂时的作用，所以，尽管技术发展，产品还是不会便宜，

---

① 《资本论》（第1卷），人民出版社2004年版，第605页。

只是产品的价格不致上涨得更高而已。"① 可见，如果科学技术的发展更多的是提高了人的劳动开发、利用自然的能力，结果不是使劳动的自然生产力提高，恰恰相反，由于劳动对自然力的过度使用导致自然力萎缩，使劳动的自然生产力下降。那么，从长远看，如果劳动的科学技术生产力的发展方式主要是节约劳动型的，由科学技术进步带来的劳动生产力水平的提高将无法补偿由于劳动的自然生产力下降所带来的劳动生产力水平的下降，结果使社会劳动生产力水平下降（表现为产品价格上升），劳动生产力的发展是不可持续的。

人类已经开始关注通过发展循环经济来应对劳动的自然生产力的下降。人类社会要把在传统的机器大工业的生产方式基础上构造起来的线性的、生产方式转变为循环的生产方式，重要的是改变劳动使用自然资源的方式，根本目的就是要改善和提高劳动的自然生产力。而循环经济发展实践表明，转变生产方式，关键问题是要有支撑循环发展的科学技术，只有把线性的技术转变为资源循环利用的技术，才能够实现生产方式的全面转变。

四、劳动生产力理论揭示了发展循环经济的重要性

马克思的劳动价值论把人类和自然界看成是一个不可分割的有机统一体，指出人类必须利用自然条件进行劳动，才能获得赖以生存和发展的物质财富，自然条件的好坏和对其的利用方式是决定劳动生产力高低和发展能力的重要因素。

从劳动生产力发展过程看，劳动生产力的两个源泉缺一不可。人类必须不断地把他们的劳动和自然条件相结合，生产出不断增加的使用价值，才能满足人类不断增加的对物质财富的需求，实现人类自身的发展。同时，人类不仅要关注自身的发展，而且必须要善待周围的自然，保持自然界提供自然条件的能力的可持续性。只有劳动生产力的两个源泉能够源源不断地按照生产力正常发挥作用的要求提供出来，才能保证劳动生产力的可持续发展。然而，生产力总是在一定的生产关系下发展的，在人类发展史中，特别是在进

---

① 《资本论》（第3卷），人民出版社2004年版，第867页。

入资本主义工业社会以来，资本主宰劳动生产力，资本为了实现剩余价值最大化，以不断提高劳动生产力为手段，使人类社会大规模开发自然资源的能力日益强大，但是在资本无限度追求剩余价值欲望支配下，在生产力发展过程中无法正确认识和运用自然规律来利用自然，而只是把生产力的发展当作追求剩余价值的手段，造成了自然资源的短缺和自然环境的污染不断加剧，使生产力的源泉遭到破坏，造成人类和自然条件的冲突，并且冲突不断恶化，这对人类社会可持续发展来说，是毁灭性的打击。

首先，从人类必须依赖自然界才能够生存这个历史事实看，人类和自然界是融为一体的。"人靠自然界生活。这就是说，自然界是人为了不致死亡而必须与之处于持续不断的交互作用过程的、人的身体。所谓人的肉体生活和精神生活同自然界相联系，也不外是说自然界同自身相联系，因为人是自然界的一部分。"① 人离开适合自身生存的自然界，一天也无法生存。

其次，从人类必须要通过劳动才能生存和发展这个历史事实看，人依赖自然生存的基本方式就是利用人自身存在体力和智力进行劳动，而劳动力的发挥必须借助于自然界，"没有自然界，没有感性的外部世界，工人什么也不能创造。自然界是工人的劳动得以实现、工人的劳动在其中活动、工人的劳动从中生产出和借以生产出自己的产品的材料"②。自然界为人的劳动提供劳动资料和劳动对象的源泉，使劳动可以进行，人只有通过劳动对自然物质进行能够满足自己需要的物质变换，才能够生存和发展。

最后，在人类社会生产力发展过程中，无论社会形态如何，生产力的发展都离不开人和人周围的自然条件的相互影响与相互作用。生产力从来不能离开自然条件的制约而独立发展，生产力发展从来就是受自然界制约的③，良好的自然条件是劳动生产力提高的自然基础。同时，正是在对自然条件的利用过程中，人的劳动不仅使自然条件发生物质变换，而且使人本身的自然力发生变化，即使人的体力和智力不断发展。

显然，实现人类社会的可持续发展，绝不能只关注如何通过改造和利用自然提高劳动的生产效率，还必须要关注调整和控制人和自然之间的物

---

① 《马克思恩格斯文集》（第1卷），人民出版社2009年版，第161页。

② 同上，第158页。

③ 《资本论》（第1卷），人民出版社2004年版，第589页。

质变换过程中存在的矛盾，否则，劳动生产率越高，对自然条件的损害就越大。在马克思主义政治经济学的劳动生产力理论中，特别突出了自然条件对于劳动生产力发展的重要作用，从人类社会可持续发展的视野看，对自然物质节约使用和保护自然环境是劳动生产力理论的题中之意。循环经济的核心就是在生产、交换和消费各个环节通过减量化、再利用、资源化活动实现自然物质节约和保护自然环境，因此，发展循环经济是合理调整和控制人与自然之间的物质变换过程，实现生产力可持续发展的重要途径。循环经济生产过程与传统的线性经济生产过程存在本质差异，但是循环经济依然是建立在分工和机器大工业基础之上的，在马克思主义政治经济学的生产力理论基础上所揭示的劳动过程、分工条件下的按比例配置生产要素、生产要素的循环和周转等生产力运动基本规律对于研究循环经济生产方式的运动规律仍然具有重要的理论价值和现实价值。运用劳动生产力理论，可以深入展开构建企业内部和企业之间的循环产业链、企业、园区、社会在生产、交换和消费各个环节的协调配合的研究，并且更加注重循环经济技术研发。以马克思的生产力理论为基础研究循环经济的相关经济学问题，目的是把循环经济作为实现劳动生产力可持续发展的生产方式，解决人类社会在劳动生产力发展中产生的人与自然之间的矛盾，实现生产力可持续发展。

第三节　劳动生产力变动规律对研究循环经济有重要意义

劳动生产力变动规律是社会劳动生产力发展的客观规律，循环经济的经济学理论研究和循环经济发展实践必须要重视这个规律。马克思提出的决定劳动生产力水平的因素同样决定着循环经济生产效率水平，循环经济生产方式从提高生产力水平的各个因素入手，节约使用自然资源，保护自然环境，用更少的活劳动和物化劳动生产一定量的使用价值，是比传统的线性生产方式生产力水平更高的生产方式。

一、劳动生产力变动规律

具体劳动体现劳动生产力，其核心是劳动的效率。"生产力当然始终是有用的、具体的劳动的生产力，它事实上只决定有目的的生产活动在一定时间内的效率。"[①] 由具体劳动体现的劳动生产力包含主观和客观两大要素，主观要素是人的劳动，它是"人的身体即活的人体中存在的、每当他生产某种使用价值时就运用的体力和智力的总和"[②]，客观要素是生产资料（劳动资料和劳动对象）。所以，劳动生产力是指具体劳动使用生产资料生产使用价值的能力。

从具体劳动看，如果只有劳动者，没有劳动对象和劳动手段，劳动者的劳动根本不可能进行。所以，劳动生产力主要强调劳动者利用客观要素生产资料生产使用价值的能力，如果生产使用价值的能力的提高，表现为具体劳动的效率提高。效率要从具体劳动的结果看，在既定的时间内，能够生产更多的使用价值，劳动生产的效率即劳动生产率提高，这意味着劳动生产力水平提高。所以，劳动生产力和劳动生产率一般情况下可以等同，后者是前者发挥作用的结果。

在商品经济条件下，生产商品的劳动具有具体劳动和抽象劳动两重性，并且决定了劳动所生产的商品具有使用价值和价值两个因素。具体劳动创造使用价值，抽象劳动的凝结创造价值。劳动作为具体劳动总是和生产商品的劳动过程相联系，具体劳动不仅在劳动过程中生产出新的使用价值，而且还把劳动过程中所使用的生产资料旧价值转移到新生产出来的使用价值中，劳动作为抽象劳动在商品生产过程中通过耗费一定量的社会必要劳动创造一个新价值加到商品中，具体劳动和抽象劳动共同完成了商品的价值形成过程。所以，商品生产过程是具体劳动生产使用价值的过程（劳动过程）和具体劳动与抽象劳动共同作用形成价值的过程（价值形成过程）。由商品社会客观存在的劳动两重性和由此决定的商品两因素决定，劳动生产率提高表现为一定劳动耗费下总产品的数量增加或者单位商品价值量下降。马克思说："劳动生

---

① 《资本论》（第 1 卷），人民出版社 2004 年版，第 59 页。
② 同上，第 195 页。

产力的提高，我们在这里一般是指劳动过程中的这样一种变化，这种变化能缩短生产某种商品的社会必需的劳动时间，从而使较小量的劳动获得生产较大量使用价值的能力。"① "劳动生产力越高，生产一种物品所需要的劳动时间就越少，凝结在该物品中的劳动量就越小，该物品的价值就越小。相反地，劳动生产力越低，生产一种物品的必要劳动时间就越多，该物品的价值就越大。可见，商品的价值量与实现在商品中的劳动的量成正比地变动，与这一劳动的生产力成反比地变动。"② 这是劳动生产力变动规律。

二、决定劳动生产力水平的因素同样决定着循环经济生产效率水平

马克思的劳动价值论认为，劳动具有具体劳动和抽象劳动两重性。在商品经济条件下，劳动生产力是劳动在生产过程中生产商品的能力，在生产过程中，具体劳动生产商品的使用价值，并且转移过去劳动凝结在生产资料即机器设备和原材料中的价值，抽象劳动创造商品的新价值，转移的生产资料价值和新创造的价值共同形成商品的价值。在生产过程中使用一定量的劳动和生产资料生产出的使用价值越多，或者生产一定量的使用价值所形成的价值总量越少，单位商品的价值量越低，表明劳动生产力水平就会越高，马克思指出，决定社会劳动生产力水平高低的因素有五个："工人的平均熟练程度，科学的发展水平和它在工艺上应用的程度，生产过程的社会结合，生产资料的规模和效能，以及自然条件"③。

第一，关于自然条件。自然条件不包含人类劳动，是自然界免费提供给人类的劳动对象。马克思以金刚石的生产为例，分析了自然条件在劳动生产力中的作用。"金刚石在地壳中是很稀少的，因而发现金刚石平均要花很多劳动时间。因此，很小一块金刚石就代表很多劳动。……如果发现富矿，同一劳动量就会表现为更多的金刚石，金刚石的价值就会降低。"④自然条件提供的自然力与社会劳动生产力同方向变动，自然条件的影响使金刚石非常稀缺，因而使生产它所花费的社会必要劳动时间很多，价值量因此很大。如果良好的自然条件使金刚石变得不那么稀缺了，生产同量金刚石所耗费的活劳动和

---

① 《资本论》（第1卷），人民出版社2004年版，第366页。

② 同上，第53～54页。

③④ 同上，第53页。

过去劳动（生产工具和设备等）就会减少，社会必要劳动时间随之缩短，或者，同量社会必要劳动时间耗费就能生产出更多的金刚石，每单位金刚石中的价值量因此下降，这表明，生产金刚石的劳动生产力水平提高了。所以，自然条件是大自然给予人类生存和发展的恩惠，自然条件越好，人类一定的活劳动耗费就能够获得越多的物质财富，劳动生产力水平就越高，如果自然条件恶化，将导致生产力水平的下降。因此，从提高劳动生产率的角度看，如何保持良好的自然条件，实现自然条件的可持续利用，对于提高劳动生产率、实现生产力可持续发展至关重要，实践表明，通过对自然资源的循环利用，可以节约自然资源的使用，减少对自然环境的污染，是提高劳动生产率、实现生产力可持续发展的有效途径之一。

第二，关于工人的平均熟练程度。工人的平均熟练程度是构成社会必要劳动的一个内容，前面的分析已经表明，工人劳动的平均熟练程度提高，社会必要劳动时间缩短，同样的活劳动耗费能够生产更多的使用价值，社会劳动生产力提高，单位商品价值量下降。社会化大生产下的企业内部的分工有利于提高工人的平均熟练程度，这不仅能够节约活劳动，而且可以节约生产过程中使用的原材料，减少生产排泄物，用更少的原材料耗费和更少的污染物排放生产出更多的使用价值。马克思指出，在社会化的劳动条件下，工人的生产经验和节约意识是实现生产排泄物减量化的重要条件，"只有结合工人的经验，才能发现并且指出，在什么地方节约和怎样节约，怎样用最简单的方法来应用各种已有的发现，在理论的应用即把它用于生产过程的时候，需要克服哪些实际障碍，等等"①。

第三，关于科学的发展水平和它在工艺上的应用程度和生产过程的社会结合。科学的发展水平和它在工艺上应用程度越高，越能够节约劳动者生产一定量使用价值支出的活劳动、节约生产资料（过去劳动）耗费；劳动生产过程的社会结合程度越高，意味着社会和企业内部的分工协作越细致紧密，从而可以节约劳动支出和生产资料耗费。在生产排泄物循环利用方面，马克思认为，科学技术进步是关键。科学技术进步发现了生产排泄物的利用价值和方法，科学技术的不断进步，使生产排泄物利用的能力不断提高，他指出：

---

① 《资本论》（第3卷），人民出版社2004年版，第118~119页。

"机器的改良，使那些在原有形式上本来不能利用的物质，获得一种在新的生产中可以利用的形式；科学的进步，特别是化学的进步，发现了那些废物的有用性质。"① 特别是，适用性新技术在其中起着极端重要的作用，例如，"化学工业提供了废物利用的最显著的例子。它不仅找到新的方法来利用本工业的废料，而且还利用其他各种各样工业的废料"②。采用减少废料和循环利用价值已经全部转移到产品中的废物作为原材料，可以有效降低单位商品的价值量，提高劳动生产力。

第四，关于生产资料的使用规模。生产资料的使用规模大，可以降低生产资料的平均耗费，还可以使大规模的废料作为原料（包含在其中的过去劳动已经大部分转移）重新得到使用，产生规模效应。建立在社会化生产基础上的大规模社会劳动是生产排泄物利用的前提条件。马克思对当时所见的生产排泄物的利用情形进行了如此描述："我们在曼彻斯特的大机器制造厂内可以看到，被庞大的机器像刨花一样削下的铁屑堆积如山，傍晚用大车运到炼铁厂去，第二天变成铁锭再运回来。"③ 他指出："由于大规模社会劳动所产生的废料数量很大，这些废料本身才重新成为贸易的对象，从而成为新的生产要素。这种废料，只有作为共同生产的废料，因而只有作为大规模生产的废料，才对生产过程有这样重要的意义，才仍然是交换价值的承担者。"④ 可见，"这种再利用的条件是：这种排泄物必须是大量的，而这只有在大规模的劳动的条件下才有可能"⑤。另外，科学技术进步是生产排泄物循环利用的关键，但是，新技术和新发明可能使生产排泄物循环利用的成本上升，而大规模生产"是力学和化学上的各种发明得以应用而又不会使商品价格变得昂贵的惟一条件，并且这总是不可缺少的条件"⑥。

第五，关于生产资料的效能。生产资料的效能更好，比如使用效能更好的机器可以节约劳动者的劳动支出和原材料的耗费，使用效能更好的原材料，

① 《资本论》（第3卷），人民出版社2004年版，第115页。
② 同上，第117页。
③ 《资本论》（第1卷），人民出版社2004年版，第239页。
④ 《资本论》（第3卷），人民出版社2004年版，第94页。
⑤ 同上，第115页。
⑥ 同上，第118页。

可以减少废料。马克思指出："废料的减少，部分地要取决于所使用的机器的质量。机器零件加工得越精确，抛光越好，机油、肥皂等物就越节省。这是就辅助材料而言的。……在生产过程中究竟有多大一部分原料变为废料，这取决于所使用的机器和工具的质量。最后，这还取决于原料本身的质量。"[①]科学技术进步所带来的工艺、机器的改良和新发明特别是在循环利用生产排泄物方面的工艺、机器的改良和新发明是减少生产排泄物和循环利用生产排泄物的重要手段。

由此可见，与线性生产方式相比，循环经济生产方式从提高生产力水平的各个因素入手，节约使用自然资源，保护自然环境，能够以更高的劳动生产力水平进行生产，用更少的活劳动和物化劳动生产一定量的使用价值。循环经济生产方式是比传统的线性生产方式的生产力水平更高的生产方式。

---

① 《资本论》（第3卷），人民出版社2004年版，第117页。

第六章

资本生产和流通过程理论为研究循环经济的
生产和流通过程提供理论工具

市场经济条件下的循环经济生产过程必然是商品生产。商品生产过程是劳动过程和价值形成过程的统一，资本主义商品生产过程是劳动过程和价值形成及一定点延长的增殖过程的统一。马克思对资本的研究表明，资本具有两重性质：资本是带来剩余价值的价值，资本是一种包含着资本家阶级剥削雇佣工人阶级关系的社会生产关系，资本是建立在雇佣劳动基础上的社会历史范畴，是一定历史条件的产物；资本还是一种以货币资本、生产资本、商品资本形式交替存在的循环往复的运动，只有在不断的运动中才能实现资本自身的保值和增殖，企业和社会再生产才能不断进行下去。如此看来，如果去掉资本无偿占有劳动者剩余劳动创造的剩余价值①的社会性质不谈，从资本是一种运动这重含义看，在现代市场经济活动下研究循环经济生产方式的运动过程，无疑马克思的资本生产过程理论和资本的流通过程理论完全可以作为理论工具。

第一节　循环经济生产方式的生产过程

马克思指出，同一商品生产过程，既是劳动过程，又是价值形成过程，

---

① 剩余劳动是社会分工的基础，是社会发展的基础。在资本主义条件下，剩余劳动创造的剩余价值由资本所有者无偿占有。马克思指出，在社会主义社会，劳动者除了提供满足自己需要的必要劳动之外，还要提供一个满足社会发展需要并且惠及社会全体成员的必要劳动（对生产者个人来说是剩余劳动）。

商品生产是劳动过程和价值形成过程的统一，而同一资本主义商品生产过程，既是劳动过程，又是价值增殖过程，劳动过程是手段，价值增殖过程是目的，增殖的剩余价值的一部分用于资本积累实现扩大再生产。现代循环经济生产方式下的企业是商品生产者，不仅要通过生产过程生产使用价值保存价值（收回成本），而且要生产出大于其投资的价值进行积累实现扩大再生产。因此，抽象掉资本的本质和社会性质这个特殊性，从一般性看，循环经济生产方式下企业生产过程仍然是劳动过程和价值增殖过程的统一。

一、循环经济生产方式与劳动过程的要素

撇开各种特色的社会形式考察劳动过程，"劳动过程的简单要素是：有目的的活动或劳动本身，劳动对象和劳动资料"①。劳动过程的要素在具体的劳动过程中相结合，形成现实的劳动生产力，创造出构成社会物质财富内容的使用价值。

（一）劳动过程的三要素

三要素划分方法使我们看到人的劳动和自然条件之间的关系在循环经济生产过程中的重要作用，看到劳动工具在循环经济生产过程中的重要作用。

1. 劳动本身

"劳动力的使用就是劳动本身"或者是劳动，劳动者使用人自身的自然力（劳动力）即体力和智力进行劳动。劳动是劳动生产力中的主观要素，"劳动首先是人和自然之间的过程，是人以自身的活动来中介、调整和控制人和自然之间的物质变换的过程"②。因此，劳动包括三个方面的内容：其一，劳动是人自身的活动，是一个活动过程；其二，这种活动表明人与自然的关系，即表明人与物的关系；其三，这种活动是为了引起、调整和控制人与自然之间的物质变换，是为了生产满足人们需要的产品。因此，人的劳动是劳动过程的首要的因素。

人类劳动也是一种自然力，但是，这种自然力的使用同自然界中存在的动物身上的自然力使用有本质区别。首先，人们在劳动过程中，"为了在对自

① 《资本论》（第 1 卷），人民出版社 2004 年版，第 208 页。
② 同上，第 207~208 页。

身生活有用的形式上占有自然物质，人就使他身上的自然力——臂和腿、头和手运动起来。当他通过这种运动作用于他身外的自然并改变自然时，也就同时改变他自身的自然"①。一方面，人们不断改变自然物质，以满足自身的需要；另一方面，人们在劳动过程中，不断积累经验，增长知识，改进劳动方法，提高劳动效率，使自己的脑力和体力不断发展，即不断改变着他自身的自然。其次，人的劳动是一种有目的的有意识的活动。"劳动过程结束时得到的结果，在这个过程开始时就已经在劳动者的表象中存在着，即已经观念地存在着。他不仅使自然物发生形式变化，同时他还在自然物中实现自己的目的，这个目的是他所知道的，是作为规律决定着他的活动的方式和方法的，他必须使他的意志服从这个目的。"②所以，人在使用他的自然力时和动物本能的活动不同，是有意识、有目的的活动，不是简单重复以往的活动，而是在不断学习和改进中进行生产活动。劳动者在劳动过程中发明创造、改进劳动资料，发现和使用新的劳动对象（新材料），把脑力物化在劳动资料中，以劳动资料为中介，把他们的劳动和劳动对象有机结合起来，达到利用自然为人类谋福利的目的。"生产力的这种发展，最终总是归结为发挥着作用的劳动的社会性质，归结为社会内部的分工，归结为脑力劳动特别是自然科学的发展。"③在劳动者智力发展基础上发展起来的分工协作、管理和科学技术，是生产力发展的主要推动力，在这个过程中，人对待自然、利用自然的理念至关重要。

劳动是一个调整和控制人与自然之间的物质变换的过程，最终的目的是为了满足人自身生存和发展的需求。由于自然界为人类劳动提供可以使用和被加工的物质，人类劳动只是通过使自然物质变换为能够满足自身需要的使用价值，因此，要想通过劳动源源不断地生产出高质量丰富的使用价值，自然物质能够保持良好的质量并且永续利用是充要条件，由于劳动具有主观能动性，所以，这个充要条件的实现取决于人类劳动对待其作为劳动对象的自然的态度和利用自然物质进行生产的生产方式。循环经济生产方式是人类在劳动过程中为了节约使用自然资源和保护生态环境发明的新的生产方式，劳

---

①② 《资本论》（第1卷），人民出版社2004年版，第208页。

③ 《资本论》（第3卷），人民出版社2004年版，第96页。

动者在劳动过程中发明了节约使用资源和循环利用资源技术，使生产和消费过程中产生的排泄物成为新的劳动对象，发明了新的工艺，通过综合利用使生产过程中的固体、气体和废水排放减少甚至实现零排放。

2. 劳动对象

人类要想进行劳动，必须有劳动对象，劳动对象就是人们将劳动作用其上使之发生预定变化以适合人们需要的一切物品。劳动对象有两种：一种是天然存在未经过劳动加工的劳动对象；另一种是已经被过去劳动滤过的劳动对象。"土地（在经济学上也包括水）最初以食物，现成的生活资料供给人类，它未经人的协助，就作为人类劳动的一般对象而存在。所有那些通过劳动只是同土地脱离直接联系的东西，都是天然存在的劳动对象。例如，从鱼的生活要素即水中分离出来的捕获的鱼，在原始森林中砍伐的树木，从地下矿藏中开采的矿石。相反，已经被以前的劳动可以说滤过的劳动对象，我们称为原料。……一切原料都是劳动对象，但并非任何劳动对象都是原料。劳动对象只有在它已经通过劳动而发生变化的情况下，才是原料。"① 首先，劳动对象是有待于劳动开发利用的自然物质，只有通过劳动，这些同土地紧密相连的天然存在的自然物质才能同土地脱离关系，为人类所利用，如矿藏。其次，已经加入劳动的、以自然物质为实体的劳动对象，如已经开采出来的矿石，由于还需要进入生产过程被加工才能成为产品，因此也是劳动对象，它们是有别于自然物质的劳动对象，马克思把它称之为原料。马克思给予自然物质很高的评价，指出，对于劳动者来说，"土地是他的原始的食物仓，也是他的原始的劳动资料库"②。自然物质是人类赖以生存的食物仓，也是劳动对象和劳动资料的本源，不论人类文明发展到什么阶段，人类生存和发展的原始源泉都是自然物质，须臾不可分离。

劳动必须要利用自然物质而自然物质又必须通过劳动进行开发，才能形成现实的生产力。从劳动过程的不同阶段看，自然物质是劳动对象的本源，是劳动过程得以进行的自然基础，被劳动加工过的自然物质——原料作为劳动对象是生产过程的中间产品。从劳动生产出满足人们需要的产品看，"在劳

① 《资本论》（第1卷），人民出版社2004年版，第208~209页。
② 同上，第209页。

动过程中，人的活动借助劳动资料使劳动对象发生预定的变化。过程消失在产品中。它的产品是使用价值，是经过形式变化而适合人的需要的自然物质"①。劳动过程既要生产原料，又要生产最终产品，这个过程是把自然界中原始的自然物质变换为"适合人的需要的自然物质"的过程，每一个变换环节都可能产生排泄物，所以，如何在劳动过程中尽可能充分利用劳动对象的本源——自然物质，使劳动过程中产生的排泄物成为可以再利用的劳动对象，使最终排泄到自然界的废物降到最低甚至为零，是循环经济生产方式下劳动过程的基本任务，目的就是保护生态环境，保持自然界中提供的自然物质的可持续利用。

3. 劳动资料

劳动资料又称为劳动手段，"劳动资料是劳动者置于自己和劳动对象之间、用来把自己的活动传导到劳动对象上去的物或物的综合体。劳动者利用物的机械的、物理的和化学的属性，以便把这些物当作发挥力量的手段，依照自己的目的作用于其他的物"②。劳动资料来源于自然物质和劳动的结合，通过有目的劳动对自然物质的加工，人类获得了日益丰富的劳动资料。

劳动资料中最重要的是充当劳动者的劳动工具的部分，劳动者通过劳动工具的机械的、物理的和化学的功能，提高了劳动能力。制造劳动工具"是人类劳动过程独有的特征，所以富兰克林给人下的定义是……制造工具的动物"③。在人类制造的劳动工具中体现着人类智力的发展，特别是在机器大工业时代，机器作为劳动工具，把人类智力发展的结晶——科学技术体现在其中，使人类劳动能力得到了巨大的提高。劳动资料的第二个部分是原料的容器。劳动过程还需要一些"不直接加入劳动过程，但是没有它们，劳动过程就不能进行，或者只能不完全地进行"⑤的劳动资料，如土地、厂房、运河和道路等。

马克思也给予体现智力劳动发展的劳动资料很高的评价。人类同其他动物的本质差别是会利用智力劳动和自然物质创造劳动资料。智力劳动的每一步发展都体现在劳动资料中，"劳动资料的遗骸对于判断已经消亡的社会经济

① 《资本论》（第1卷），人民出版社2004年版，第211页。
② 同上，第209页。
③④⑤ 同上，第210页。

形态也有同样重要的意义。各种经济时代的区别，不在于生产什么，而在于怎样生产，用什么劳动资料生产"④。机器大工业时代，通过利用不断技术创新改进的生产工具创造了巨大的生产力和巨大的财富，同时也消耗了巨大的自然物质和环境资源，循环经济生产方式不是抛弃机器大工业，而是要在机器大工业成就基础上，转变其原有的线性生产方式，其中一个重要的任务是，不是把技术创新作为通过征服自然而致富的手段，而是把技术创新的目标定位于劳动者的劳动效率提高和自然界提供自然条件的能力的保持及提高。在利用新技术开发和使用劳动对象、改进劳动资料以推动生产力水平提高时，不能只以追求财富增加为目的，不仅只注重使用节约劳动的新技术，还要注重选择节约自然物质和环境友好型的新技术。科学技术进步所带来的工艺、机器的改良和新发明对于减少生产排泄物和再利用生产排泄物从而实现自然物质的节约利用起着至关重要的作用。

（二）劳动过程的二要素

劳动生产力的构成要素还可以归纳为劳动力和生产资料两个要素，前者是生产力中的主观因素，后者是生产力中的客观因素。马克思认为，"如果整个过程从其结果的角度，从产品的角度加以考察，那么劳动资料和劳动对象二者表现为生产资料，劳动本身则表现为生产劳动"①。所以，如果从投入的角度看，劳动过程包含三个要素，如果从生产过程的结果产品看，产品是由生产产品的物质要素和加在其上的劳动力的生产劳动生产出来的，因此，劳动资料和劳动对象表现为生产资料（Pm），劳动本身表现为劳动力（A）的生产劳动。

两要素划分方法，在分析生产过程的生产要素的技术构成和价值构成、分析生产过程中的成本、分析再生产过程的成本补偿和收益构成时有重要的作用，对于循环经济相关问题的分析也同样重要。

二、循环经济生产方式下劳动过程和价值形成过程的新特点

以劳动价值理论为基础研究生产过程，生产商品的劳动的两重性具体劳动和抽象劳动决定了商品生产过程的两重性——劳动过程和价值形成过程。

---

① 《资本论》（第1卷），人民出版社 2004 年版，第 211 页。

进一步地，作为一般商品生产，同一生产过程，既是劳动过程，又是价值形成过程；作为资本主义商品生产，同一生产过程，既是劳动过程，又是价值增殖过程，劳动过程是手段，价值增殖（剩余价值资本无偿占有）过程是目的。马克思指出："如果整个工作日缩小到这个必要的部分，那么剩余劳动就消失了，这在资本主义制度下是不可能发生的。只有消灭资本主义生产形式，才允许把工作日限制在必要劳动上。但是，在其他条件不变的情况下，必要劳动将会扩大自己的范围。一方面，是因为工人的生活条件将会更加丰富，他们的生活要求将会增大。另一方面，是因为现在的剩余劳动的一部分将会列入必要劳动，即形成社会准备基金和社会积累基金所必要的劳动。"① 在必要劳动做扣除后，社会成员对剩余的社会总产品进行分配，所做扣除为："第一，用来补偿消耗掉的生产资料部分。第二，用来扩大生产的追加部分。第三，用来应付不幸事故、自然灾害等的后备基金或保险基金。……剩下的总产品中的另一部分是用来作为消费资料的。在把这部分进行个人分配之前，还得从里面扣除：第一，同生产没有直接关系的一般管理费用。……并随着新社会的发展而日益减少。第二，用来满足共同需要的部分，如学校、保健设施等。……并随着新社会的发展而日益增长。第三，为丧失劳动能力的人等等设立的基金。"② 所以，即使资本主义制度下的特殊含义的剩余劳动和剩余价值不存在了，并不是说社会总产品就全部作为消费基金分配进行消费了，而是要在扣除社会必要的生产基金和积累基金之后才能够用于消费，并且用于消费的部分并不是全部形成个人收入，其中的一部分要由社会控制用于发展公共事业和救济贫困者。所以，在市场经济条件下，不讨论资本主义生产过程的价值增殖过程，马克思的一般商品生产过程理论完全能够为研究市场经济条件下循环经济生产过程的特点提供理论基础。

依据马克思劳动两重性理论，劳动作为具体劳动生产商品的使用价值，作为抽象劳动创造商品的价值。在商品生产过程中，为了生产商品除了需要劳动还需要生产资料，由于生产资料作为商品不仅有使用价值，而且包含价值，因此，劳动作为具体劳动，在生产商品过程中，不仅消耗生产资料生产

---

① 《资本论》（第 1 卷），人民出版社 2004 年版，第 605 页。
② 《马克思恩格斯文集》（第 3 卷），人民出版社 2009 年版，第 432～433 页。

出一个使用价值，而且要把原材料等一次消耗掉的生产资料中包含的价值全部转移到新生产出来的使用价值中去，把机器等仍然留在生产过程中发挥作用的生产资料的一部分价值转移到（按照折旧率提取）新生产出来的使用价值中去。同时，劳动作为抽象劳动，在生产过程中凝结（按照社会必要劳动时间）在新生产出来的使用价值中创造一个新价值，由此生产出一个包含使用价值和价值的商品，商品生产过程完成。所以，劳动过程是生产力发挥作用的过程，是人和自然之间物质变换的过程，是具体劳动创造使用价值的过程。价值形成过程包括具体劳动转移的生产资料的价值和抽象劳动新创造的价值，价值形成过程由具体劳动和抽象劳动共同完成。

在循环经济生产方式下，生产过程作为商品生产过程，仍然是劳动过程和价值形成过程的统一，但是，又具有其不同于线性生产方式下的新特点。循环经济生产方式下的劳动过程中的生产要素与线性生产方式下的生产要素相比有了重要的新变化。劳动要素的变化在于劳动者有清洁生产、节约原材料的观念意识，并且付诸行动；资源减量化、再利用和清洁生产的科学技术合并到劳动资料即机器设备中；可再生利用的生产和消费排泄物成为劳动对象的重要内容。循环经济生产方式下的价值形成过程也有新变化。在价值形成过程中，企业自己生产过程中的排泄物作为劳动对象再利用，因为其中已经不包含价值，所以没有价值转移，如钢铁企业的排放的蒸汽、热水、钢渣等的循环利用；企业通过清洁生产提高资源利用率，减少了原材料的投入数量，同量产品，转移的原材料的价值量下降；企业废物利用，将其他企业的生产排泄物转化为资源再投入使用，如煤发电行业，产生的大量粉煤灰不但污染空气，还很难处理，水泥行业将粉煤灰与冶炼行业产生的钢渣、铁渣一起磨细，作为水泥添加料，由于粉煤与钢渣、铁渣中已经不包含价值，只是加入了少量运输过程形成的价值，因此作为原料转移的价值很小，根据中国企业的实践，生产出来的水泥每吨成本可降低 80 元，而且减少固体废物占地和污染环境。

循环经济生产过程最突出的新特点主要表现在技术创新上。工业革命把科学技术合并到机器中，同时工业革命极大地刺激了人类对自然资源的开发应用，由此形成了适应于工业化发展的技术体系，推动着劳动生产率水平的快速提高。然而，传统工业化的技术体系也带来了能源等不可再生资源短缺和废弃物对环境的污染。循环经济生产方式不排斥机器大工业，但是生产过程不是传统的线性开放型的，而是循环型的，因此需要适用于循环经济生产方式的技术体系。对此，马克思早已指出，科学技术进步所带来的工艺、机器的改良和新发明是减少生产排泄物和循环利用生产排泄物的手段。在减少生产排泄物方面，马克思指出，在生产过程中究竟有多大一部分原料变为废料，这要取决于所使用的机器和工具的质量。在生产排泄物循环利用方面，马克思认为，科学技术进步是关键，科学技术进步可以发现生产排泄物的利用价值和方法，科学技术的不断进步，使利用生产排泄物的能力不断提高。从实践看，循环经济生产方式的最大特征就是在生产过程中充分利用资源，变生产和消费过程中的排泄物为可再生利用的资源，尽量减少向自然界最终排放的垃圾，循环经济作为一种全新的生产方式，需要一整套相适应的技术体系来支撑和推动。特别是要从传统的线性生产方式向循环经济生产方式转变，企业原有的生产方式、技术体系、生产设备都是以产能最大化为中心，面临着消灭老污染源、淘汰落后生产工艺和设施，建立完整的循环经济链条问题，而循环经济链条很复杂，每一步都需要新的技术支撑，所以，从传统的线性生产方式向循环经济生产方式转变，依赖于支撑减量化和循环利用技术，资源减量化和循环利用的技术为生产方式向循环经济生产方式转变提供动力源泉。从这个意义上说，循环经济生产方式是建立在资源减量化和循环利用技术体系基础之上的生产方式。

在循环经济生产方式下，技术创新被赋予了生态化的新内涵，即将产品或工艺的创新设想通过从组织、研发、生产、规模化、产业化到废弃物资源化的闭路循环转变为现实的经济效益、社会效益和生态效益。循环经济生产方式下的生产过程需要遵循减量化、再利用、再循环的原则，而这其中每一环节的实现都必须有技术创新作为支撑。第一，减量化原则是输入端控制原则，旨在用较少原料和能源的投入来达到预定的生产目的和消费目的，在经济活动的源头就注重节约资源和减少污染。对于企业来说，在生产过程中，减量化原则要求生产者通过优化设计制造工艺等方法来减少产品的物质使用量，最终节约资源和减少污染物的排放。因此，减量化原则要求企业通过不断的技术创新，采取提高资源利用效率、减少污染物排放、生产耐用并且可以回收利用的产品的先进设备与工艺，节约资源，减少废弃物排放。第二，再利用原则是过程性控制原则，目的是通过延长产品的服务寿命，减少资源的使用量和污染物的排放量。对于企业来说，在生产过程中，再利用原则要求生产者提供的商品便于更换零部件，提倡拆解、修理和组装旧的或破损的物品。生产者可以使用标准尺寸进行设计，实现部分优化替代的技术，以防止因产品某元件的损坏而导致整个产品的报废。因此，再利用原则要求企业通过不断的技术创新，生产出的产品可以通过产品的局部更新延长其使用寿命，并且可以产生更新换代的效果。第三，再循环原则也称资源化原则，是输出端控制原则，是指废弃物的资源化，使废弃物转化为再生原材料，重新生产出原产品或次级产品，如果不能被作为原材料重复利用，就应该对其进行热回收。目的是通过把废弃物转变为资源的方法来减少资源的使用量和污染物的排放量。资源化可分为两种：一种是原级资源化，即将消费者遗弃的物品资源化以后形成与原来相同的新产品；另一种是次级资源化，即废弃物被变成不同类型的新产品。将废弃物中可转化为资源的物质（即可循环物质）分离出来是资源化过程的重要环节。再循环原则要求企业通过不断的技术创新，发现和利用废弃物的使用价值，延长产业链，把传统的线性生产方式下产生的废弃物转变为可以投入生产的资源，把消费后产生的垃圾变成可利用的资源。可见，循环经济的减量化、再利用和再循环，每一个原则的贯彻都离不开适用性技术的支撑，也离不开一些先进的载体，如设施、设备开发和更新。

总之，循环经济生产方式的生产过程与线性生产方式相比较有许多根本性的新变化，其中最重要的是，必须依靠技术创新，研究开发新能源和新材料；研究如何开发使用可回收再利用的材料；研究如何尽可能地减少原材料的消耗和废弃物的排放，把对环境污染的排放物消除在生产过程之中；研究如何把有害环境的废弃物减少到最低限度；研究如何采用无害或低害新工艺、新技术，最终实现资源的少投入、高产出、低成本和环境的低污染的良性循环。

第二节　循环经济生产方式下资本的循环和周转

《资本论》中的资本循环和周转理论对于研究循环经济的资金和物质循环具有重要的理论意义和现实价值。例如，保持企业资金运动的连续性、加快资金的周转速度、节约流通费用，依然是循环经济企业经营管理的主要内容，是其生产正常运行、提高经济效益和竞争力的重要途径。在循环经济生产方式下，为了保证资本循环的正常进行，减少流通时间，节约流通费用，避免二次污染，企业间必须形成完整闭合的产业链，为此，在实践中主要采取生态工业园模式。

一、循环经济生产方式下资本的循环

马克思指出："资本……是一种运动，是一个经过各个不同阶段的循环过程，这个过程本身包含循环过程的三种不同的形式。因此，它只能理解为运动，而不能理解为静止物。"① 资本是一种以货币资本、生产资本、商品资本形式交替，每一个形式又各自经历三个运动阶段的循环往复的运动，只有在不断的运动中才能实现资本自身的保值和增殖，表明企业的经营活动顺利进行。如果去掉资本无偿占有劳动者剩余劳动创造的剩余价值的性质不谈，借用资本概念，无疑现代市场经济活动的正常进行，再生产进而扩大再生产的顺利进行，必须以资本的正常循环为基础。《资本论》中的资本循环理论核心是说明，资本循环包含价值循环和物质循环，资本要想顺利地经过生产和流通过程回到起点，完成它的价值循环和物质循环过程，从而进入再生产过程，必须要保持资本运动的连续性，这个问题对于循环经济生产过程的顺利进行至关重要，因为，循环经济生产过程的顺利进行，不仅涉及技术和工艺设计以及物质循环流动，而且涉及企业再利用生产和消费排泄物的价值及物质循环能否顺利进行。

---

① 《资本论》（第2卷），人民出版社2004年版，第121~122页。

货币资本（G）的循环，就是从货币资本出发，又回到货币资本形态的过程。"不论生产的社会形式如何，劳动者（A）和生产资料（Pm）始终是生产的因素。但是，二者在彼此分离的情况下只在可能性上是生产因素。凡要进行生产，它们就必须结合起来。"①在市场经济条件下，企业若要进行生产，首先必须预付资本购买生产要素，然后进入生产过程使劳动者和生产资料相结合生产出商品，最后把商品销售出去，收回预付资本并且带着一个增加额再回到货币资本形态，这个过程就是货币资本的循环。这种包含货币资本、商品资本和生产资本三种形态变化并且相应经过购买、生产、销售三个阶段的资本是产业资本。马克思说："资本价值在它的流通阶段所采取的两种形式，是货币资本的形式和商品资本的形式；它属于生产阶段的形式，是生产资本的形式。在总循环过程中采取而又抛弃这些形式并在每一个形式中执行相应职能的资本，就是产业资本。"②包含这三个阶段的产业资本是投在物质生产部门的资本，包括工业、农业、交通运输业和信息工业。③从单个企业的往复运动看，循环经济生产方式的主体无疑仍然是产业资本。

生产资本（P）的循环，就是从生产资本出发，又回到生产资本形态的过程。和货币资本循环不同，在生产资本循环中，生产过程被提到首位，流通过程的买和卖两个阶段则成了连接两个生产过程的环节，流通成了连续不断再生产的媒介。没有流通作为媒介，就没有生产资本的循环和再生产过程。生产资本的循环从起点到终点意味着是一个再生产过程，"这个循环表示生产资本职能的周期更新，也就是表示再生产"④。再生产区分为简单再生产和扩大再生产。⑤简单再生产是生产规模不变的再生产，扩大再生产是剩余价值的一部分转化为资本用于再生产。在进行扩大再生产之前，需要有一个货币积累，因为，加入生产过程的生产资料和劳动力有一个比例量，这就规定了货币积累的最低限量。在循环经济生产方式下，企业的扩大再生产有其新特点和新问题。马克思把扩大再生产分为外延的扩大再生产和内涵的扩大再生产，

---

① 《资本论》（第2卷），人民出版社2004年版，第44页。
② 同上，第62~63页。
③ 同上，第64页。
④ 同上，第75页。
⑤ 同上，第99页。

"如果生产场所扩大了，就是在外延上扩大；如果生产资料效率提高了，就是在内涵上扩大"①。在循环经济生产方式下，内涵扩大再生产的路径扩展了，例如，企业循环利用自己的生产排泄物，属于生产原料使用效率提高，是内涵的扩大再生产。并且，在循环经济生产方式下，货币积累的最低限度会降低，马克思说："化学的每一个进步不仅增加有用物质的数量和已知物质的用途，从而随着资本的增长扩大投资领域。同时，它还教人们把生产过程和消费过程中的废料投回到再生产过程的循环中去，从而无需预先支出资本，就能创造新的资本材料。"②

商品资本（W）循环是以商品资本为出发点，经过出售过程，把商品资本转化为货币资本，然后用货币购买劳动力和生产资料，之后进入生产过程，生产出包含剩余价值的商品，由生产资本再转化为商品资本。商品资本循环从起点看，其实物构成既包含生产资料，又包含消费资料，因此，不仅包括生产消费，也包括个人消费。"消费是全部——个人的消费和生产的消费——作为条件进入 W′ 的循环。"③ 在循环经济生产方式下，商品资本循环无疑也增添了新特征，其中最重要的是交通运输的变化，这将在下一个问题中讨论。由于商品资本循环不仅从一开始就包含了资本流通和剩余价值流通，而且包含了生产消费和个人消费（因此包含了社会总产品的分配——分为个人消费基金和再生产基金），所以，商品资本循环包含了社会总资本运动的所有内容。马克思指出，商品资本"运动一开始就表明是产业资本的总和运动，既是补偿生产资本的那部分产品的运动，又是形成剩余产品的那部分产品（通常部分作为收入花掉，部分要用作积累要素）的运动"④。

如果把产业资本作为一个连续不断的运动过程来看，"产业资本的连续进行的现实循环，不仅是流通过程和生产过程的统一，而且是它的所有三个循环的统一"⑤。即产业资本连续不断的循环包含着三个循环形式，马克思用下

① 《资本论》（第2卷），人民出版社2004年版，第192页。
② 《资本论》（第1卷），人民出版社2004年版，第698~699页。
③ 同上，第108页。
④ 《资本论》（第2卷），人民出版社2004年版，第113页。
⑤ 同上，第119页。

面的公式来描述产业资本的总循环①：

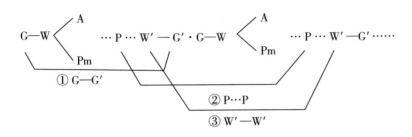

　　在产业资本周而复始的循环过程中，资本的三种职能形式进行着各自的循环，它们都是从各自的起点出发，通过生产过程和流通过程，又回到各自的起点形式。产业资本的连续不断的总运动包含着同时进行的三个循环。"任何一个单个产业资本都是同时处在所有这三种循环中。这三种循环，三种资本形态的这些再生产形式，是连续地并列进行的。"② 就是说，在产业资本的连续不断的总运动中，货币资本、生产资本和商品资本三种形态同时并存，并且 $G\cdots G'$、$P\cdots P$、$W'\cdots W'$ 三种循环是同时进行的。

　　产业资本的总运动是三个循环的有机统一。三个循环互为前提，一种形式循环的反复，已经包含着其他形式的循环过程。在货币资本的不断循环中，包含了生产资本和商品资本的循环；在生产资本的不断循环中，包含了货币资本和商品资本的循环；在商品资本的不断循环中，包含了货币资本和生产资本的循环。某一个循环出现问题，其他的循环过程就不能正常进行，产业资本的总循环就会出现问题。由于三种循环都包含生产过程和流通过程，因此，产业资本的总循环是由一个生产阶段和购买、销售两个流通阶段构成的，这三个阶段互相依存、紧密衔接，任何一个阶段出现停滞，都会影响资本循环的正常进行。所以，如产业资本的总循环公式所示，为了保持资本运动过程的连续性，货币资本，生产资本，商品资本必须同时处于各自的职能中，每种形态的资本进入生产或流通过程，都要经过生产阶段、出售阶段和购买

　　① 产业资本的总循环公式中，$G—G'$ 是货币资本循环；$P\cdots P$ 是生产资本循环；$W'—W'$ 是商品资本循环。

　　② 《资本论》（第 2 卷），人民出版社 2004 年版，第 117 页。

阶段，进行各自的循环，而每种形态的资本按照一定的量的比例有序经过各个阶段的运动，恰好填补了个别资本形态在循环中或者在生产阶段，或者在流通阶段出现的空白，保持了资本运动过程的连续性。

以机器大工业为技术基础的资本的循环必须保持连续性，生产和流通过程才能够正常运行。总结前面对产业资本总循环特征的分析，可以看到，资本运动要想连续不断地进行，必须具备如下条件：一是产业资本必须按照一定的量的比例，以货币资本、生产资本、商品资本三种形态在空间上同时并存，三种资本各自执行相应的职能。如果全部资本都以货币资本形式存在，在货币资本购买生产要素阶段，生产过程和销售过程就会中断；如果全部资本都以生产资本形式存在，在生产资本处于生产过程之中时，购买过程和销售过程就会中断；如果全部资本都以商品资本形式存在，在商品资本处于销售过程时，生产过程和购买过程就会中断。所以，三种资本必须同时存在，购买、生产、销售同时进行，产业资本运动才能正常进行。另外，同时存在的三种资本还要按比例分割，如果三种资本比例不适当，如货币资本不足，导致资金链断裂，产业资本循环就不能按照正常规模进行。二是货币资本、生产资本、商品资本必须不断地进行各自的循环，并且这三种资本的循环在时间上相互继起。也就是说，货币资本要不断地转化为生产资本、商品资本、再回到货币资本形式；生产资本要不断地转化为商品资本、货币资本、再回到生产资本形式；商品资本要不断地转化为货币资本、生产资本、再回到商品资本形式。而且，三种资本职能形式的相互转换，在时间上要前后紧密衔接。例如，当生产资本转化为商品资本时，货币资本正好完成生产要素的购买，转化为生产资本，使生产过程不会中断；生产资本正好完成生产过程，转化为商品资本，使销售过程不会中断；商品资本正好完成销售过程，转化为货币资本，使购买生产要素的过程不会中断。

可见，三种资本在空间上的并存性和循环在时间上的继起性，是保持产业资本循环连续性的实现条件。这两个条件是互为前提，互相联系的。一方面，资本的"每一部分的相继进行，是由各部分的并列存在即资本的分割所决定的"①。另一方面,"决定生产连续性的并列存在之所以可能,只是由于资本的各部分依次经过各个不同阶段的运动。并列存在本身只是相继进行的结果"②。并存性和继起性之间存在着辩证统一的关系。由于三种资本形态在空间上并存,又由于它们相继不断地进行各自的循环,就构成了产业资本的总运动过程,无论是个别资本还是社会总资本,都是如此。另外,同时存在的三种资本还要按比例分割,这是因为。"在实行分工的工厂体系内,产品不断地处在它的形成过程的各个不同阶段上,同时又不断地由一个生产阶段转到另一个生产阶段。因为单个产业资本代表着一定的量,而这个量又取决于资本家的资金,并且对每个产业部门来说都有一定的最低限量,所以资本的分割必须按一定的比例数字进行"③。如果三种资本比例不适当,产业资本循环就不能按照正常规模进行。

上述理论在实践中表现为,企业为了使购买、生产、销售同时进行,需要同时拥有货币资本、生产资本、商品资本三种形态的资本,这三种资本要按比例分配,并且能够正常收回,生产才不会断断续续。保持生产过程的连续性是保证生产效率的基本条件,只要生产是在商品经济形态下进行,生产过程需要货币投入来推动、需要流通环节来连接,企业的运行就无法逃脱连续性的客观约束。

马克思的资本总循环理论是建立在企业内部分工协作基础之上的,企业内部的分工协作客观上要求其生产各个环节上的生产要素要有计划、按比例地投入,购买、生产、销售各个阶段要有机地衔接,相应地,企业的资本也要按比例配置。这一点对于采取循环经济生产方式的企业具有重要意义。在循环经济生产方式下,企业内部的计划要考虑生产排泄物的利用对生产过程连续性的影响。例如,企业在生产过程中循环利用废水、固体废物和废气,它们作为生产资本的一部分其可以利用的规模会对生产过程连续性产生影响。如果企业大规模使用自己的生产排泄物,可以节约购买原材料的货币资本,由于可以利用的生产排泄物来源稳定,因此使购买和生产阶段占用的资本下降。例如,包钢集团通过锅炉改烧煤气、高炉余压发电、总排水循环利用污水处理和加强含铁废料利用等,年节约燃煤 82 万吨,工业水重复利用率达到

---

① 《资本论》(第 2 卷),人民出版社 2004 年版,第 119 页。

② 同上,第 119 ~ 120 页。

③ 同上,第 119 页。

93%，节约黄河新水取用量 4030 万立方米，年利用高炉余压发电约 1 亿千瓦时，并实现了钢渣零排放，每年可节约资金或创经济效益约 4 亿元以上。如果是大规模使用其他企业的生产排泄物或者消费者的消费排泄物，必须根据可以利用的生产排泄物和消费排泄物的规模和来源的稳定程度安排企业购买、生产阶段占用资本的使用比例，在循环经济生产方式下，这类企业在资本循环过程中，会在资本循环周转时间和费用方面涉及许多新问题。

二、循环经济生产方式下资本循环周转的时间和费用

由于资本的循环既经过生产领域又经过流通领域，"资本在生产领域停留的时间是它的生产时间，资本在流通领域停留的时间是它的流通时间。所以，资本完成它的循环的全部时间，等于生产时间和流通时间之和"①。"资本的循环，不是当作孤立的过程，而是当作周期性的过程时，叫做资本的周转。"②所以，资本反复不断地进行周期性循环就是资本的周转，资本周转和资本循环紧密相关，资本完成一次循环，就是完成了一次周转，一次循环所花费的时间和费用就是一次周转所花费的时间和费用，资本周转所强调的是，资本运动不是一次循环，而是反复不断的循环，这个反复不断循环的速度即资本的周转速度越快，一定量的预付资本在一定时间内带来的剩余价值就越多。分析资本周转的核心是周转速度对企业资本增殖的影响，即讨论影响预付资本的增殖速度的因素。所以，无论是保证资本循环顺利进行还是加快资本的周转速度，所涉及的时间和费用构成是相同的。

生产时间是资本在生产领域停留的时间，在这个时间内生产使用价值，形成价值，包括劳动时间和非劳动时间。劳动时间是生产资料和劳动力结合发挥作用的时间。在这个时间，生产使用价值，创造价值和剩余价值。因此，劳动时间是资本循环中具有决定意义的时间。非劳动时间是劳动过程正常中断的时间，包括停工时间、生产资料储备时间和自然作用时间。"在整个生产过程的正常中断期间，即生产资本不执行职能的间歇期间，既不生产价值，也不生产剩余价值。……但它促进产品的完成，成为产品生涯的一部分，是

① 《资本论》（第 2 卷），人民出版社 2004 年版，第 138 页。
② 同上，第 174 页。

产品必须经过的一个过程。"① 循环经济生产方式的新特点主要表现在非劳动时间的停工时间和生产资料储备时间上。在停工时间，生产资料已经进入生产过程和劳动力结合，停工时间不加入新劳动，因此不创造价值和剩余价值。但是，在工厂的夜间停工和假日不开工时间等必要的正常的停工时间，一切设备和装置的耗费，其价值仍然要转移到劳动过程所生产的新产品中去，如果是生产被迫缩减等引起的非正常停工，不能转移价值，机器设备等固定资本中的一部分价值由于不能够转移到新产品中通过产品出售收回而损失掉。循环经济生产方式下，企业所使用的外部企业提供的生产排泄物或者消费者的消费排泄物和传统的原材料不同，它们不是众多企业大规模生产出来的，而是特定企业和消费者在生产过程和消费过程中所产生的生产和消费的排泄物，如果没有一定的规模和稳定的供货，会引起利用生产和消费排泄物作为原料的企业非正常停工，造成成本上升。生产资料储备时间的长短取决于购买生产资料的难易程度，例如，生产中所使用的原材料的供给如果具有季节性，就必须有一个比较长的储备时间，纺织厂在每年秋后棉花大量上市季节购买大批棉花，就是最典型的事例。生产资料储备时间的长短还取决于距离市场的远近和交通运输工具的发展程度，例如，需要大量动力煤炭的企业如果远离煤炭产地而且交通运输条件不是很便利，也需要有大量的煤炭储备和较长的储备时间。因此，对于大量使用煤炭和矿产资源的企业来说，远离这些必需的原料产地，会增加储备时间和为储备生产资料所预付的资本。② 在循环经济生产方式下使用外部企业生产排泄物和消费者的消费排泄物作为生产原料的企业如果原料的供给缺乏连续性，或者供货距离较远，需要较长的生产资料储备时间和较大量储备，这不仅增加储备费用，使生产成本上升，而且造成二次污染。

流通时间是资本在流通领域停留的时间，包括购买时间和销售时间。在流通领域，资本以商品资本和货币资本形式存在，"资本在流通时间内不是执行生产资本的职能，因此既不生产商品，也不生产剩余价值"③。所以，流通时间对于生产起了一种消极限制的作用，"限制的程度与流通时间持续的长短成比例"④。

---

① 《资本论》（第 2 卷），人民出版社 2004 年版，第 140 页。
② 同上，第 273 页。
③ 同上，第 141 页。
④ 同上，第 142 页。

消极限制作用表现为：使生产过程中断；占用资金，影响生产。如果资本按比例分割，流通时间越长，以货币、商品形式占有的资金越多，以生产资本形式在生产过程中发挥的作用越小，因此应尽量缩短流通时间。例如，按订货生产可以加速流通过程，甚至可以使流通时间接近于零，"流通时间越等于零或近于零，资本的职能就越大，资本的生产效率就越高"④。对于使用企业外部生产和消费排泄物的企业而言，因为所要购买的生产和消费排泄物来源和数量具有局限性和不确定性，如果买卖在空间上分离，会使各企业购买时间较长，甚至会直接影响生产时间，出现非正常停工时间。

在循环经济生产方式下，资本循环所花费的流通费用的新变化主要体现在保管或储备费用和运输费用上。第一，储备费用包括产品正常损耗（数量减少和质量变坏）和保管储备所需要的物化劳动与活劳动。储备费用是保证生产过程和再生产过程不中断所引起的费用，可以增加商品的价值。"它们可以产生于这样一些生产过程，这些生产过程只是在流通中继续进行，因此，它们的生产性质完全被流通的形式掩盖起来了。……对单个资本家来说，它们可以起创造价值的作用，成为他的商品出售价格的一种加价。"① 储备费用是生产过程在流通中的继续引起的费用，保管费用或者它所代表的活劳动和物化劳动要加入被保管的商品中，因此使商品变贵。以生产资料或者生产资本形式存在的储备，已经进入生产过程，但是没有进入劳动过程。如果原材料储备相对于生产规模而言不断减少，主要是因为：原料的生产规模和能力增大，生产者所需的原料可以源源不断地保证得到供应，这使生产资本的储备减少；交通工具的改善和运输费用的降低，生产者能够从较大范围的市场空间获取原料，而不再需要大量储存；随着信用制度的发展，生产者可以依靠自身信用，预购各种原材料，从而也减少了原料储存的数量；技术进步使原材料的生产时间相对缩短，市场上原料的供给能力增强。对于循环经济生产方式下的企业而言，如果使用本企业的生产排泄物，可以减少生产资本的储备，节约储备费用，降低生产成本。如果使用外部企业的生产排泄物或者消费者的消费排泄物作为原料，尽管交通便利，信用制度发展，但是由于特定企业需要特定的废物作为原料，其规模增大有限，货源也不稳定，为了避

---

① 《资本论》（第2卷），人民出版社2004年版，第154页。

免因货源不足缩减企业生产规模，储备数量和费用会增加，这会使生产成本增加，并且会造成储备带来的二次污染。第二，运输费用是运输业在商品运输上支出的费用。"运输业一方面形成一个独立的生产部门，从而形成生产资本的一个特殊的投资领域。另一方面，它又具有如下的特征：它表现为生产过程在流通过程内的继续，并且为了流通过程而继续。"① 运输业是一个独立的生产部门，投入的费用是生产费用，但是运输业的生产过程和产品生产过程不同，是生产过程在流通过程的继续，它生产的使用价值是使商品发生空间移动，其劳动创造价值。所以，商品生产的一般规律也适用于运输业，即运输劳动加到商品中的价值量和运输业的劳动生产力成反比，和运输的距离成正比。随着运输工具的发展和运输规模的扩大，使单个商品的运输费用逐渐减少；另外，由于市场范围的延伸，从全社会来说，运输费用总额不断增加。循环经济生产方式下，企业所使用的外部企业的生产排泄物和消费排泄物本身没有价值，价值形成过程中更多的是通过劳动充分利用副产品和生产或消费排泄物而获得的新创造的价值，如水泥生产企业利用火电企业发电产生的废弃物粉煤灰生产水泥，因此是企业降低生产成本的主要途径，但是，如果运输距离远，运输费用高，会抵消掉这个优势，远距离运输还会造成二次污染。

由此可见，循环经济生产方式下，把生产排泄物和消费排泄物作为原材料再利用的企业，其资本循环能否顺利进行，受制于具有特定使用价值的可再生利用的生产和消费排泄物资源的规模和供货渠道的稳定性。为了保证资本循环的正常进行，减少流通时间，节约流通费用，避免二次污染，实践中，企业间必须形成完整闭合的产业链。循环经济生产方式的重要特征就是产业链条的完整性和闭合性，它以生态学规律为指导，通过生态、经济的综合规划和设计来规范社会经济活动，使不同企业间形成资源共享和副产品互换再加工的产业共生组合，使上游生产过程产生的废弃物成为下游生产过程的原材料，实现废弃物的综合利用。为此，在实践中主要采取生态工业园模式。

生态工业园是依据循环经济理论和工业生态学原理而设计建立的一种新型工业组织形态，它通过模拟自然系统中的"生产者—消费者—分解者"的

---

① 《资本论》（第 2 卷），人民出版社 2004 年版，第 170 页。

循环途径，实现物质闭合循环和能量的多级利用，最终达到物质、能量的最大利用[1]。通过建立生态工业园，把循环经济相关的上下游企业聚集在一个工业园内，利用园区不同企业间的横向耦合和纵向闭合形成循环经济[2]，产业或企业间形成高度关联的产业链，链条节点上的每一个企业，都是某一种（类）资源综合循环利用上的一环，而某一环节（企业）的废弃物，成为下一个环节（企业）生产需要的资源，使整条产业链产生了原来所不具备的利益共享、风险共担的整体功能，相关企业在工业园区内形成产业链，原材料、副产品和产成品的运输大多成为短距离的门对门运输，费用大大降低，为企业生产提供了便利，缩短了交货及生产时间，甚至有些企业的原材料运输费用可以降到最低限，并且，在工业园区内，物质和能量的利用率可以达到最大化，减少污染物的产生，节省企业处理废物的费用，使组成生态链的园区内企业增加净利益。

丹麦卡伦堡循环经济工业园是企业间循环经济模式的典型代表。截至2000年，卡伦堡工业园已有五家大企业与十余家小型企业通过废物联系在一起，形成工业共生系统。其中五个主要参与企业为：阿斯内斯火力发电厂，是丹麦最大的燃煤火力发电厂，具有年发电1500千瓦的能力；斯塔托伊尔，是丹麦最大的炼油厂，具有年加工320万吨原油的能力；济普洛克石膏墙板厂，具有年加工1400万平方米石膏板墙的能力；诺沃诺迪斯克，一个国际性制药公司，年销售收入20亿美元，公司生产医药和工业用酶，是丹麦最大的制药公司；一个土壤修复公司。该园区以发电厂、炼油厂、制药厂和石膏制板厂四个厂为核心，通过贸易的方式把其他企业的废弃物或副产品作为本企业的生产原料，不仅减少了废物产生量和处理费用，还可以解决运输和保管中产生的二次污染问题，并且减少运输和保管费用，产生了很好的经济效益和生态效益，实现了园区污染"零排放"。

另外，卡伦堡地区水资源缺乏，地下水很昂贵，发电厂的冷却水若直接排放不仅会导致水资源供给短缺，使当地其他企业无水可用、发展受限，而

---

① Eco-industrial parks: one strategy for sustainable growth [R]. http://www. Smartgrowth. Org/library/ecoind - strategy. html, 1998.

② 刘志坚：《基于循环经济的产业链耦合机制研究》，载于《科技管理研究》2007年第7期。

且还需交纳污水排放税。因此，其他企业主动与发电厂签订协议，利用发电厂产生的冷却水和余热进行生产。在卡伦堡，加工废水重新利用的成本比缴纳污水排放税节约50%的成本，比直接取用新地下水节约成本约75%，因此，水的循环利用成为最早循环利用的生产要素。另外，发电厂的粉煤灰（飞灰）送到水泥厂作原料，可以免缴污染物排放税，水泥厂用粉煤灰做原料可以减少原料成本，两家企业都可以获得经济效益。

园区产业链如图6-1所示。

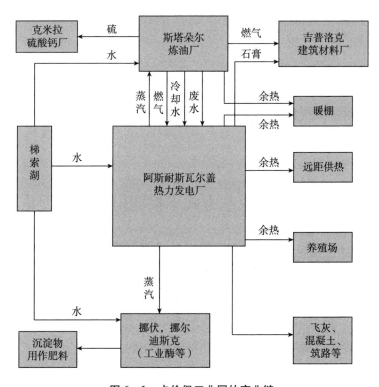

图6-1 卡伦堡工业园的产业链

日本北九州生态工业园建于2001年，是再利用型生态园区的代表[1]。北九州生态工业园区主要分为实证研究区域和循环工业园区两个部分。循环工业园区汇聚了大量的废旧工业产品再循环处理厂，主要包括塑料饮料瓶再循

_____

[1] 李慧明、崔晓莹：《日本北九州市生态工业园区驶上建设循环型社会的新干线》，载于《资源节约与环保》2006年第2期。

环厂、办公机器再循环厂、建筑混合废物再循环厂、汽车再循环厂、家电再循环厂、荧光灯管再循环厂、医疗器具再循环厂、老虎机台再循环厂、打印机颜料墨盒再使用厂、饮料容器再循环厂、废木材与废塑料再循环厂等。园区通过复合核心设施（熔融炉）将企业排出的残渣、汽车碎屑等工业废料进行熔融处理，将熔融物质再资源化（如制成混凝土再生砖、建筑用平衡锤等），同时利用焚烧产生的热能发电，并提供给生态工业园区的企业，减少废旧品处理和再利用过程中产生的流通费用和污染，实现园区内生产排泄物的循环利用和企业资本的低成本高效率循环。

为了实现循环经济生产方式下企业资本的正常循环，节约流通费用，避免二次污染，需要深入研究不同企业、不同产品之间的链接技术；研究生态工业园区的优化设计技术，建立企业共生网络和生态工业集成系统技术；研究不同产业和不同企业间生态链的合理性及稳定性；研究链接工业、农业和社区的物流和能源流，确保获得最高的资源和能源利用效率的技术，等等。

第三节　循环经济生产方式下按比例生产的理论依据

在研究单个产业资本的循环和周转即它的生产和再生产时假定，单个产业资本生产所需要的生产资料和劳动力及与劳动力再生产相关的消费资料能购买到，生产出的商品能卖出去，然而现实中，单个产业资本的正常循环不仅有赖于企业内部生产各个环节有计划按比例进行，而且有赖于市场对企业所生产的产品的需求和企业所需要的生产资料及使用的劳动力所需要的消费资料的市场供给，事实上，"各个单个资本的循环是互相交错的，是互为前提、互为条件的，而且正是在这种交错中形成社会总资本的运动"①，而社会总资本能否正常运动，以前假定的前提就成了需要研究的主要内容，也就是必须要研究，社会总资本进行再生产所需要的生产资料向谁购买和生产出来的社会总产品卖给谁，这个问题可以归结为社会总产品的实现问题。社会总

---

① 《资本论》（第 2 卷），人民出版社 2004 年版，第 392 页。

产品实现所涉及的"不仅是价值补偿，而且是物质补偿，因而既要受社会产品的价值组成部分相互之间的比例的制约，又要受它们的使用价值，它们的物质形态的制约"①。只有社会总产品的各个组成部分既在价值上得到补偿，又在实物上得到补偿，社会总产品才能实现，社会资本的再生产才能继续进行。社会总产品实现价值和实物补偿，要求社会不同生产部门生产的产品在价值和实物形态上要成比例，社会生产要按比例进行，按比例生产规律是社会生产客观存在的规律。在循环经济生产方式下，由于加入了生产排泄物和消费排泄物作为可再生利用的原材料，由此派生出来一些新的生产部门，社会生产的比例关系更加复杂，并且，社会生产按比例进行不仅保证社会经济活动的平稳顺畅，而且通过生产排泄物和消费排泄物的充分循环利用，保护了生态环境。马克思的按比例生产理论是研究循环经济生产方式下实现社会生产按比例进行的理论依据。

一、《资本论》中的按比例生产理论

（一）周转时间不同的生产部门生产要按一定比例进行

周转期间较短和较长的两个部门从价值形态来看，由于周转速度不同，为推动同量的劳动力，必须预付的资本量不同，占用的资金不同。从物质形态看，"有些事业在较长时间内取走劳动力和生产资料，而在这个时间内不提供任何有效用的产品；而另一些生产部门不仅在一年间不断地或者多次地取走劳动力和生产资料，而且也提供生活资料和生产资料。在社会的生产的基础上，必须确定前者按什么规模进行，才不致有损于后者。在社会的生产中，和在资本主义的生产中一样，在劳动期间较短的生产部门，工人将照旧只在较短时间内取走产品而不提供产品；在劳动期间长的生产部门，则在提供产品之前，在较长时间内不断取走产品。因此，这种情况是由各该劳动过程的物质条件造成的，而不是由这个过程的社会形式造成的"②。马克思告诉我们，无论生产的社会形式如何，都必须要处理好社会生产中客观存在的生产周期长与生产周期短的部门之间的比例关系，周转时间不同的生产部门生产要按

---

① 《资本论》（第 2 卷），人民出版社 2009 年版，第 438 页。
② 《资本论》（第 2 卷），人民出版社 2004 年版，第 396 ~ 397 页。

一定比例进行，才不至于导致周转期间不同的相关部门间的供求比例失衡。

（二）社会再生产的实现条件是各生产部门要按比例生产

从社会再生产过程看，社会资本的再生产理论研究的核心问题是社会总产品的实现问题。无论社会再生产是简单的还是扩大的形式，再生产的实现条件都是各生产部门要按比例生产。以扩大再生产为例。

首先，扩大再生产需要具备两个前提条件：

$$Ⅰ（v+m）＞Ⅱc \qquad (6-1)$$

公式（6-1）表明，为了能够提供追加的生产资料，第Ⅰ部类中代表可变资本和剩余价值的这两部分产品，在价值总量上必须大于第Ⅱ部类的不变资本。只有这样，这两部分产品在补偿了第Ⅱ部类已消耗的生产资料之后，才能余下一部分生产资料来满足扩大再生产追加生产资料的需要。扩大再生产还必须有追加的消费资料，作为两个部类追加可变资本之用。就像第Ⅰ部类必须用它的剩余产品为第Ⅰ部类和第Ⅱ部类追加生产资料一样，第Ⅱ部类也要在这个意义上为第Ⅰ部类和第Ⅱ部类提供追加的消费资料。因此，可以有公式（6-2）：

$$Ⅱ（c+m-m/x）＞Ⅰ（v+m/x） \qquad (6-2)$$

公式（6-2）表明，为了使扩大生产能够进行，第Ⅱ部类的不变资本加上Ⅱm中用于积累的部分（m-m/x），要大于第Ⅰ部类工人和资本家个人的消费，只有这样，才能在补偿了第Ⅰ部类工人和资本家的消费之后，还能余下一部分消费资料来满足两大部类扩大再生产对追加消费资料的需要。如果不具备这个条件，两大部类不能完成实际积累，扩大再生产不能进行。

其次，扩大再生产的实现需要两部类生产保持平衡。马克思说："在以资本的增加为基础的生产中，Ⅰ（v+m）必须＝Ⅱc加上再并入资本的那部分剩余产品，加上第Ⅱ部类扩大生产所必需的不变资本的追加部分。"[①] 即Ⅰ（v+m）＝Ⅱc+Ⅱ∆c+Ⅰ∆c。平衡条件说明：扩大再生产必须Ⅰ（v+m）＞Ⅱc，而且必须大Ⅱ∆c+Ⅰ∆c，即要为两个部类扩大再生产提供出所需要追加的生产资料，才能使扩大再生产顺利进行。

最后，在经济增长过程中，两大部类增长率要协调，每个部类中的各个

---

① 《资本论》（第2卷），人民出版社2004年版，第583页。

部分（c、v、m）的增长率都和各自部类的增长率相一致：

第一年 $\begin{cases} \text{I } 4000c + 1000v + 1000m = 6000 \\ \text{II } 1500c + 750v + 750m = 3000 \end{cases}$

第二年，在第一年比例结构和总产出基础上，开始进行扩大再生产。设定第一部类积累率 = 50%，第二部类积累率 = 20%，积累后两大部类的产出情况和增长率：

第二年 $\begin{cases} \text{I } 4400(+10\%)c + 1100(+10\%)v + 1100(+10\%)m = 6600(+10\%) \\ \text{II } 1600(+6.7\%)c + 800(+6.7\%)v + 800(+6.7\%)m = 3200(+6.7\%) \end{cases}$

如果在此基础上保持两大部类增长率相等，第三年开始要相应地提高第 II 部类的积累率到 30%，产出结果和增长率：

第三年 $\begin{cases} \text{I } 4840(+10\%)c + 1210(+10\%)v + 1210(+10\%)m = 7260(+10\%) \\ \text{II } 1760(+10\%)c + 880(+10\%)v + 880(+10\%)m = 3520(+10\%) \end{cases}$

之后各年如果和第三年保持同样的增长率，则要维持同样的积累率。两大部类按照第三年的比例结构进行社会劳动的分配（配置资源），实现稳定增长。

对马克思的扩大再生产实现公式的分析表明：经济增长率如果持续提高，在第一部类资本有机构成（4:1）高于第二部类（2:1）条件下，需要第一部类较快增长（如从第一年到第二年），较快增长的基本推动力是较高的积累率（I = 50%；II = 20%）；经济增长率如果保持稳定，两大部类按照一个不变的积累率比例（I = 50%；II = 30%）实现稳定增长（如第三年以后，增长率保持在 10%）。总之，无论是较快增长还是稳定增长，有一点是共同的，即每个部类中的各个部分（c、v、m）的增长率都和各自部类的增长率相一致。无论经济是较快增长还是稳定增长，两大部类通过交换都能各自实现其商品的使用价值和价值，满足各自的需求，如此就意味着社会生产是按比例进行的，在市场中表现为各个部类的供给等于需求，社会总供给等于总需求。

从部门内部进行分类展开再生产实现条件研究，马克思把第 I 部类也分成两个分部类，即生产生产资料的生产资料部门和生产消费资料的生产资料部门。为了满足两大部类对各自的生产资料的需求，在第 I 部类内部，生产生产资料与生产消费资料的生产资料之间，要保持一定的比例关系。而在第 I 部类内部交换的部分，又有两种情况：一部分作为本部门的生产资料，直接进入本生产部门，例如煤炭用于煤炭生产；另一部分是在第 I 部类内部流通，经过流通供给第 I 部类内其他有关部门生产消费之用，如煤炭用于钢铁生产。但是，只要需要互相补偿产品，生产部门之间就要保持一定的比例关系，"第 I 部类的每个资本家按照他作为这 4 000 不变资本的共有者所占的比例，从这个商品总量中取出他所需要的相应的生产资料"①。马克思还研究了把第 II 部内部划分为生产必需品的分部类 IIa 和生产奢侈品的分部类 IIb 后再生产的实现条件。由于第 II 部类内部分为 IIa 和 IIb 两个分部类，I 部类也要相应的分为 Ia 和 Ib，而且在量上要能够为 IIa 和 IIb 提供所需要的生产资料。

进一步加入固定资本更新因素，再生产顺利实现还需要第 II 部类当年更新的固定资本（实物补偿）的总额等于这一年储存的折旧基金（价值补偿）的总额，并且，由于第 II 部类当年更新的固定资本的总额需要第 I 部类提供，所以，第 I 部类要能够按照第 II 部类当年更新固定资本的需求为它提供固定资本。

综上所述，社会资本再生产顺利进行，社会不同性质的互为供求的部类和部门要按比例生产，社会生产客观上存在着按比例发展规律。在产品形态下，只有使用价值量的生产和满足社会需求的比例，而在商品形态下，还有价值比例，价值比例是指社会必要劳动时间在各部门的分配比例。比例合适即社会劳动在各个部门配置合理，在市场中表现为各种商品供求均衡，并且总供给等于总需求。

（三）商品经济条件下按比例生产的意义、实质和实现形式

在分析了按比例生产问题之后，马克思又进一步分析指出了在商品经济形态下按比例生产的意义、实质和实现形式。如果社会分工"是合乎比例的，那么，不同类产品就按照它们的价值（进一步说，按照它们的生产价格）出售，……事实上价值规律所影响的不是个别商品或物品，而总是各个特殊的因分工而互相独立的社会生产领域的总产品；因此，不仅在每个商品上只使用必要的劳动时间，而且在社会总劳动时间中，也只把必要的比例量使用在不同类的商品上。……在这里，社会需要，即社会规模的使用价值，对于社

---

① 《资本论》（第 2 卷），人民出版社 2004 年版，第 473 页。

会总劳动时间分别用在各个生产领域的份额来说，是有决定意义的"①。在马克思看来，在商品经济条件下，按比例生产的意义在于，不同类商品通过满足社会需求实现其使用价值和价值；按比例生产的实质是，根据社会分工所确定的社会生产的客观比例，即社会对各个生产部门的商品的使用价值的需要，把社会总劳动时间按比例使用（配置）在不同生产部门的商品生产上；在自由的商品经济中，按比例生产是通过价值规律实现的。具体说，如果生产是按比例的，在市场中表现为各种商品供求平衡，商品的使用价值和价值全部实现。当社会生产比例失调时，表现为一些部门的供给大于需求，另外一些部门的供给则小于需求，供给大于需求的部门通过企业争夺市场的竞争（降价），使处于劣势的企业（生产率水平低，成本高，缺乏降价空间）退出生产过程，进入供给小于需求的部门（市场价格高于价值，盈利空间大），结果使社会各个生产部门之间实现按比例生产，价值规律是在比例失调后通过重新调节资源配置使社会实现按比例生产的。

马克思说："在资本主义社会，社会的理智总是事后才起作用，因此可能并且必然会不断发生巨大的紊乱。"② 例如，由于周转时间长的部门在比较长的时间内要不断地从市场上取走消费资料和生产资料，却没有把任何商品投入市场，原本一些周转时间长的部门的扩张客观上受到货币资本的限制，但是这个限制会被信用制度打破，货币市场和资本市场的盲目作用助长了生产周期长的部门过快增长，结果会导致短期内社会总供给相对于总需求不足，这又带动周转时间短的相关部门的生产迅速膨胀，当周转时间长的部门的产品进入市场后会发现，其产品生产过剩，该类部门随即会缩减生产规模，周转时间短的相关部门也因此出现生产过剩被迫缩减生产。又如，在讨论加入固定资本更新因素后如何实现按比例生产时，马克思提出，在实际经济活动中，保证实现按比例生产的条件很难达到，只有在整个社会固定资本总额保持不变、每年固定资本实物更新的总额不变这样极其严格的条件下才能实现。虽然对外贸易有调剂国内生产余缺，保证再生产顺利进行的作用，但是，由于这种贸易只是单方面调节国内生产余缺，可能会在其他国家引起经济危机，

---

① 《资本论》（第 3 卷），人民出版社 2004 年版，第 716 页。
② 《资本论》（第 2 卷），人民出版社 2004 年版，第 349 页。

反过来又会冲击国内生产，因此，"对外贸易既然不是单纯补偿各种要素（按价值说也是这样），它就只会把矛盾推入更广的范围，为这些矛盾开辟更广阔的活动场所"①。

那么如何保持一定的比例关系，避免出现社会生产比例失调"经济紊乱"之后的事后调节，马克思认为，这需要社会有意识的调节。在讨论周转时间不同的生产部门生产如何实现按比例进行时，马克思说："如果我们设想一个社会不是资本主义社会，而是共产主义社会，那么首先，货币资本会完全消失，因而，货币资本所引起的交易上的伪装也会消失。问题就简单地归结为：社会必须预先计算好，能把多少劳动、生产资料和生活资料用在这样一些产业部门而不至受任何损害，这些部门，如铁路建设，在一年或一年以上的较长时间内不提供任何生产资料和生活资料，不提供任何有用效果，但会从全年总生产中取走劳动、生产资料和生活资料。相反，在资本主义社会，社会的理智总是事后才起作用，因此可能并且必然会不断发生巨大的紊乱。"② 在讨论第Ⅰ部类也分成生产生产资料的生产资料部门和生产消费资料的生产资料部门两个分部类问题时，马克思指出，所分析的按比例生产的关系在由社会组织的生产中仍然存在，只是这种比例关系实现的方式和资本主义生产不同。"如果生产是社会的，而不是资本主义的，那么很明显，为了进行再生产，第Ⅰ部类的这些产品同样会不断地再作为生产资料在这个部类的各个生产部门之间进行分配，一部分直接留在这些产品的生产部门，另一部分则转入其他生产场所，因此，在这个部类的不同生产场所之间发生一种不断往返的运动。"③在讨论加入固定资本更新因素后如何实现生产按比例进行时，马克思提出，可以通过必要的储备系统解决这个问题。由于固定资本的寿命长短不同，投产的时间先后不同，固定资本更新过程中的两个部分不可能绝对平衡，因此，过剩和不足现象都会出现。当商品过剩时，把过剩的产品作为必要物资储备起来调剂余缺，在出现生产不足时用来补充缺额，从这个意义上讲，这种过剩有利于社会生产的发展，但是市场经济不会通过价值规律完成这个过程。马克思说："这种过剩本身并不是什么祸害，而是利益；但在资本

① 《资本论》（第 2 卷），人民出版社 2004 年版，第 525 页。
② 同上，第 349 页。
③ 同上，第 473 页。

主义生产下，它却是祸害。"① 如果是在有政府管理的社会生产中，国家事前有意识地调节生产余缺，可以比较容易实现按比例生产。

马克思的按比例生产理论表明，社会生产客观存在着复杂的比例关系，需要多个条件同时具备才能保证社会生产顺利进行，完全放任由自由的市场经济通过价值规律来完成比例关系的调整，总是在事后即社会生产的比例关系已经失调，影响到总体生产正常进行时才会发生。如果其他一些干扰市场信号传输的因素存在，如对外贸易的影响、投机导致的囤积经济泡沫等，都会加剧社会生产的比例失调，导致生产在某些部门迅速膨胀，比较远地背离市场需求，结果是这些产品的生产过剩，使资源配置没有效率（浪费），使生产力遭到破坏。如果比例失调比较严重或较长时间存在，会对宏观经济活动产生冲击，导致经济波动。实践表明，国家可以作为社会生产的管理者从多个渠道、利用多个手段对失调的比例进行调剂。虽然我们还不能做到马克思设想的利用计划管理方式调节社会生产，实现事前按比例生产，但是，为了实现生产力的科学发展目标，必须要关注社会生产客观存在的比例关系，研究这些比例关系，当比例失调通过市场供求有所反应时，政府应当通过产业政策、分配政策、财政政策、货币政策等多种政策的组合来引导市场尽快恢复合理的比例关系。

二、按比例生产规律制约着循环经济发展

按比例生产规律是社会生产客观存在的规律，在市场经济条件下，虽然市场在资源配置中起决定性作用，按比例规律通过价值规律实现，但是，这种客观的按比例生产的要求如果只是通过价值规律在事后作为客观必然性发挥作用，加之货币市场和资本市场的推波助澜，会造成经济活动的"紊乱"，因此，现代社会也需要政府借助互联网大数据进行市场分析和预测，对资源配置进行有意识调节，克服市场调节的滞后性，使社会生产在社会有意识的调整中按比例进行，这一点对于循环经济尤为重要。在循环经济生产方式下，由于加入了生产排泄物和消费排泄物作为可再生利用的原材料，由此派生出来一些新的生产部门，社会生产的比例关系更加复杂，如果出现比例失调，

---

① 《资本论》（第 2 卷），人民出版社 2004 年版，第 525 页。

经济活动紊乱，不仅对企业生产和居民的生活造成冲击，而且伴随着经济活动紊乱的还有生产和消费排泄物循环利用的紊乱，进而带来环境污染。所以，在循环经济生产方式下，社会生产按比例进行对经济社会发展更加重要，不仅保证社会经济活动的平稳顺畅，而且实现了生产排泄物和消费排泄物的充分循环利用，保护了生态环境。

　　循环经济以物质循环为基础，通过在资源采选、生产、消费以及回收全过程中全面贯彻"减量化、再使用、再循环"的基本原则，最大限度地提高资源效率，减少污染排放。在社会生产不同阶段，物质循环包括四个环节：第一，资源采选环节的循环。主要体现在通过改进工艺技术和开展综合利用提高资源开采效率和利用效率，以及采选部门直接回收在原生资源开采和冶炼过程中产生的废品、废料、废渣等，以最大限度地开发利用原生资源。第二，生产环节的循环。主要体现在资源替代和源头减少两个层面，以及生产企业内部副产物的再利用和生产企业之间副产物及废弃物的再生利用。第三，消费环节的循环。与绿色消费行为密切相关，既包括消费者的绿色采购，也包括通过发展功能经济，提供产品维修、升级、旧物再用等措施延长产品使用寿命，从而最大化产品使用价值，减少物质消费总量。第四，消费后的循环。即社会大系统中的循环，它以静脉产业为依托，实现废旧物资及废弃物的回收、分拣、加工及再生产，其加工后的再生资源绝大多数再提供给生产部门。[①] 所以，在循环经济生产方式下，不仅在生产过程理论中要把生产排泄物和消费排泄物扩展为新的生产资料，而且在马克思所讨论的比例关系内容基础上，也要加入新的生产排泄物和消费排泄物再利用部门，其中，生产企业之间副产物及废弃物的再生利用和企业静脉产业的发展特别需要考虑按比例生产问题。就生产企业之间副产物及废弃物的再生利用而言，再生利用副产物及废弃物的企业生产与提供副产物和废弃物的企业所提供的可再生利用的副产物和废弃物间要保持合理的比例。随着循环经济生产方式的发展，生活垃圾的再资源化部门即静脉产业会日益庞大，可回收处理的垃圾品种不断增加，静脉产业不仅要考虑废旧物资及废弃物的可回收、分拣、加工的规模，

　　① 赵一平、孙启宏、段宁：《广义物质循环模型及对循环经济的政策内涵》，载于《中国人口·资源与环境》2006 年第 3 期。

也要考虑加工后的再生资源的使用规模，因此，必须要考虑废物回收利用部门在社会总产品生产中的地位和作用，构建一个实现绿色的按比例生产的社会总产品生产的合理结构。在经济增长过程中，为了保证生产排泄物和消费排泄物的充分再资源化、再利用，生产排泄物和消费排泄物再资源化和再利用的增长率要与生产资料生产部门和消费资料生产部门的增长率相一致。

马克思指出，自由市场经济不能经常保持资源按比例配置，社会生产实现平衡的更合理的方式是对社会生产过程的有意识的社会监督和调节。① 这个思想在发展循环经济中具有重要的实践意义。在实践中，这个问题对不同部门、不同企业之间进行资源的循环利用极为重要。在市场经济条件下，资源配置是通过市场进行的，不同部门、不同企业相互之间利用其生产排泄物，面临着通过市场联系能否保证生产排泄物供求平衡的风险。另外，由于利用生产排泄物往往需要特殊的技术和设备，一旦生产排泄物无法保证供给，企业会面临着比不使用生产排泄物更大的风险。如果完全依靠市场进行事后的调节，不能保证部门之间、企业之间长期稳定地发展循环经济，因此，政府参与其中，通过各种渠道帮助企业克服发展循环经济所面临的市场风险，是促进循环经济发展的重要因素。在市场经济框架下发展循环经济，除了市场机制的激励，政府对循环经济发展的宏观管理也十分重要。

---

① 《资本论》（第 1 卷），人民出版社 2004 年版，第 412 页。

第七章

价值规律引导循环经济生产方式的资源配置

在市场经济条件下，市场对资源配置起基础作用，作为市场经济基本规律，价值规律通过市场竞争、供求和价格波动，引导实现资源有效配置，即资源高效利用和按比例配置到社会生产各个部门。价值规律引导实现资源有效配置，其核心是对物质利益的调整。建立在劳动价值论基础之上的价值规律理论为研究循环经济生产方式的资源配置提供了理论基础，在市场经济条件下，循环经济生产方式的资源有效配置也必然由价值规律引导实现。价值规律引导实现资源有效配置的一个关键的问题是，必须要有反映自然资源租金水平和市场供求的自然资源市场价格，必须要在资源供求体系中纳入在线性生产方式下被当作废弃物的生产和消费排泄物。循环经济生产方式的资源配置仍然离不开物质利益关系的调整和引导，循环经济系统中的资源开采者、资源处理者（制造商）、消费者和废物处理者之间都需要通过价值规律作用机制调整物质利益关系，激励市场生产者和消费者节约使用资源，循环利用生产和消费排泄物。

第一节　价值规律引导资源有效配置的机制

在劳动价值论基础上，马克思提出了价值规律，对价值规律的基本内容展开的研究表明，价值规律通过供求、竞争、市场价格波动，对市场价值的决定过程产生影响，并且通过价值实现，调节物质利益关系，进而调节着社会总劳动（资源）在各个部门的分配（配置），实现社会生产的按比例进行（供求平衡），价值规律是市场经济条件下引导资源有效配置的基本规律。马克思在《资本论》（第1卷）关于价值决定和形成理论的分析中指出，商品的价值量是在现有的社会必要劳动时间下新耗费的劳动量和以往耗费的劳动量共同决定的。在现实中，一个生产部门内部同样一种商品的生产者在市场中必须遵循同样的市场价格出售商品，这个市场价格的基础是市场价值。马克思把抽象的理论扩展到具体的现实中，讨论了抽象的价值转化为现实中的市场价值问题。在《资本论》（第3卷）中，进一步引入竞争，通过竞争说明价值的形成，引入供求，通过供求进一步说明市场价格与市场价值的关系①，建立起完整的市场经济自动调节机制，这个机制就是价值规律引导资源实现有效配置的机制。

一、市场价值是区别于个别价值的社会价值或平均价值

部门内部众多生产同种商品的企业客观上存在着生产条件差异，每个生产者生产同量商品所耗费的个别劳动不同，所生产的个别商品的个别价值②不同，但是，总会有一种生产条件下生产出的产品在市场上占大量，这个生产条件大致上可以看作是该部门的平均生产条件，市场价值大致上可以看作是由平均生产条件下生产商品所耗费的个别劳动时间形成的个别价值来决定。马克思说："市场价值，一方面，应看作一个部门所生产的商品的平均价值；另一方面，又应看作是在这个部门的平均条件下生产的并构成该部门的产品很大数量的那种商品的个别价值。"③ "不同的个别价值，必须平均化为一个社会价值，即上述市场价值，为此就需要在同种商品的生产者之间有一种竞争，并且需要有一个可供他们共同出售自己商品的市场。"④ 在他们共同出售自己商品的市场中，通过商品生产者之间的竞争、供给和需求、市场价格等因素发挥作用，使个别价值平均化为市场价值。

二、供给和需求含义和相互关系

为了说明个别价值如何平均化为市场价值，需要了解马克思的供给和需

---

① 洪远朋：《通俗资本论》，上海科学技术文献出版社2009年版，第246页。

② 这里的"个别价值"只是对价值概念的借用，价值不是由个别生产者所耗费的个别劳动决定。

③ 《资本论》（第3卷），人民出版社2004年版，第199页。

④ 同上，第201页。

求的含义和相互关系。

供给是生产量的总和，或者说是商品售卖量的总和，这个生产量不仅是满足人类需要的使用价值，而且还以一定量存在在市场上。供给"是处在市场上的产品，或者能提供给市场的产品"①。这个商品量还有一定的市场价值，"在一定的劳动生产率的基础上，每个特殊生产部门制造一定量的物品，都需要一定量的社会劳动时间"②。

需求也称为"社会需要（在这里总是指有支付能力的需要）"③，它是消费量的总和，或者说是商品购买量的总和，需求是有支付能力的需要。马克思说："要给需求和供给这两个概念下一般的定义，真正的困难在于，它们好像只是同义反复。……社会要满足需要，并为此目的而生产某种物品，它就必须为这种物品进行支付。事实上，因为商品生产是以分工为前提的，所以，社会购买这些物品的方法，就是把它所能利用的劳动时间的一部分用来生产这些物品，也就是说，用该社会所能支配的劳动时间的一定量来购买这些物品。"④ 可见，马克思在这里所说的需求首先是一个生产问题，即需求方之所以有支付能力，是因为他在生产中投入了相当的社会必要劳动量，向社会提供了包含这个一定社会必要劳动量的使用价值。

三、部门内部的竞争、供求、市场价格与市场价值的关系

市场价值决定市场价格，用货币来表现商品的市场价值，就是市场价格。虽然，市场价格由市场价值决定，但是，市场价格受供求关系的影响会发生变动，供求的变动使市场价格围绕市场价值这个中心发生波动，并且使市场价格趋向市场价值。

供求变动对市场价格的影响是通过同种商品的需求者之间的竞争及生产者之间的竞争发生作用的。这种部门内部的竞争表现在两个方面：一方面，"需求超过了供给，那么，在一定限度内，一个买者就会比另一个买者出更高的价钱，这样就使这种商品对全体买者来说都昂贵起来，提高到市场价值以

---

① 《资本论》（第 3 卷），人民出版社 2004 年版，第 207 页。

② 同上，第 208 页。

③ 同上，第 202 页。

④ 同上，第 207 ~ 208 页。

上；另一方面，卖者却会共同努力，力图按照高昂的市场价格来出售。相反，如果，供给超过了需求，那么，一个人开始廉价抛售，其他的人不得不跟着干，而买者却会共同努力，力图把市场价格压到尽量低于市场价值"①。"如果一个人用较便宜的费用进行生产，用低于现有市场价格或市场价值出售商品的办法，能售出更多的商品，在市场上夺取一个更大地盘，他就会这样去做，并且开始起这样的作用，即逐渐迫使别人也采用更便宜的生产方法，把社会必要劳动减少到新的更低的标准"②。所以，部门内部的竞争一方面表现为买者之间在既定的支付能力下追求需要最大满足的竞争，另一方面表现为生产者之间追求实现最大利润的竞争。生产者之间的竞争不仅在流通领域展开，而且在生产领域展开，通过提高劳动生产率取得低价格的竞争优势，是重要的竞争手段。

供求既不能决定市场价值，也不能直接影响市场价值，但是，供求可以通过竞争和对市场价格产生影响，改变不同生产条件下所生产的商品在部门中的数量，间接影响市场价值：第一，当劳动和其他资源在各部门投入合理（按比例）时，市场供求大致相等，大多数生产者大体上是按照正常生产条件（中等条件）进行生产的，此时，市场价值由中等条件下生产的商品的个别价值来决定或者调节。第二，当劳动和其他资源在各部门投入比例严重失调时，导致某种商品"需求非常强烈，以致当价格由最坏条件下生产的商品的价值来调节时也不降低，那么，这种在最坏条件下生产的商品就决定市场价值。在这种情况下，只有在需求超过通常的需求，或者供给低于通常的供给时才可能发生"③。第三，当劳动和其他资源在各部门投入比例严重失调时，导致"所生产的商品的量大于这种商品按中等的市场价值可以找到销路的量，那么，那种在最好条件下生产的商品就调节市场价值"④。但是，严重比例失调的情况并不是正常状态，非常强烈的需求会吸引资本投入该部门，结果使供求平衡；非常强烈的供给使商品过剩，使资本流出该部门，结果使供求平衡。社会劳动必须按照客观比例投入在各部门，这是保证社会再生产正常进行的

---

① 《资本论》（第3卷），人民出版社2004年版，第215~216页。
② 同上，第216页。
③ 同上，第199~200页。
④ 同上，第200页。

条件。所以，"不仅在每个商品上只使用必要的劳动时间，而且在社会总劳动时间中，也只把必要的比例量使用在不同类的商品上。……只有当全部产品是按必要的比例进行生产时，它们才能卖出去。……为了满足社会需要，只有如许多①的劳动时间才是必要的。……社会在既定生产条件下，只能把它的总劳动时间中如许多②的劳动时间用在这样一种产品上"③。

四、价值规律引导资源实现有效配置的机制

这个问题的讨论涉及市场供求、价格④波动下的价值量的实现⑤和劳动力及其他资源在社会各个部门合理（按比例）配置问题，已经不是单纯的价值量由社会必要劳动时间决定的问题，而是展现了价值规律引导资源实现有效配置的机制。结合马克思的分析⑥，可以对价值规律引导资源实现有效配置的机制做如下理解。

第一，当劳动和其他资源在各部门投入合理（按比例）时，短期市场供求波动使市场价格围绕市场价值波动，使商品按照高于或低于它的市场价值的价格出售，这是价值量能否在交换中按量实现问题。这种波动是短期的和轻微的，比如气候对运输进而对蔬菜市场供求的暂时影响，不会影响生产条件的变动。如果波动是剧烈的和较长时间的，则会使社会正常生产条件发生变化，波动的原因可以来自供给和需求两个方面：从供给方面看，该部门普遍使用了一种新技术，劳动生产力水平普遍提高和供给水平提高，由于供给水平提高和劳动耗费即市场价值普遍下降，市场价格下降，原来生产条件比较差的生产者无法生存，只能转移投资方向，原来比较优等的生产条件成为平均或正常的生产条件，表现为在该条件下生产的商品在市场上占大量，单位商品平均耗费的劳动量减少，价值量下降。从需求方面看，由于市场对某部门产生强烈需求，如房地产业快速扩张对钢材产生强烈需求，钢材的价格

---

① 在1975年版中为"这样多"。

② 同上。

③ 《资本论》（第3卷），人民出版社2004年版，第716~717页。

④ "价格是对象化在商品内的劳动的货币名称"（《资本论》（第1卷），人民出版社2004年版，第119页）。

⑤ 《资本论》（第3卷），人民出版社2004年版，第199页。

⑥ 同上，第716~717页。

持续上升，这不仅使部门中原来在较差生产条件生产的产品价值能够实现，而且，吸引大量其他生产者进入，短缺和大规模快速进入，会导致较大量的产品在比较差的生产条件下生产出来，并且成为平均或正常生产条件，它们耗费的劳动和其他资源多，因此，市场价值量大，但是，由于市场需求旺盛，比较高的市场价值量仍然能够在市场上实现。

第二，劳动和其他资源在各部门投入的比例失调，根源是社会劳动在各部门投入不合理，表现为各部门生产的产品供求失衡，如假设社会只有 A、B 两个部门，他们互为供求，如果 A 部门投入的社会劳动过多，由于社会可以使用的劳动有限，B 部门一定是投入的社会劳动不足。在市场上，表现为 A 部门的产品供给大于有支付能力的需求（由 B 部门投入的社会劳动形成对 A 部门的支付能力的需求），同理，B 部门的产品供给小于需求，这时，价值规律调节机制发挥作用，供给大于需求的 A 部门产品价格下降，一部分资源从该部门流出，而供给小于需求 B 部门则价格上升，从 A 部门流出的资源因此流入 B 部门，结果，实现社会劳动在各部门间的按比例分配，表现为各部门商品供求平衡，这个过程也是市场重新选择各部门的正常生产条件的过程。可见，价值规律有两个调节功能：在实现供求比例平衡之前的短期调整阶段，通过市场价格背离价值，调节价值实现，也即调节着物质利益的实现；通过较长期的调整实现供求比例平衡，这时，各部门新的正常生产条件被选择确定下来，由它们决定各自商品的市场价值量。因此，价值规律通过市场供求波动引起市场价格波动，通过市场价格波动对社会正常生产条件进行选择，而市场价值量归根结底是由社会正常生产条件下的劳动耗费量所决定的。无论是供求平衡与否，就平均而言，全部社会必要劳动时间创造的价值都实现，只是在供求失衡市场价格背离市场价值时，市场价格高于市场价值者暂时获得超额利润，市场价格低于价值者利润暂时受到损失，高者所得正是低者所失，这即马克思所说的，价值决定规律是通过"没有规则性的盲目起作用的平均数规律来为自己开辟道路"①。正是这种市场价格背离市场价值的利益重新分配，引导生产者调整投资方向和数量，结果使市场供求趋于平衡。当市场上各种商品的供求都趋于平衡时，社会实现了按比例生产，即实现了资源

---

① 《资本论》（第1卷），人民出版社 2004 年版，第 123 页。

有效配置。价值规律通过供求、竞争、市场价格波动，对市场价值的决定过程产生影响，并且通过价值实现，调节物质利益关系，进而调节着社会总劳动（资源）在各个部门的分配（配置），实现社会生产的按比例进行（供求平衡）。所以，在市场经济条件下，价值规律是调节资源配置的基本规律。

第二节　循环经济生产方式配置资源的
主体和市场条件的新变化

循环经济生产方式是有别于线性生产方式的新型生产方式，但是目前乃至于今后相当长时间，循环经济生产方式仍然是在市场经济条件下运行，因此，价值规律仍然是调节其资源有效配置的基本规律，并且价值规律配置资源机制的作用形式和基本内容不会变化。但是，由于循环经济生产方式下市场经济活动主体发生了变化，资源配置效率包含了生态效率，价值规律配置资源的作用机制不仅调节着可利用的资源实现有效率地使用，而且调节着环境资源的使用和自然资源的循环利用，所以，在循环经济生产方式下价值规律有效配置资源机制所需要的市场条件有所不同。

一、循环经济生产方式下市场经济活动主体的新变化

价值规律是市场经济条件下调节资源配置的基本规律，在市场引导下进行资源配置的主体是资源的供给者和需求者。如本书第三章中所述，循环经济生产方式是有别于传统的机器大工业线性生产方式的新型生产方式，是社会生产力在机器大工业基础上的一个新的发展阶段。由于循环经济生产方式与线性生产方式不同，其系统中出现了资源开采者、资源加工者（制造商）、消费者（不仅是产品的消费者，而且是可以再利用的消费排泄物的提供者）和废物（消费排泄物）处理者。因此，价值规律所要调节的对象发生了新变化：第一，生产者即制造商既是加工资源供给产品的生产者，同时也是可以转化为可循环利用资源（替代自然资源开采）的生产排泄物的供给者。如果生产排泄物在企业内部循环利用，可以在一定程度上替代本企业原材料的消

耗，如果生产排泄物提供给其他企业循环利用，可循环利用资源成为商品，在市场中进行交易，这时的制造商不仅是资源处理者和产品供给者，而且也是可循环利用资源的供给者或者需求者。第二，消费者既是各种消费资料的需求者，同时也是可以转化为可再生利用资源的消费排泄物（垃圾）的供给者，而需求者则是废物处理者即再生资源回收处理企业，消费排泄物成为商品，在市场中进行交易。可见，消费者不仅仅是通过消耗资源生产出来的产品的需求者，同时也成了可再生利用资源的供给者。第三，由于可回收处理再生利用的消费排泄物种类繁多，由此派生出一个新的产业——静脉产业，它是消费排泄物的需求者和把消费排泄物处理为可再生利用资源的供给者。

所以，价值规律在循环经济生产方式下引导资源配置，被调节配置的资源分为自然资源、可循环利用的生产排泄物和经过处理加工的消费排泄物形成的可再生利用资源，被调节的主体有自然资源的开采者（企业）、自然资源的加工者（企业）、生产排泄物的循环利用者（企业内部或者企业之间）、消费资料的消费者和消费排泄物的提供者（居民）以及消费排泄物的需求者和把消费排泄物处理为可再生利用资源的供给者（静脉产业）。价值规律通过竞争、供求和市场价格调节两大类资源在四个市场主体间的物质利益关系，实现两大类资源的有效配置。

二、发展循环经济必须创造价值规律引导资源有效配置的市场条件

传统的线性生产方式，从市场通过价值规律配置资源的作用机制看，其关注的是可利用的资源怎样有效率地使用，并不包括环境资源的使用和自然资源的可持续利用，效率并不包含生态效率。当企业的经济效益和生态效益之间出现矛盾时，传统的线性生产方式和市场资源配置机制鼓励企业选择放弃生态效益去追求经济效益，因此在实践中，使线性生产方式向循环经济生产方式转变存在许多障碍，其中大部分都与市场不认可资源循环利用和改善生态环境能够带来经济效益相关。从循环经济生产方式角度看，传统的市场制度把减排和生产及消费排泄物的循环利用排除在市场配置资源过程之外（缺少减排的市场激励，缺少生产和消费排泄物的市场供求主体和价格体系），所以，现行的市场配置资源制度有阻碍循环经济发展的因素存在，它是一种

更适合于传统的线性生产方式的市场制度,无法激励企业基于循环经济理念追求经济效益和生态效益同时实现最大化。

价值规律在循环经济生产方式下能够引导资源实现有效配置,需要企业有在利益驱动下的自主行为,即顺应市场经济运动规律,在价值规律调节下进行,使微观生产主体企业自觉地把资源的循环利用作为优先选择的生产方式。因此,把环境资源的合理利用及自然资源的可持续利用纳入市场经济内部,把生产和消费排泄物纳入资源配置体系中,使其成为价值规律配置资源的题中之义。价值规律如何能够在环境和自然资源限制下更有效地配置资源,在市场经济中构筑一个能够促进物质和能量高效循环、流动,并能保持与自然生态系统协同演进的经济系统,是循环经济生产方式下实现资源合理配置的重要内容。

在市场经济框架下发展循环经济,要构建循环经济发展所需要的市场环境,形成减排和资源循环利用的市场激励机制,需要全体市场经济活动主体的自觉参与。尽管循环经济的许多理念都是建立在对传统市场经济进行批判的基础之上,但是,作为市场经济的经济形态之一,循环经济从属于市场经济并受制于市场经济,其经济活动必须遵守一定的市场规律,其运行和发展也受市场机制的调节,因此,必须充分发挥市场对循环经济生产方式下资源配置的基础性调节作用,通过完善现有的市场制度,建立一个适应循环经济生产方式的市场体系,尊重价值规律,实现自然资源的有效配置。

市场配置资源是否有效、是否最优,最终的评价标准是市场经济的全体参与者是否获得了公平合理的物质利益。按照价值规律的要求,高成本的供给是不会被市场承认的,企业作为市场经济的主体,必须在市场中生存、发展,它的行为依靠利益机制引导,只有循环经济生产方式比线性生产方式有利可图时,循环经济才能够在微观层面上获得发展动力。以中国为例,从企业角度看,由于自然资源价格定价低,清洁生产和资源循环利用的技术开发成本较高,企业采取循环经济生产方式的成本往往高于用初次资源进行原材料开采和加工的成本,企业采取循环经济生产方式的动力不强。从消费者角度看,由于环保产品价格较高,对环保产品需求不足。另外,在传统的线性经济中,消费者手中拥有大规模的可成为再生资源的消费排泄物,但是,大多数消费者从来只是消费资料的消费者和消费排泄物的排放者，而不是可再生资源的供给者，消费排泄物只能作为垃圾丢弃，造成环境污染和大量可再生资源的浪费。

市场经济是需求约束型经济，只有以对循环利用资源生产的产品的市场需求来激励或者约束生产者采取循环经济生产方式，使产品生产者同时成为可再生利用资源（生产排泄物）的供给者，使消费者同时成为可再生利用资源（消费排泄物）的供给者，使再生资源回收处理企业有资源供给来源和产品市场需求，把循环经济生产方式内生化到市场经济中，使循环经济的生产和生活方式成为企业和居民两大市场主体的自愿选择，循环经济才能真正成为一种适应市场经济的生产方式。在这里，关键是要建立一个激励循环经济发展的自然资源和生产及消费排泄物资源化的价格形成机制，在资源供求体系中纳入线性生产方式下被当作废弃物的生产和消费排泄物，通过供求和成本收益来体现使用它们的效益，形成价值规律有效配置包括自然资源和生产及消费排泄物作为可循环利用资源的机制。

马克思的劳动价值论和价值规律理论揭示出，创造人类社会物质财富的源泉是劳动和自然资源，人类劳动是推动社会生产力发展的本源，其最终目标是以最小的劳动耗费和最小的自然资源耗费为代价，使人类从繁重的劳动中解放出来，最大限度地改善社会总体福利水平，实现这个目标的手段是通过把不断进步的科学技术转化为现实的效率不断提高的劳动生产力。这是因为，新知识和新技术的研发是需要花费代价的，但是，花费代价不是人类追求新知识和新技术的目的，只有把新知识和新技术转化为现实的生产力，把它们消化为效率更高的简单劳动，使人类能够用更少的劳动耗费获得更多的财富，才是追求新知识和新技术的最终目的。所以，科学技术本身不是决定价值的因素，决定价值的是人类在探寻新知识和新技术过程中所耗费的复杂劳动。从动态的角度讲，包含着新知识和新技术的复杂劳动会通过转化为现实的生产力而成为效率更高的简单劳动，这正是人类不懈地追求新知识和新技术的动力。所以，在实践中，要努力探索新知识、新技术，而最重要的是，努力把它们转化为现实的生产力，把它们消化为效率更高的简单劳动，实现这个转化的关键环节是不断地把新知识、新技术普及到每一个劳动者。循环经济生产方式是比线性生产方式更集约、在更精细分工下吃干榨净所使用资源的生产方式，需要相应的新知识和新技术支撑，只有在劳动者和消费者中普及循环经济的新知识，只有通过开发适用于循环经济生产方式的技术和工艺，提高循环经济生产方式的劳动生产率，才能使循环经济的生产和消费方式真正进入社会生产和消费的全过程，才能使循环经济生产方式比线性生产方式更具有市场竞争力，才能使价值规律配置资源的机制在循环经济生产方式中有效发挥作用。

另外，价值规律有效配置资源最终表现为社会按比例生产。循环经济生产方式下，相关的资源循环利用企业之间以及消费排泄物供给和静脉产业对消费排泄物的需求之间形成新的比例关系，比例关系更加复杂，按比例生产比线性生产方式下更加重要。所以，市场在资源配置中起决定性作用和政府起重要作用相结合的资源配置和宏观管理理念、能力、政策手段的重要性尤为突出。在循环经济生产方式下，比例失调不仅带来资源的浪费，而且带来环境污染，因此，要求有适应于循环经济生产方式的市场网络和生产布局，使价值规律引导资源配置的机制有效发挥。关于循环经济生产方式按比例生产的问题在第六章中已经分析，这里不再赘述。

第三节　《资本论》中的自然资源价格理论

如果自然资源价格低廉，生产者和消费者不需要为使用自然资源花费多少代价，那么，利用生产和消费排泄物较之使用自然资源，市场竞争力不足甚至处于劣势。因此，建立合理的自然资源市场价格形成机制，是实现把生产和消费排泄物纳入市场供求体系和价值规律在循环经济生产方式下有效配置资源的重要内容。马克思以劳动价值理论为基础，运用价值规律建立的地租理论和以地租理论为基础的土地价格形成理论，为研究自然资源市场价格形成机制提供了理论基础，对于循环经济的发展具有重要的理论和实践价值。

一、土地所有权与地租和土地价格

马克思指出，"真正的矿山地租的决定方法，和农业地租是完全一样的"①，所以，虽然马克思以资本主义农业为研究对象研究地租，但是，包括地上地下自然资源。马克思关于地租和土地价格的研究完全适用于对自然资源价格形成和变动的研究。

马克思说："如果生产资料没有价值可以丧失，就是说，如果它本身不是人类劳动的产品，那么，它就不会把任何价值转给产品。它只是充当使用价值的形成要素，而不是充当交换价值的形成要素。一切未经人的协助就天然存在的生产资料，如土地、风、水、矿脉中的铁、原始森林中的树木等等，都是这样。"② 这就是说，根据劳动价值理论，没有经过人类劳动加工的自然资源不是劳动产品，没有价值，因此，在使用它们时不存在价值转移的问题。但是，仅以此为依据推论，不能得出可以无偿使用自然资源的结论。按照马克思的劳动价值理论，由于未经人类劳动加工过的自然资源不是劳动产品，没有价值，因此不存在反映价值或以价值为基础的价格，但是，这不等于说自然资源就不会有市场价格，这是因为，马克思在《资本论》中运用从抽象到具体的叙述方法，在对劳动产品的价值和价格决定进行研究时，还没有涉及自然资源比如土地所有权、地租以及与其相伴随的价格决定问题。

自然资源和劳动是物质财富的源泉。包含地上地下自然资源的土地问题的研究是马克思《资本论》的重要研究内容。在商品经济社会，土地作为生产物质财富的重要源泉和劳动力一样，必然成为市场交易中的商品，因此必然有价格。但是，由于土地不是劳动产品，没有价值，它的价格不是以价值为基础，而是与土地所有权和地租相关。马克思指出，土地所有权是土地所有者对土地的垄断，"土地所有权的前提是，一些人垄断一定量的土地，把它当作排斥其他一切人的、只服从自己私人意志的领域"③，而地租则是"以土地所有权，以某些个人对某些地块的所有权为前提"④，地租是土地所有权借

---

① 《资本论》（第3卷），人民出版社2004年版，第876页。
② 《资本论》（第1卷），人民出版社2004年版，第237页。
③ 《资本论》（第3卷），人民出版社2004年版，第695页。
④ 同上，第714页。

以实现的经济形式，"不论地租的特殊形式是怎样的，它的一切类型有一个共同点：地租的占有是土地所有权借以实现的经济形式"①。"真正的地租是为了使用土地本身而支付的，不管这种土地是处于自然状态，还是已被开垦"。②总而言之，有土地所有权存在，为了使用土地，无论土地是否被开垦，都要支付地租。

土地不是劳动产品，没有价值，因此没有以价值为基础形成的价格，但是，由于使用有所有权的土地必须支付租金，所以，土地因此有价格。土地价格以地租的存在为前提的，土地价格不是土地价值的表现，而是地租收入的资本化。"资本化的地租形成土地的购买价格或价值，一看就知道，它和劳动的价格完全一样，是一个不合理的范畴，因为土地不是劳动的产品，从而没有任何价值。"③ 土地之所以有价格，是因为土地有所有权，任何想使用土地的人必须要为获得土地所有权付价格。和虚拟资本体现的关系一样，任何一个定期的货币收入都可以资本化，即都可以把这个定期的货币收入看成是一个想象的一定量资本带来的收入。例如，利息率 = 5%，某块土地的年地租 = 200 元，在此地租水平和利率下，如果想要获得这块土地的所有权，就必须买下这块土地未来所能够带来的货币地租收入，因此产生出这块土地的价格为：

土地价格 = 地租/利息率 = 200/5% = 4000（元）

所以，土地价格是以地租的存在为前提的，应当以地租的存在说明土地价格，而不是相反，以土地价格的存在说明地租。但是，土地价格不仅是由地租决定，土地价格还和利息率成反向变化，这是因为，购买土地是购买的未来时期土地能够带来的租金收益，同时，如在 5% 的利息率下，购买土地就丧失了拥有 4000 元货币每年所获得的利息收入 200 元，这是为购买土地所付出的代价。因此，当利息率上升时，购买土地者愿意用更低的价格购买土地。例如，利息率上升到 10%，4000 元存银行每年取得 400 元利息，而购买土地只能取得 200 元租金，土地在 4000 元价格下需求量下降，结果使土地价格下降，直到售价为 2000 元为止，因为，在 10% 的利息率下，2000 元存银行和购

① 《资本论》（第 3 卷），人民出版社 2004 年版，第 695 页。
② 同上，第 699 页。
③ 同上，第 702～703 页。

买土地每年都取得 200 元收入。所以，"实际上，这个购买价格不是土地的购买价格，而是土地所提供的地租的购买价格，它是按普通利息率计算的"[①]。

从土地价格的变动趋势看，即使抽象掉土地及土地所生产的产品的供求对地租变动的影响不谈，土地价格也有上升趋势。从土地价格公式可以看到，土地价格的涨落同利息率的涨落成反方向，马克思的研究表明，在社会发展的进程中，利息率有下降趋势，所以，土地价格有上涨趋势，另外，由于利息率下降，使地租上升，从而使土地价格提高。事实上，地租是不断上升的，马克思以依靠土地而生产的农产品为例分析指出，"随着农产品作为价值（商品）而发展的条件和它们的价值的实现条件的发展，土地所有权在这个未经它参与就创造出来的价值中占有不断增大部分的权力也发展起来，剩余价值中一个不断增大的部分也就转化为地租"[②]。农产品作为商品而发展的条件是指农业生产的集约化，集约化生产使土地的生产能力不断提高，地租因此不断增加（级差地租 II）；农产品的价值实现条件的发展是指社会发展对农产品需求的不断扩张，从而对土地的需要特别是好地的需求不断增加，地租因此不断增加。所以，即使利息率不下降，随着地租的上升，土地的价格也有上涨趋势。因此，讨论土地价格的决定和变动问题，需要讨论地租的决定和变动，马克思在劳动价值理论和剩余价值理论基础上建立了他的地租理论，包含级差地租理论和绝对地租理论。

二、级差地租理论

马克思以瀑布为例研究级差地租的形成。"如果两个等量资本和劳动被使用在等面积土地上而产生的结果不等，这个超额利润就转化为地租"，[③] 这就是级差地租。

首先，这些不等的结果，是由土地肥力和土地位置这两个和资本无关的原因造成。第一，土地肥力。土地自然肥力的差别是由表层土壤的化学结构的差别，也就是由表层土壤所含植物养分的差别形成的。自然肥力能被利用到什么程度，与农业化学和农业机械的发展水平有关，通过农业化学化、机

---

① 《资本论》（第 3 卷），人民出版社 2004 年版，第 703 页。

② 同上，第 720 页。

③ 同上，第 731 页。

械化等科学技术改造，可以改变土壤的自然肥力，这是经济肥力。"肥力虽然是土地的客体属性，但从经济方面说，总是同农业中化学和机械的发展水平有关系，因而也随着这种发展水平的变化而变化。"① 土地肥力越高，能够带来的超额利润越高（超过平均利润以上的利润）。第二，土地位置。土地位置是指土地距离市场的远近。位置越近，运输成本就越低，所能带来的超额利润越高。随着社会生产的进步和交通运输业的发展，会使土地位置发生变化，"一方面，由于它创造了地方市场，并且通过建立交通运输手段而使位置变得便利，所以对形成级差地租的位置会发生拉平的作用；另一方面，由于农业和工业的分离，由于一方面大的生产中心的形成，以及由于另一方面农村的相对孤立化，土地的地区位置的差别又会扩大"②。

其次，超额利润之所以转化为地租是因为资本主义土地所有权的垄断：第一，特别有利的生产条件表现为资本的生产力，会为使用它的资本家带来超额利润，利用瀑布的工厂所获得的超额利润。例如，"首先应该归功于一种自然力，……瀑布却是一种自然的生产要素，它的产生不需要任何劳动"③。"利用那些不费他分文就会增加劳动生产率的自然力，而且，只要这样会使工人必需的生活资料的生产变便宜，这些自然力就会增加剩余价值，从而增加利润"④，即通过降低工人的必要劳动时间相对增加工人的剩余劳动时间生产更多的剩余价值。第二，土地的资本主义经营垄断使超额利润固定化。"这些自然力，和由协作、分工等引起的劳动的社会自然力完全一样，是被资本垄断的。"⑤这种"他所用劳动的已经提高的生产力，既不是来自资本和劳动本身，也不是来自某种不同于资本和劳动、但已并入资本的自然力的单纯利用。它来自和一种自然力的利用结合在一起的劳动的较大的自然生产力"⑥。也就是说，这种使劳动生产力提高的自然生产力，和机器、劳动这些生产要素结合所产生的生产力不同，这种自然生产力具有如下特点：（1）这是一种可以垄断的自然力。"这种自然力是一种可以垄断的自然力，就像瀑布那样，只有

---

①② 《资本论》（第3卷），人民出版社2004年版，第733页。
③ 同上，第724页。
④⑤ 同上，第724~725页。
⑥ 同上，第726页。

那些支配着特殊地段及其附属物的人才能够支配它。"①（2）这种自然力是和土地分不开的。"能够这样被人垄断的这种自然力，总是和土地分不开的。"②（3）土地的这种自然力是有限的。"占有瀑布的那一部分工厂主，不允许不占有瀑布的那一部分工厂主利用这种自然力，因为土地是有限的，而有水力资源的土地更是有限的。"③（4）"这种自然条件在自然界只存在于某些地方，在它不存在的地方，它是不能由一定的投资创造出来的。"④（5）"这样的自然力既不是相关生产部门的一般条件，也不是该生产部门一般都能创造的条件。"⑤所以，由这种自然力垄断使用带来的超额利润和其他条件下形成的超额利润不同，它具有固定的性质。土地较优的自然力固定在土地中，获得土地的经营者就垄断了这种较优的自然力，别人无法通过竞争获得。只要拥有了土地垄断经营权，就垄断了存在于土地中的自然力，因此也就垄断了凭借这种自然力获得超额利润的权利。第三，土地所有权使超额利润转化为地租。由于土地所有权的存在，由土地的资本主义经营垄断固定化的超额利润并不归土地经营者所有，土地经营者必须把这个超额利润付给土地所有者，否则就不能取得土地使用权。"被人垄断的自然力"是指对土地当然也包括对附着在土地上的自然力的所有权的垄断。所以，超额利润转化为地租的原因是资本主义的土地所有权。

综上所述，土地的资本主义经营垄断使土地经营者获得超额利润，而资本主义的土地所有权使这个超额利润转化为地租。

除了上面讨论的级差地租（级差地租Ⅰ）之外，还存在另外一种级差地租形式（级差地租Ⅱ）。如果等量资本不是投在等量不同的土地上，而是连续投在同一土地上产生了不等的生产率，形成的超额利润转化为级差地租，就是级差地租Ⅱ。等量资本连续投在同一块土地上，总产量会增加，但是，就每笔追加的等量投资而言，"在同一土地上相继投入的几个资本的生产率会减低，尽管其中大部分是用在比较肥沃的土地上"⑥。所以，资本连续投入同一块土地的最后界限是追加的等量资本不再能获得超额利润。

"这里很明显，级差地租Ⅱ只是级差地租Ⅰ的不同的表现，而实质上二者

① 《资本论》（第3卷），人民出版社2004年版，第726页。
②③④⑤ 同上，第727页。
⑥ 同上，第766页。

是一致的。"① "级差地租实质上终究只是投在土地上的等量资本所具有的不同生产率的结果。"② 从历史上看，级差地租Ⅱ以级差地租Ⅰ为前提、为基础，而级差地租Ⅱ是级差地租Ⅰ的发展形式。在资本主义农业发展的初期，由于资本积累有限，可耕荒地多，所以主要是扩大耕地面积，进行粗放经营。因此，这个阶段的级差地租主要采取第一种形式。随着资本主义经济的发展，农产品的社会需求日益增长，可耕荒地相对较少，这时资本开始采取集约经营方式，在同一土地上连续追加投资，产生了级差地租Ⅱ。在级差地租Ⅰ形式上，由于不同地块的肥力差别比较容易确定，土地所有者在出租土地时就据此确定了地租的大小，所以，超额利润转化为级差地租Ⅰ没有什么困难。但是，在级差地租Ⅱ形式上，由于地租早已在出租时确定了，在租约期内，农业资本家对土地的连续投资所带来的超额利润归农业资本家占有，不会转化为级差地租，这是农业资本家追加投资的动力。当租约期满后，那些由人工增进的土地经济肥力，就会和土地的自然肥力合在一起，作为土地所有者重新出租土地时确定地租的标准。这时，新的承租人不管是不是原来租地的资本家，就无法再占有这部分超额利润，这部分超额利润便转化为级差地租Ⅱ。所以，资本家要求有较长的租期，以便更多地获得追加投资的超额利润，土地所有者则力求缩短租期，以便提高地租。伴随着农业的集约化生产，级差地租Ⅱ不断增加，由于在新租约中要提供包括级差地租Ⅱ在内的地租，所以，级差地租Ⅱ的提高是使一国平均地租水平提高的一个重要因素。

三、绝对地租理论

在分析级差地租时，假定最坏土地不付地租，但是，现实中只要有土地所有权的垄断，不论什么土地，都要支付地租，这样支付的地租就是绝对地租，所以，"土地所有权本身已经产生地租"③，如果没有绝对地租，就"意味

---

① 《资本论》（第3卷），人民出版社2004年版，第763页。
② 同上，第759页。
③ 同上，第854页。

着土地所有权被抽象掉，土地所有权被废除"①，土地所有权的垄断是绝对地租产生的原因。所以，在最坏土地也必须支付地租才能被耕作的情况下，在级差地租基础上还要考虑绝对地租。

从绝对地租来源看，当农业资本有机构成低于社会平均资本有机构成时，"农业上一定量的资本，与同等数量的有社会平均构成的资本相比，会生产较多的剩余价值，或同样也可以说，会推动和支配较多的剩余劳动"②。而在农业中，由于土地所有权的垄断阻碍限制了资本的转移，使农业部门中的剩余价值不参与利润的平均化。"当资本投在土地上时，土地所有权或者说土地所有者，就作为这样一种外力和限制，出现在资本或资本家面前。在这里，土地所有权就是障碍。因此，不纳税，也就是说，不交地租，就不能对从前未耕种或未出租的土地投入任何新的资本。"③ 所以，农业中由于资本有机构成低于社会平均资本有机构成而由农业工人创造的更多的剩余价值不参与利润的平均化，而是留在农业部门中，形成一个超过平均利润之上的超额利润，并转化为绝对地租。"因此，绝对地租的本质在于：……在生产上要用土地时，不论是用在农业上还是用在原料的开采上，土地所有权都会阻碍投在土地上面的各个资本的这种平均化过程，并攫取剩余价值的一部分，否则这一部分剩余价值是会进入平均化为一般利润率的过程的。"④

马克思在绝对地租的进一步分析中指出，历史发展的趋势是，随着农业劳动生产力水平的提高，农业的机械化生产使农业有机构成提高，"按照事物的本性来说，随着农业的进步，这个差额必然会缩小"⑤，"如果农业资本的平均构成等于或高于社会平均资本的构成，那么，上述意义上的绝对地租，也就是既和级差地租不同，又和以真正垄断价格为基础的地租不同的地租，就会消失"⑥。但是，只要土地所有权存在，绝对地租就存在。这时的地租实际上是垄断地租，它"只能来自市场价格超过价值和生产价格的余额，简单

---

① 《资本论》（第3卷），人民出版社2004年版，第849页。

② 同上，第860页。

③ 同上，第862页。

④⑤ 同上，第872页。

⑥ 同上，第865页。

地说，只能来自产品的垄断价格"①。农产品垄断价格之所以能够存在是因为，农产品的消费是人的生存的需要，当农业因为农产品市场价格等于甚至低于它的市场价值，不能够为土地所有者提供绝对地租而减少生产时，农产品的价格将因市场需求强烈而上升，直到租地农场主能够付得起绝对地租为止。所以，"这种垄断价格既不是由商品的生产价格决定，也不是由商品的价值决定，而是由购买者的需要和支付能力决定"②。这时，绝对地租存在仍然是因为土地所有权存在，它要求租地就要付地租，但是，转化为垄断地租的超额利润的来源已经变了，这个超额利润不是农业工人创造的剩余价值，而是剩余价值的再分配。"某些商品的垄断价格，不过是把其他商品生产者的一部分利润，转移到具有垄断价格的商品上。剩余价值在不同生产部门之间的分配，会间接受到局部的干扰，但这种干扰不会改变这个剩余价值本身的界限。如果这种具有垄断价格的商品进入工人的必要的消费，那么，在工人照旧得到他的劳动力的价值的情况下，这种商品就会使工资提高，并从而使剩余价值缩小。它也可能使工资被压低到劳动力的价值以下，但是工资只不过要高于身体上的最低限度。在这种场合，垄断价格就要通过对实际工资（即工人靠同量劳动而得到的使用价值的量）的扣除和对其他资本家的利润的扣除来支付。垄断价格能够在什么界限内影响商品价格的正常调节，是可以确定和准确计算出来的。"③

四、小结

由马克思的地租和土地价格理论可知，虽然未经过人类劳动加工的自然资源没有价值，但是在土地所有权存在条件下，自然资源会有市场价格，决定自然资源市场价格的首要因素是地租，是地租产生自然资源价格，而不是自然资源价格产生地租。决定自然资源价格和引起其变动的因素有利息和地租两大类。第一，影响利息率的因素都会对自然资源的市场价格产生影响，利息率下降，自然资源价格上升。第二，使地租产生和变动的因素都决定自然资源的市场价格并且引起其变动。首先，地上地下自然资源的所有权的存

① 《资本论》（第3卷），人民出版社2004年版，第865页。

② 同上，第864页。

③ 同上，第975～976页。

在是绝对地租和垄断地租存在的唯一条件，所以，自然资源所有权本身产生地租因而产生自然资源的市场价格。其次，使用自然资源除了必须要交绝对地租还要根据自然资源的自然丰度和经济丰度交纳级差地租，影响自然丰度和经济丰度的因素都将通过影响级差地租影响自然资源的市场价格。最后，自然资源所生产的产品的市场供求会传递给相关的自然资源，当其所生产的产品需求上升时，自然资源的需求随之上升，其地租上升，进而引起其市场价格上升，反之则有相反的变动，这是价值规律作用的结果，因此，价值规律引导着自然资源的配置。

承认自然资源有市场价格，遵循市场经济客观规律形成自然资源市场价格，是价值规律有效配置自然资源的基础。马克思指出，价值规律调节有其滞后性和盲目性，资本主义土地所有权和地租对自然资源的使用产生破坏性，要发展循环经济是实现可持续发展的重要途径，因此，必须要避免这些问题的出现。这些问题将在后面继续讨论。

第四节　马克思的自然资源价格理论对循环经济发展的意义

依照马克思的基本理论和逻辑，构建实现自然资源可持续利用的自然资源价格形成机制，通过市场价格机制激励和约束企业，通过成本收益比较体现企业采取循环经济生产方式获得的物质利益，才能促使企业主动采取循环经济生产方式。有偿使用自然资源必然为循环经济的发展创造出价格激励和约束机制，企业只有获得比线性生产方式下更高的效益，才有能力和动力主动采取循环经济生产方式，价值规律才能够真正在循环经济生产方式中发挥资源配置的作用，生产者和消费者才能够在生产与消费各个环节节约使用必须付费的自然资源，积极循环利用生产及消费排泄物。

一、资本主义土地私有权的荒谬性

马克思在研究资本主义级差地租时指出，资本主义土地所有权使自然界中优良的自然资源给人类带来的福利由土地所有者占有，其中的级差地租Ⅱ

导致了农业资本家对土地的掠夺性经营，破坏了土地资源的可持续利用。级差地租Ⅱ以提高土地的经济丰度为前提，与土地的集约经营相联系，由于其征收方式，事实上在租期内成为农业资本家的超额利润，这会刺激土地经营者进行集约化的生产，当租约期和租金确定，土地的使用权归农业资本家后，为了提高土地的使用效率，资本家在租赁的土地上往往要投入一定的固定资本，比较短期的有土壤改良、施肥等，比较长期的有修建排水渠、建设灌溉工程、平整土地、建造仓库房屋等。土地投入固定资本以后，有的需要经过相当长的时期，才能逐渐以折旧费的形式收回。如果在契约的租期内还没有完全收回，这些土地固定资本的折旧费和利息，就将随着土地变为土地所有者的财产。在重订租约时，土地所有者把这些土地资本的折旧费和利息，加到地租中去。正因为这个缘故，土地所有者总是企图缩短租期，以占有土地资本的折旧和利息，从而增加地租，而农业资本家为了避免投资无法收回的损失，尽力延长租期，并尽量减少对土地的长期投资，加强掠夺土地。所以，虽然在农业发展史上，农业的资本主义经营使科学（农艺学）运用到农业生产过程中，使农业有可能按社会化的方式经营，"使农业合理化"。但是，资本主义生产方式"把土地所有权变成荒谬的东西"①，荒谬性在于，资本主义土地所有权既不归农业资本家，更不归农业劳动者，而是由大土地所有者垄断，这种所有权和经营权的分离，使土地所有者成了坐享地租的食利者，使经营者农业资本家为了在土地租用期内获得最大利润产生对土地进行掠夺式经营。可见，资本主义土地所有权"是合理农业的最大障碍之一，因为租地农场主避免进行一切不能期望在自己的租期内完全收回的改良和支出"②。资本主义土地所有权不仅限制农业生产力的发展，而且加快了对土地自然力的破坏。

另外，自然资源的市场价格没有价值基础，马克思分析指出，级差地租是虚假社会价值，级差地租是社会对农产品过多支付的结果。虚假的社会价值是价值实现问题，是名义价值，是由消费者负担的。"被当作消费者来看的社会在土地产品上过多支付的东西，社会劳动时间实现在农业生产上时形成负数的东西，现在对社会上的一部分人即土地所有者来说却成了正数。"③ 所

---

① 《资本论》（第3卷），人民出版社2004年版，第697页。

② 同上，第700页。

③ 同上，第745页。

以，农业超额利润的源泉（级差地租的源泉）是全社会劳动者的一部分剩余劳动①，它是通过全体消费者购买农产品让渡给农业资本家的。之所以要让渡给农业资本家，是因为农业资本家必须能获得平均利润，并且要有一个超过平均利润的余额付级差地租，否则，资本家将不能投资于农业，"这是由在资本主义生产方式基础上通过竞争而实现的市场价值所决定的；这种决定产生了一个虚假的社会价值。这种情况是由市场价值规律造成的"②。本质上是垄断地租的绝对地租也和级差地租一样，也是社会对农产品的过多的支付，是农业部门虚假的社会价值，这个问题已经在上述对垄断地租的分析中说明，不再赘述。

上述不合理甚至荒谬的现象根源于土地的资本主义私有权，即土地既不归经营者农业的资本家所有，也不是归农业劳动者所有，而是归大土地所有者私人所有，利用垄断的土地所有权掠夺劳动的自然生产力带来的财富，盘剥社会剩余劳动。马克思认为："如果我们设想社会的资本主义形式已被扬弃，社会已被组成为一个自觉的、有计划的联合体，10 夸特就会只代表一定量的独立的劳动时间，而和 240 先令内所包含的劳动时间相等。因此，社会就不会按产品内所包含的实际劳动时间的二倍半来购买这种土地产品；这样，土地所有者阶级存在的基础就会消失。"③ 农业经营者也不必为了避免向土地所有者缴纳级差地租Ⅱ掠夺性使用土地。

二、马克思关于自然资源所有权和自然资源价格形成理论的重要价值

马克思指出，"土地所有权同其他各种所有权的区别在于：在一定的发展阶段，甚至从资本主义生产方式的观点来看，土地所有权也是多余而且有害的"④，"创造这种权利的，是生产关系。一旦生产关系达到必须蜕皮的地步，

---

① 在级差地租存在条件下，为了维持劳动力的正常再生产，工人的必要劳动要更多一些，剩余劳动因此要少一些，而资本家也需要支付更多的收入（剩余价值）购买农产品。所以，和没有级差地租的情况相比较，现在，社会必须把剩余劳动的一部分以地租的形式支付给土地所有者。

② 《资本论》（第3卷），人民出版社 2004 年版，第 744~745 页。

③ 同上，第 745 页。

④ 同上，第 702 页。

这种权利的和一切以它为依据的交易的物质的、在经济上和历史上有存在理由的、从社会生活的生产过程中产生的源泉，就会消失。从一个较高级的经济社会的形态的角度来看，个别人对土地的私有权，和一个人对另一个人的私有权一样，是十分荒谬的。甚至整个社会，一个民族，以至一切同时存在的社会加在一起，都不是土地的所有者。他们只是土地的占有者，土地的受益者，并且他们应当作为好家长把经过改良的土地传给后代"①。土地应该不仅仅是当代人赖以生存的重要的自然源泉，而且也是子孙后代赖以生存的重要的自然源泉，当代人作为后代人的家长，有义务给后代人留下改良后可持续利用的土地。马克思认为，实现这个目标，只有消灭土地私有制，全社会共同使用土地。马克思指出，在较高级的生产资料社会共同占有的社会中，资本主义土地私有制消亡，全社会共同占有和使用土地，但是不能说，土地就是当代社会共同所有，土地应该是人类社会共有的财富，当代人有义务给后代人留下改良后的土地，因为当代人是后代人的家长。当代人应当在这样的观念指导下在全社会范围内共同使用土地，消灭土地私有权对地租的索取造成的对土地的掠夺性使用，以子孙后代长远发展为目标，合理规划土地的使用和对土地进行改良，实现土地的永续利用。马克思在 100 年前就提出了人类社会的可持续发展的实质问题，他告诉我们，在人类社会的可持续发展目标下，地球上绵延不断的人类都只能是土地资源的合理利用者，而不是以所有者的身份和权利去最大限度地攫取土地的自然力，使地上地下的自然资源枯竭。

然而，当代社会的现实是，市场经济是普遍的经济形态，商品生产和交换遍及各个经济活动领域。马克思的商品货币理论和地租理论告诉我们，在市场经济条件下，包括土地及地上和地下资源在内的生产要素都必须要经过市场交换才能够进入生产过程，而"为使这种让渡成为相互的让渡，人们只需默默地彼此当作那些可以被让渡的物的私有者，从而彼此当作独立的人相对立就行了"②。交换双方"必须彼此承认对方是私有者。这种具有契约形式的（不管这种契约是不是用法律固定下来的）法的关系，是一种反映着经济

---

① 《资本论》（第 3 卷），人民出版社 2004 年版，第 877~878 页。

② 《资本论》（第 1 卷），人民出版社 2004 年版，第 107 页。

关系的意志关系"[①]。土地及附属于土地的地上地下自然资源到市场上交换必然要有所有者，所有权的存在使绝对地租必然存在，由于土地和地上地下自然资源客观上存在自然丰度和经济丰度级差，土地所有权要求好地必须交更高的地租，因此，级差地租必然存在，而商品货币和信用关系又使地租资本化——不是劳动产品没有价值的土地和附属于土地的地上和地下自然资源有了市场价格。可见，在市场经济条件下，必须要有明确的所有权关系，自然资源作为最原始的生产资料必须经过市场交易过程才能被开发使用，自然资源的所有权和由此产生的地租及以此为基础形成的自然资源市场价格必然存在，否则，逐利的商品生产者和通过等价交换获得利用不付费的自然资源生产出消费品的消费者就会滥用自然资源。然而，不是自然资源有了所有权，有了市场交易，有了市场价格，就不会被滥用，马克思的研究表明，资本主义土地私有权虽然创造了自然资源交易的市场条件，但是却带来了一系列不利于自然资源可持续利用的弊病。马克思关于自然资源所有权问题的阐释启示我们，不同的所有权关系对于自然资源的利用产生不同的影响。虽然在当代社会乃至于未来相当长时期市场经济依然存在，自然资源依然必须有市场价格，必须通过公平市场交易才能够实现有效利用，但是，依照马克思的逻辑，从自然资源可持续利用角度看，个别人不应该有对土地和附属于土地的地上地下自然资源的私有权，而应该是由社会代表当代人和子孙后代占有并且合理规划管理自然资源的使用，那么问题是，在市场经济条件下能否做到自然资源社会占用和管理使用。中国特色社会主义市场经济实践表明，土地和地上地下自然资源公有（国有和集体所有）与市场经济并不矛盾，中国目前需要完善的是自然资源使用权的产权关系和价格形成机制，建立国家管理公有自然资源、实现自然资源可持续利用、激励循环经济发展的体制机制。

遵循马克思研究商品经济及地租理论的基本逻辑和土地价格决定理论，土地和附属于土地的地上地下自然资源都可以在通过契约或者法律形式明确自然资源所有权，形成自然资源使用租金，进而形成自然资源的价格基础。结合中国特色社会主义实践，在市场经济条件下实现自然资源可持续利用目标，国家以法律的形式代表全体社会成员占有自然资源，作为自然资源的占

---

① 《资本论》（第1卷），人民出版社2004年版，第103页。

有者和管理者，规划管理土地和附属于土地的自然资源使用，通过贯穿自然资源的可持续利用目标的制度设计确定自然资源使用租金的内容和最低标准，代表全体社会成员在市场上向自然资源使用者出让使用权，通过市场交易形成反映供求关系的租金，进而形成激励自然资源保护性使用和循环利用的市场价格。租金体现管理者的收益，社会作为占用自然资源的管理者，所收取的租金和资本主义土地私有制下的土地所有者收取的租金本质上不同，它虽然在形式上仍然由社会全体成员负担，但是，租金收入不是由私人获得，收取目的是在市场上形成合理的自然资源市场价格，通过物质利益分配在行为上约束当代人对自然资源的掠夺性使用，实质上是代表当代社会全体成员和后代人收取的自然资源在使用过程中的修复和保护费用，租金收入最终通过生态补偿机制和相关的财政补贴政策全部用于自然条件的修复和保护支出。为了鼓励自然资源使用者进行集约化经营，节约利用资源，避免使用者的掠夺性使用行为，在设计租金和土地价格形成机制中只应考虑绝对地租和级差地租Ⅰ。

三、正确认识马克思的劳动价值论对自然资源价格形成理论及实践具有重要意义

马克思的劳动价值理论认为，劳动是创造价值的唯一源泉，自然资源在没有加入人类劳动之前没有价值。理论界在讨论自然资源价值形成问题时，有种观点认为，自然资源具有"自然价值""生态价值"，并且试图用马克思的价值理论来解释。用马克思的劳动价值论分析可以发现，这种观点混同了马克思严格区分的使用价值和价值概念。

首先，关于"自然资源价值"，上述观点以马克思的以下论述为依据："如果一个使用价值不用劳动也能创造出来，它就不会有交换价值，但是作为使用价值，它仍然具有它的自然的效用。"[1] 由此段论述认为，马克思这里所说的"自然效用"就是指自然界的价值，并且进一步认为，它是由于自然资源和自然环境的稀缺性所带来的生态价值。[2] 这是对马克思的极大误解。我们

---

① 《资本论》（第3卷），人民出版社2004年版，第728页。
② 刘思华：《生态马克思主义经济学原理》，人民出版社2006年版，第160页。

看看马克思这段话的完整论述："自然力不是超额利润的源泉，而只是超额利润的一种自然基础，因为它是特别高的劳动生产力的自然基础。就像使用价值总是交换价值的承担者，但不是它的原因一样，如果一个使用价值不用劳动也能创造出来，它就不会有交换价值，但是作为使用价值，它仍然具有它的自然的效用。"[①] 问题是一目了然的，马克思从来不认为自然资源具有价值，而是认为，自然资源对于人类来说是财富之母，人的具体劳动是财富之父，二者结合，生产出物质财富即使用价值。马克思在这里提到，自然界中也存在不用劳动创造但是有使用价值的东西，即有自然效用的东西，比如空气、水等，但是它们不是劳动产品，因此没有价值，所以没有交换价值，也就没有表现价值的价格，它们的价格是由另外一些事情决定的。马克思说，这种有"自然效用"的东西比如"瀑布的价格，也是土地所有者把瀑布卖给工厂主本人时所得的价格……完全是一个不合理的表现……瀑布和土地一样，和一切自然力一样，没有价值，因为它本身中没有任何对象化劳动，因而也没有价格，价格通常不外是用货币来表现的价值。在没有价值的地方，也就没有什么东西可以用货币来表现。这种价格不外是资本化的地租。土地所有权使所有者能够把个别利润和平均利润之间的差额占为己有。这样获得的逐年更新的利润能够资本化，并表现为自然力本身的价格"[②]。

其次，上述把马克思的使用价值和价值概念相混淆的观点进一步认为，马克思的自然理论有逻辑矛盾，并且提出，没有自然价值或者生态价值载体，劳动不能变换出价值，自然界不仅是物质财富的第一源泉，而且是价值的最终源泉。[③] 事实上，马克思从来没有认为劳动可以离开自然资源载体创造价值，恰恰相反，劳动价值论认为，劳动必须要凝结在被加工的对象中才能形成价值，这个对象归根结底就是自然资源，因为，所有的价值的物质载体都是来源于自然资源。价值是一种看不见摸不着的东西，作为价值载体的只能是客观存在的使用价值而不是什么价值，马克思的自然理论没有逻辑矛盾，而价值（自然价值、生态价值）是价值（商品价值）载体的观点恰恰存在逻辑矛盾。

---

① 《资本论》（第 3 卷），人民出版社 2004 年版，第 728 页。

② 同上，第 729~731 页。

③ 刘思华：《生态马克思主义经济学原理》，人民出版社 2006 年版，第 161 页。

还需要说明的是，在马克思那里，效用从来是指使用价值，是指使用价值的客观有用性，"商品首先是一个外界的对象，一个靠自己的属性来满足人的某种需要的物。这种需要的性质如何，例如是由未产生还是由幻想产生，是与问题无关的。这里的问题也不在于物怎样来满足人的需要，是作为生活资料即消费品来直接满足，还是作为生产资料来间接满足"。① 效用只是使用价值的客观效能，和价值决定无关。至于说自然资源和环境的稀缺性带来"生态价值"则是西方经济学的效用价值论。在马克思那里，稀缺性只是引起劳动耗费增加的原因，而不是决定价值的原因。马克思以金刚石为例说："金刚石在地壳中是很稀少的，因而发现金刚石平均要花很多劳动时间。因此很小一块金刚石就代表很多劳动。……如果发现富矿，同一劳动量就会表现为更多的金刚石，金刚石的价值就会降低。假如能用不多的劳动把煤转化为金刚石，金刚石的价值就会低于砖的价值。"②

另外，需要注意的是，经济学中的价值概念和我们泛指的客体对于主体表现出来的积极意义和有用性的"价值"概念不同，虽然自然资源对人类社会存在和发展意义重大，但是，这不是自然资源因此就有经济学中所说的价值的原因。在古典经济学中，价值理论有效用价值论、供求价值论等，在马克思主义政治经济学中，价值有其特殊性质，它是凝结在商品使用价值中的人类抽象劳动，它是一个历史范畴，所涉及的是商品生产者之间公平劳动、公平交换劳动的物质利益关系，它伴随着商品生产的产生而产生，随着商品生产的消亡而消亡。运用马克思主义政治经济学理论讨论自然资源是否有价值，必须要准确理解马克思的劳动价值理论。

准确理解马克思的劳动价值论，对于我们在理论上正确认识自然资源在人类经济活动中的作用，在实践中制定自然资源价格，具有重要意义。以马克思的劳动价值论为基础，自然资源本身没有价值，但是，它们作为商品必须要有价格才能在市场上进行交易，其价格不是价值的货币表现，之前在对马克思关于土地价格决定的讨论中已经阐明，自然资源的价格是由土地所有权决定的地租的资本化，这个资本化过程还和利息相关，土地价格由地租和

① 《资本论》（第 1 卷），人民出版社 2004 年版，第 47～48 页。
② 同上，第 53 页。

利息共同决定。在实际操作中,地租有其客观存在的量的决定基础,利息也如此,所以,与土地相关的地上地下资源的价格确定有其客观存在的量的标准。至于空气这样与土地不相关的公共性自然环境资源,保护性使用则需要政府采取税收方式和制定强制性管制措施进行。

四、自然资源有偿使用激励循环经济生产方式发展

自然资源不能无偿使用,在产品的价值形成过程之外、在市场价格决定中,生产者就必须要考虑自然资源价格通过对生产成本的影响和对产品价格形成的影响,消费者也要考虑为消费自然资源负担的费用,有偿使用自然资源的结果是使社会全体成员负担了对自然资源的付费,而由于生产和消费排泄物的循环利用不产生对自然资源使用的付费,而且生产排泄物的价值也已经在上一个生产过程中全部转移到产品中,消费排泄物的价值已经在消费品交易中实现,所以,生产和消费排泄物中已经不包含价值,这就会促使生产者和消费者在生产和消费各个环节节约使用必须付费的自然资源,积极主动循环利用不需要付费、不包含价值的生产及消费排泄物,由此必然为循环经济的发展创造出价格激励和约束机制。

马克思的地租和土地价格形成理论表明,地租和土地价格有上涨趋势,这就意味着,可以被利用的地上地下自然资源价格有上涨趋势,但是,在循环经济生产方式下,这并不意味着社会生产过程中自然资源使用的总费用必然上升。恰恰相反,自然资源价格上升促使企业选择节约和循环利用自然资源,这可以在一定程度上抵消一部分自然资源价格上升的影响,循环利用的生产和消费排泄物部分不需要付费,所以自然资源价格上升只要能够有效激励循环经济发展,总体上会降低社会使用自然资源的成本。如煤电行业发电产生的大量粉煤灰不但污染空气,而且占用土地还很难处理,钢铁冶炼业产生的钢渣、铁渣占用土地,污染环境。粉煤灰、钢渣和铁渣作为生产过程产生的固体废物,其原料中包含的价值已经全部转移到新产品中,将原本废弃的粉煤灰与钢渣、铁渣一起磨细,作为水泥添加料,已有的案例表明,生产出来的水泥每吨成本可降低 80 元,而且节约了用地,减少了环境污染。当然,在循环经济发展初期,由于循环经济生产方式的技术体系和工艺还不成熟,创新成本比较高,一些生产成本会上升,但是,只要社会形成发展循环

经济的共识，通过在生产者和消费者中普及循环经济的新理念和新知识，通过开发适用于循环经济生产方式的技术和工艺提高循环经济生产方式的劳动生产率，通过相关的经济政策和管理手段激励，以及约束生产者和消费者的行为，完全可以获得比自然资源价格较低情况下更高的经济效益。采取循环经济生产方式，通过清洁生产和生产及消费排泄物的循环利用，保护了生态环境，避免了自然资源的过度开发使用，因此获得了生态效益。所以，建立合理的自然资源开发使用的管理体制和自然资源的价格形成机制，不仅不会提高产品的生产成本，反而会通过价值规律作用促进循环经济发展，实现经济效益和生态效益双赢。

第五节　循环经济生产方式下企业的生产成本和收益

在市场经济条件下，企业采取循环经济生产方式的动力依然是赢利最大，循环经济生产方式的竞争优势依然体现在企业有较高的盈利空间和较低的产品销售价格。但是和传统的市场经济不同的是，成本最小和效益最大包含减少资源消耗、实现生态效益最大等因素。因此，基于循环经济生产方式的企业行为的结果是，在实现经济效益最大化的同时，也必然产生生态环境效益，或者说，生态环境效益差的企业意味着并没有实现经济效益最大化。只有获得比线性生产方式下更高的效益，企业才有能力和动力去主动采取循环经济生产方式，价值规律才能够真正在循环经济生产方式中发挥有效配置资源的作用。

一、循环经济生产方式下企业的成本

（一）企业采用循环经济生产方式增加的成本

技术和研究开发成本（C_1）。企业采用循环经济生产方式需要很多与"3R"原则相关的技术，如信息技术、水的重复利用技术、能源综合利用技术、回收及再循环技术、重复利用与替代技术、环境监测技术以及网络运输技术等。这些技术需要企业花费大量资金引进或者进行研发，形成较大量的研究开发成本。研究开发成本与企业自身的技术吸收能力和技术创新能力呈负相关，企业研发能力越强，实施循环经济生产方式所带来的生产成本的增加就越弱。

重购与改造设备成本（C_2）。这部分成本是指为了达到降低环境负荷、充分利用资源的目标而投入的生产设备或改造生产设备的成本。这部分成本与企业的预期收益及资源价格相关，企业采用循环经济生产方式的预期收益越高，主动发展循环经济的动力就越足；资源价格越高，企业为了节约和循环利用资源进行设备更新的积极性就越高。加速固定资本更新，对于仍在折旧期内的现有设备进行报废处理，必须在新设备成本基础上再加上现有设备残值，如果对于仍在折旧期内的现有设备变卖处理，那么变卖原有设备所得收益可以抵消一部分重购与改造设备成本，即在新设备成本上减去现有设备的残值。

管理活动成本（C_3）。管理活动成本是企业在对循环经济生产方式进行管理活动中产生的成本。主要包括：监控环境负荷的成本、企业管理人员的相关培训成本等。这部分成本与企业领导者制定的发展战略和领导者对循环经济生产方式的认识程度相关。

信息费用（C_4）。并不是任何两个或几个企业都可以进行副产品的交换和废物的重新利用，在循环经济生产方式下，企业存在寻找合作伙伴而产生的信息搜寻成本。所以，在园区内构建循环经济网络必然会降低企业之间的信息搜寻成本。这一费用的支出与支付的排污费正相关，如果企业需要支付的排污费很高就会有寻求下游企业的动力，这也与原材料和可循环利用的生产与消费排泄物的利用费用相关，如果循环利用废弃物的费用低于原材料的费用，企业会有支付信息搜寻成本寻找上游企业和消费排泄物的动力。

可以用以下公式表示企业实施循环增加的成本（$\Delta C_{(+)}$）：

$$\Delta C_{(+)} = C_1 + C_2 + C_3 + C_4 \pm C_0$$

其中，$\Delta C_{(+)}$ 表示企业实施循环经济增加的成本；$C_1 \sim C_4$ 分别表示技术和研究开发成本、重购与改造设备成本、管理活动成本、信息费用；C_0 表示现有设备残值。

（二）企业采取循环经济生产方式降低的成本

在循环经济生产方式下，通过减少可变资本的价值转移，会显著降低成本支出。例如，企业通过清洁生产提高资源利用率，可以减少原材料的投入数量（C_5）；通过企业的废物利用、环境污染治理等，将废弃物转化为资源再投入使用（C_6），其原料中包含的价值已经全部转移到新产品中，可以降低成本，而且节约了用地，减少了环境污染治理成本。

另外，政府对循环经济所实施的相应补贴政策也会降低成本（C_7）。用公式表示企业实施循环经济的成本减少（$\Delta C_{(-)}$）为：

$$\Delta C_{(-)} = C_5 + C_6 + C_7$$

二、循环经济生产方式下的企业收益

循环经济生产方式与线性生产方式不同，企业收益不仅包括经济收益，而且还可以享有生态环境收益和社会收益。

（一）经济收益

商品销售收入（I_1）。企业实施循环经济生产方式、进行清洁生产，其产品与其他传统生产方式下生产的产品的区分标志是绿色环境标志。随着消费者环保意识的逐步提高，消费者对环保商品的依赖程度将逐步增大，销售量会逐步增加。贴有绿色环保标签的商品差异性大，消费者对此类商品的忠实度高，其他未贴有环保标签商品对其的替代性弱，贴有绿色环保标签的商品价格较同类其他商品的价格高，销售循环经济生产方式生产的产品长期内将增加商品销售收入。

提升企业形象和品牌价值（I_2）。随着国民环保意识的逐渐提高，环保企业会越来越受到投资者和消费者的青睐。采取循环经济生产方式的企业作为环境保护的实践者，其社会地位和形象会大大提升，企业的品牌价值和附加值也随之提高。

污染物超额减少带来的收益（I_3）。由于国家对于某些污染物实施严格的上限控制，采取循环经济生产方式的企业通过闭环物流循环使污染物大大减少，甚至低于国家规定的上限，企业可以通过排污权交易从中得到一部分收益。这部分收益的大小与企业实施循环经济生产方式有很强的正相关效应。

（二）生态环境收益

生态环境收益（I_4）是在人类生产活动中所减少的对生态环境的破坏和

对生态环境的改善。循环经济生产方式可以获得非常好的生态环境收益。

首先，循环经济的发展能够减少污染物的排放，减少对于大气、水资源和土壤等自然生态系统的污染，逐步改善和恢复环境的自然承载力。从此角度来看，生态自然力的恢复带来的收益实际上就等于减少了经济系统人工修复所需支出。

其次，随着循环经济生产方式的普及和应用，减少的污染物排放会减少其给农业、工业、渔业带来的损失。

（三）其他经济和社会效益

采取循环经济生产方式还有其他方面的经济和社会效益（I_5）。通过发展循环经济，在减少污染物排放的同时，还能减少空气、水源和土壤污染问题，保护人体健康，减少因为污染导致的各种医疗费用。

循环经济生产方式可以减少生产环节对稀缺性资源的过度使用，促进稀缺性资源合理开发利用。循环经济生产方式可以减少国内产业对大宗资源类产品的依赖，减缓能源安全压力，使国内相关行业在国际节能减排产品竞争市场上获取更多话语权。

概括起来，实施循环经济的收益包括：

$$I = I_1 + I_2 + I_3 + I_4 + I_5$$

其中，经济收益是企业在实施循环经济生产方式中直接获得的收益，生态收益和社会收益是公众在生活中获得的收益。生态收益和社会收益对于企业来说具有比较强的正外部性，企业可以通过使用更优良的环境资源、更健康的人力资源，以及面对较小的自然资源供给和价格压力，享有生态收益和社会收益。

三、循环经济生产方式下的企业目标

综上所述，循环经济生产方式的推广和普及可能面临着成本与收益同时上升的问题，而且有些收益具有很强的外部性。对于企业来说，在市场经济条件下，无论是传统的线性生产方式还是循环经济生产方式，企业的目标都是利润最大化，所不同的是，循环经济生产方式下的成本和收益的内容发生了变化，特别是在生产方式转变过程中，和线性生产方式相比，成本和收益会同时上升，面对这种情况，企业决策有以下几种可能：第一，当向循环经济生产方式转变过程中的收益增加大于成本增加，最大利润高于线性生产方式下的利润时，企业有积极性自主选择采取循环经济生产方式。第二，当向循环经济生产方式转变过程中的收益增加大于成本增加，但短期利润与传统生产方式下的利润基本持平甚至小于传统生产方式下的利润时，如果企业更加注重长期经济利益，那么它会选择转变生产方式；如果企业更加注重短期利益，而对未来收益不确定时，它便缺乏转变动力。第三，当向循环经济生产方式转变过程中的收益增加小于成本增加时，证明实施循环经济无利可图，企业不会选择循环经济生产方式。

由此可见，对于企业而言，在市场经济条件下，其采取循环经济生产方式的动力依然是赢利最大。循环经济作为一种新型的，绿色生态、可持续发展的生产方式，在成本方面，增加和减少的机会同时存在，存在着比传统生产方式较大的不确定性带来的在风险，在收益方面，其增加的程度还取决于企业所享受到的外部性收益的程度，特别是在生产方式从线性向循环方式转变过程中，成本和风险更大。循环经济生产方式的发展，需要企业的主动选择，在市场经济条件下，循环经济生产方式的竞争优势依然是体现在企业有较高的盈利空间和较低的产品销售价格。

因此，推动企业采取循环经济生产方式需要做到以下几点：第一，需要激励企业通过适用于循环经济生产方式的技术创新提高劳动生产率降低成本；第二，需要通过建立合理的自然资源使用付费和严格的排污管理及付费制度，通过构建生产和消费排泄物交易信息网络降低信息搜寻成本，多管齐下降低企业循环利用生产排泄物和消费排泄物的相对成本，使生产和消费排泄物真正作为可利用的资源进入价值规律配置资源的过程；第三，需要政府引导，通过制度安排和利用各种经济政策，使那些正外部性较强的收益内部化。

第八章

生产关系理论指导构建中国循环经济
生产方式的经济制度体系

马克思的生产关系作用于生产力理论表明，生产关系决定生产力要素的归属，因此，生产力表现为特定生产关系下的生产力，由此可以深刻认识生产关系对生产力发展方式和方向的引领作用。与特定的生产关系相适应有体现生产关系的制度体系，生产关系的调整通过制度建设和有效运行对生产力发生作用。推进线性生产方式向循环经济生产方式转变，促进循环经济健康发展，需要通过调整生产关系构建制度体系，体现生产目的，调节循环经济参与主体的物质利益关系。本章以马克思的生产关系作用于生产力理论为基础，以中国特色社会主义市场经济为研究对象，研究循环经济制度体系建设。这样的循环经济制度体系建设，要以中国国家宪法规定的基本经济制度为基础，体现生产关系规定的生产目的，体现协调市场经济中各方物质利益关系，体现对市场经济中各个利益集团行为的约束监督。

第一节 生产关系作用于生产力的表现形式

在第五章第一节已经讨论了马克思的生产关系的基本内容，并且指出，生产力的性质从来就不是纯技术的，而总是由当时的社会生产关系所规定的，表现为生产关系规定的生产目的引领生产力发展方式，并且是实现生产关系所规定的生产目的的手段。例如，在资本主义生产关系下，生产力表现为资本的生产力，资本主义生产关系规定的生产目的是追求最大的剩余价值，生产力是实现这个目的的手段。这里进一步展开马克思关于生产关系决定生产力要素的归属，因此生产力表现为特定生产关系下的生产力的理论，从中可以深刻认识生产关系对生产力发展方式和方向的引领作用。

一、资本主义生产关系下劳动的社会生产力表现为资本的生产力

在马克思的生产力体系中，劳动的社会生产力产生于劳动者之间的分工协作，其源泉是劳动力提供的劳动。从生产力发展过程看，劳动者之间的分工经历了从简单的分工协作—工场手工业分工—机器大工业分工。资本主义生产方式以机器大工业分工协作为基本标志，劳动和机器结合产生了巨大的生产力。在资本主义生产关系下，"由许多单个的局部工人组成的社会生产机构是属于资本家的。因此，由各种劳动的结合所产生的生产力也就表现为资本的生产力"①。"作为协作的人，作为一个工作有机体的肢体，他们本身只不过是资本的一种特殊存在方式。因此，工人作为社会工人所发挥的生产力，是资本的生产力……因为劳动的社会生产力不费资本分文；另一方面，又因为工人在他的劳动本身属于资本以前不能发挥这种生产力，所以劳动的社会生产力好像是资本天然具有的生产力，是资本内在的生产力。"② 因此，资本有强大的内在动力去提高这种不费它分文就能够属于它的生产力。特别是在资本主义机器大工业中，机器合并的自然力和科学技术力也表现为资本的生产力，而劳动者则在机器大工业分工协作体系中沦为局部机器的附属物，机器连同附属于机器的劳动者成了资本追求剩余价值的工具，资本必然要利用各种可能的手段提高机器的使用效率，降低劳动成本，获取最大限度的剩余价值。从生产力发展看，机器大工业"把巨大的自然力和自然科学并入生产过程，必然大大提高劳动生产率，这一点是一目了然的"③，而在资本主义生产关系下，"科学和技术使执行职能的资本具有一种不以它的一定量为转移的扩张能力"④，资本利用机器合并自然力和科学技术所产生的扩张力，快速地提高劳动生产率，目的只是通过节约劳动者的必要劳动，相对增加剩余劳动，

---

① 《资本论》（第 1 卷），人民出版社 2004 年版，第 417 页。
② 同上，第 387 页。
③ 同上，第 444 页。
④ 同上，第 699 页。

机器成了"生产剩余价值的手段"①。

马克思的理论揭示出，事实上劳动通过分工协作创造的社会生产力并不花费资本分文，但是，由于劳动者在生产过程中只是以资本方式存在的工作机体的一个部分（可变资本），所以，劳动的社会生产力表现为资本的生产力，资本无偿占有的劳动的社会生产力是资本增值的重要源泉之一。

二、资本主义生产关系下劳动的自然生产力表现为资本的生产力

劳动与自然条件（自然要素）相结合产生劳动的自然生产力。劳动的自然生产力对于劳动生产力的发展意义重大，劳动的自然生产力的源泉是劳动者的劳动和自然条件，而这恰恰也是劳动生产力形成的两个原始源泉。在劳动的自然生产力发展过程中，劳动和自然条件之间存在着对立关系。自然条件是自然界恩赐于人类的福利，例如，瀑布"是一种自然的生产要素，它的产生不需要任何劳动"②。在商品经济条件下，"瀑布和土地一样，和一切自然力一样，没有价值，因为它本身没有任何对象化劳动，因而也没有价格"③。同样，由于自然要素没有价值，因此，在资本主义商品经济条件下，"作为要素加入生产但无须付代价的自然要素，不论在生产中起什么作用，都不是作为资本的组成部分加入生产，而是作为资本的无偿的自然力，也就是，作为劳动的无偿的自然生产力加入生产的"④。而且，"撇开自然物质不说，各种不费分文的自然力，也可以作为要素，以或大或小的效能并入生产过程。它们发挥效能的程度，取决于不花费资本家分文的各种方法和科学进步"⑤，也即是说，除了自然物质之外的大自然中存在的风力、水力等是可以为机器的使用提供动力来源的天然存在动力，作为自然条件的一部分，这些天然存在的自然力在生产过程中与劳动相结合形成劳动的自然生产力，劳动和这种天然存在的自然力的结合程度以及所发挥的效能的程度取决于科学技术进步，如利用风力、水力发电等，所产生的效能不费资本分文。

---

① 《资本论》（第 1 卷），人民出版社 2004 年版，第 427 页。

② 《资本论》（第 3 卷），人民出版社 2004 年版，第 724 页。

③ 同上，第 729 页。

④ 同上，第 843 页。

⑤ 《资本论》（第 2 卷），人民出版社 2004 年版，第 394 页。

"在资本主义生产方式基础上，这种无偿的自然力，像一切生产力一样，表现为资本的生产力。"① "同历史地发展起来的社会劳动生产力一样，受自然制约的劳动生产力也表现为合并劳动的资本的生产力"②。也就是说，劳动的自然生产力无偿提供的自然力"所推动的劳动的较大的个别生产力，不是给劳动者带来好处，而和劳动的所有生产力一样，给他们的雇主带来好处，就是说，表现为资本的生产力"③。这是因为，"这些自然力，和由协作、分工等引起的劳动的社会自然力完全一样，是被资本垄断的。……对自然力的这种垄断，也就是对这种由自然力促成的劳动生产力的提高实行的垄断"④。在资本主义生产关系下，劳动者除了劳动力所有权，其他的生产条件一无所有，而资本则垄断了除劳动力之外所有的生产条件，劳动力必须要通过劳动者把其使用权提供给资本支配才能够与自然条件（自然要素）相结合形成劳动的自然生产力，所提供的成为劳动生产力发展源泉的"自然力"必然被资本无偿占有⑤。因此，劳动的自然生产力必然表现为资本的生产力。

　　自然条件作为生产力的源泉之一，无偿地为生产力的发展作出贡献，由此带来的福利本该属于全体劳动者。对于劳动者来说，"自然的恩惠直接给予他的，是许多闲暇时间。要他把这些闲暇时间用于为自己生产，需要一系列的历史条件；要他把这些时间用于为别人从事剩余劳动，需要外部的强制"⑥。在自然经济条件下，劳动者为了自己的生存利用自然条件进行生产，良好的自然条件只是给予了劳动者更多的闲暇时间。劳动者把闲暇时间用于劳动者为自己的发展生产，需要社会分工的发展和商品贸易等一系列历史条件。在这样的历史条件下，劳动者可以通过使用闲暇时间，利用独特的自然条件和

---

　　① 《资本论》（第3卷），人民出版社2004年版，第843页。
　　② 《资本论》（第1卷），人民出版社2004年版，第598页。
　　③ 《资本论》（第3卷），人民出版社2004年版，第724页。
　　④ 同上，第725页。
　　⑤ 在第六章中已经讨论过自然资源有市场价格问题。在资本主义土地私人所有制条件下，劳动的自然生产力首先表现为资本的生产力，在资本主义土地私有制下，资本垄断自然力无偿获得的超额剩余价值转化为地租，由于地租存在，自然资源有了市场价格。由此形成的市场价格没有价值，从全社会看，是社会对自然资源产品的过多支付，是虚假的社会价值。这是资本主义生产关系下的特殊产物。
　　⑥ 《资本论》（第1卷），人民出版社2004年版，第589页。

劳动技能生产更多的某种使用价值，然后通过和其他生产不同使用价值的劳动者进行交换，大家都在使用价值方面得到好处，即一方面在使用价值上互通有无，另一方面获得社会分工提高劳动生产力带来的利益①。而让劳动者把闲暇时间用来为别人从事剩余劳动，除了上述历史条件，还需要外部强制条件，如在资本主义生产关系下劳动力成为雇佣劳动，被迫为资本提供剩余劳动。在资本主义生产关系下，劳动者为了生存必须把劳动力出卖给资本家，而资本家看中劳动力并把它以商品的形式买进作为资本物质要素的一个部分，就是因为它能够为资本提供剩余劳动，资本通过垄断自然条件使劳动力有了为资本提供剩余劳动的自然基础。在这样的生产关系下，"土壤自然肥力越大，气候越好，维持和再生产生产者所必要的劳动时间就越少。因而，生产者在为自己从事的劳动之外来为别人提供的剩余劳动就可以越多"②。

在自然经济中，劳动者利用自然条件生产的目的是满足自身生存和发展的需要；在商品经济条件下，生产的目的是劳动更有效地利用自然条件生产更多的商品，通过交换用更少的劳动耗费满足自身不断增长变化的需求；在资本主义商品经济条件下，生产的目的是资本强制雇佣劳动者利用自然条件满足资本最大限度占有劳动者的剩余劳动创造的剩余价值。所以，在资本主义商品生产中，生产的目的不是使用价值而是剩余价值，使用价值只是附属物，是剩余价值的物质承担者，只要有眼前的市场需求来实现剩余价值，不管这个需求是实际有支付能力的需求还是虚拟出来的虚假的市场需求，资本都会役使劳动和自然界通过为市场生产使用价值来实现其对剩余价值的追求，自然界的恩惠成为资本最大限度掠夺剩余劳动的自然基础。

资本在追求最大剩余价值目的支配下，必然要最大限度地驱使劳动者利用自然条件的恩惠（资本家绝对不会白白浪费掉自然界提供的免费使用的自然条件），迫使劳动者提高劳动强度，甚至延长工作日，以便为其提供最大限度的剩余劳动。也就是说，资本有无限制地利用劳动的自然生产力提高劳动生产力来占有劳动者剩余劳动的内在冲动，因此有无限制、大规模使用自然条件的内在冲动。长期看，在这种冲动支配下大规模使用自然条件，必然的

---

① 《资本论》（第1卷），人民出版社2004年版，第183页。

② 同上，第586页。

趋势是使自然条件中占主体地位的不可再生资源持续减少和生产过程中向自然界排放的废气、废水和固体废物等污染物的大规模增加，导致生态危机，劳动的自然生产力衰减。

三、资本主义生产关系下劳动的科学技术生产力表现为资本的生产力

马克思在《资本论》中讨论工厂手工业的资本主义性质时谈道："局部工人所失去的东西，都集中在和他们对立的资本上面了。工场手工业分工的一个产物，就是物质生产过程的智力作为他人的财产和统治工人的力量同工人相对立。这个分离过程在简单协作中开始，在工场手工业中得到发展，在大工业中完成。在简单协作中，资本家在单个工人面前代表社会劳动体的统一和意志，工场手工业使工人畸形发展，变成局部工人，大工业则把科学作为一种独立的生产能力与劳动分离开来，并迫使科学为资本服务。"① 在马克思看来，首先，机器中合并的科学技术力是劳动者智力劳动发展的结晶，由此形成的是以智力劳动发展为能动因素的劳动的科学技术生产力。其次，沿着马克思的研究轨迹可见，在一般商品经济条件下，科学、知识、技能主要由劳动者拥有，体现为劳动者的简单劳动和复杂劳动的差别；在资本主义机器大工业条件下，科学技术发展的成果体现在机器中，而机器作为物质资本归资本家所有，结果是科学与劳动相分离，作为一种独立的生产力为资本服务，劳动的科学技术生产力表现为资本的生产力。

机器的使用，劳动的科学技术生产力的发展，促进了生产率的快速提高，但是，并不意味着能够保持生产力的持续发展，相反，机器产生的"像自然力那样无偿地发生作用"的力量和自然界给人类恩赐的可以无偿使用的自然物质相结合，对自然物质进行大规模使用，可能使不可再生的自然物质耗竭。如果再把大规模使用自然物质后产生的大量的排泄物（固体废物、废水、废气）不加处理地抛弃，还会使自然环境遭受破坏。以传统的机器大工业为劳动的科学技术生产力的发展方式，正是沿着这样的发展路径推动着生产力的快速发展，这符合资本主义生产目的，但是却给自然条件造成严重的损害，

---

① 《资本论》（第1卷），人民出版社2004年版，第418页。

其中最典型的事例是，在传统的机器大工业基础上的线性生产方式的生产体系中，以煤炭和煤炭发电为主要动力，在传统廉价的煤炭开采、加工、储运、燃烧使用过程中，破坏地表，污染地下水资源，排放大量二氧化硫、二氧化碳和烟尘，造成大气污染。所以，以传统的线性生产方式为劳动的科学技术生产力的发展方式，虽然节约了劳动，节约了单位商品的自然资源耗费，但是使对自然资源的开发使用规模迅速扩张并且造成严重的自然环境污染。

四、人与人和谐相处的生产关系是人与自然和谐相处的根本保障

上述进一步展开的马克思关于生产关系决定生产力要素的归属，因而生产力表现为特定生产关系下的生产力的理论分析表明，在资本主义生产关系下生产力表现为资本的生产力，劳动者分工协作产生的劳动的社会生产力、机器合并劳动者智力劳动结晶产生的劳动的科学技术生产力以及自然界在劳动者使用其进行劳动过程中无偿提供的劳动的自然生产力，都由资本以劳动者剩余劳动所凝结的剩余价值的形式无偿占有。资本主义生产关系规定的生产目的是追求最大限度的剩余价值，资本在竞争中努力提高劳动生产力，以攫取作为生产力源泉的劳动和自然资源的方式发展生产力是资本实现追求最大限度的剩余价值目的的手段，生产关系引领着生产力发展的方式和方向。

人类区别于其他动物的重要特征是他的社会性和他具有的利用其外界自然条件所形成的社会劳动生产力，因此，在人类社会发展过程中，不仅有人与人之间复杂的、发展变化的社会生产关系，而且存在着人与自然之间复杂的、发展变化的社会劳动生产力关系，这些关系的总和构成社会生产方式。只有在社会中，这些关系才能形成，人类才能生存和发展。从社会生产活动看，"人们在生产中不仅仅影响自然界，而且也互相影响。他们只有以一定的方式共同活动和互相交换其活动，才能进行生产。为了进行生产，人们相互之间便发生一定的联系和关系；只有在这些社会联系和社会关系的范围内，才会有它们对自然界的影响，才会有生产"①。从社会生活活动看，人是自然界的一个组成部分，同时，人又是社会的人。"社会性质是整个运动的普遍性质；正像社会本身生产作为人的人一样，社会也是由人生产的。活动和享受，

---

① 《马克思恩格斯文集》（第1卷），人民出版社2009年版，第724页。

无论就其内容或就其存在方式来说，都是社会的活动和社会的享受。自然界的人的本质只有对社会的人来说才是存在的；因为只有在社会中，自然界对人来说才是人与人联系的纽带，才是他为别人的存在和别人为他的存在，只有在社会中，自然界才是人自己的合乎人性的存在的基础，才是人的现实的生活要素。只有在社会中，人的自然的存在对他来说才是人的合乎人性的存在，并且自然界对他说来才成为人。因此，社会是人同自然界完成了的本质的统一，是自然界的真正复活，是人的实现了的自然主义和自然界的实现了的人道主义。"① 所以，人的社会和人赖以生存的自然界须臾不可分离，真正的人道主义必须是人与人的和谐相处及人与自然的和谐相处。

然而，由于构成社会的经济基础也即社会生产方式不同，使社会区分为不同的形态，"大体说来，亚细亚的、古希腊罗马的、封建的和现代资产阶级的生产方式可以看做是经济的社会形态演进的几个时代"②，但是，这些社会形态并没有能够实现人同自然界的统一，并不是完成了的自然主义和人道主义社会。资本主义社会本质上是以资本为本的社会，对建立在资本主义生产方式基础之上的机器大工业的生产方式考察可见，通过资本所有者以追逐剩余价值为目的的大规模资本积累，确实促进了生产力快速发展，确实给人类带来了巨大的财富，但是，在资本主义生产方式下，资本支配着劳动和自然，发展生产力只是无限制追求剩余价值的手段，如何使用生产力源泉，采用什么方式提高生产力，都以是否能够为资本带来剩余价值为目标。虽然在不可再生资源供给能力下降而需求量不断增加情况下，在价值规律作用下，资本家必须要通过节约自然资源来节约不变资本，因此也会考虑通过减量化、再循环和再利用来实现在自然资源使用上的节约从而节约不变资本。但是，所有节约自然资源的方法的使用都要以资本能否获得最大剩余价值为目的，从实践中看，和资本在世界范围内对自然资源的掠夺性使用相比较，对自然资源的这种节约不足挂齿。资本主义生产方式导致对生产力源泉的滥用和不合理使用是必然的。之前在对马克思的地租理论的研究中也充分证明了这一点，资本主义土地所有权使自然界中优良的自然资源给人类带来的福利由土地所

---

① 《马克思恩格斯文集》（第1卷），人民出版社2009年版，第187页。
② 《马克思恩格斯文集》（第2卷），人民出版社2009年版，第592页。

有者占有，而级差地租Ⅱ导致了农业资本家对土地的掠夺性经营，破坏了土地资源的可持续利用。所以，从本质上讲，"资本主义生产发展了社会生产过程的技术和结合，只是由于它同时破坏了一切财富的源泉——土地和工人"①。

只有科学社会主义社会才是完成了的人道主义社会，因为"共产主义是对私有财产即人的自我异化的积极的扬弃，因而是通过人并且为了人而对人的本质的真正占有；因此，它是人向自身、也就是向社会的即合乎人性的人的复归，这种复归是完全的复归，是自觉实现并在以往发展的全部财富的范围内实现的复归。这种共产主义，作为完成了的自然主义，等于人道主义，而作为完成了的人道主义，等于自然主义，它是人和自然界之间、人和人之间的矛盾的真正解决"②。科学社会主义社会作为完成了的人道主义社会，它通过否定资本统治雇佣劳动、占有劳动者剩余劳动的资本主义私有制，解放了劳动者，实现了劳动平等，使"人以一种全面的方式，就是说，作为一个完整的人，占有自己的全面的本质"③。完成了的人道主义等于自然主义，它是一个以人与人和谐相处为基础的人与自然和谐相处的理想社会，因为只有劳动者不是被迫为了生存、为了满足一部分人对财富的无限贪欲而劳动，实现人与人之间的和谐相处，实现人的全面发展，才能够谈得上人对自然条件的合理利用，才能够使人回归自然，完成同自然界的本质统一。

为了在"最无愧于和最适合于人类本性的条件下"生存和发展，即回归到人与人、人与自然和谐相处的最适合人类本性的状态中，实现人类社会的可持续发展，人类必须要废除一部分人役使大部分劳动力和自然资源的不合理的社会制度，人类必须要联合起来，共同控制和利用自然，以最小的劳动和自然的耗费，完成人和自然之间的物质变换。实现这个目标，需要转变社会生产方式，这个转变是资本主义向科学社会主义的转变。社会主义经济本质上是共享经济，因此会消除收入分配两极分化造成的富有阶层穷奢极欲的挥霍，为全社会节省出大量的生产资料和产品，保证全体社会成员有充裕的物质生活和体力和智力获得充分的自由的发展和运用，在共享经济中，全体社会成员成为自然界真正的主人。所以，只有当以生产资料社会占有为基础

---

① 《资本论》（第 1 卷），人民出版社 2004 年版，第 580 页。

② 《马克思恩格斯文集》（第 1 卷），人民出版社 2009 年版，第 185 页。

③ 同上，第 189 页。

的社会主义生产关系与不断发展的社会生产力结合时，即在科学社会主义生产方式下，人类才能真正有意识地选择人与自然和谐相处的生产力的发展方式，通过绿色低碳循环的生产方式发展生产力，实现可持续发展。

在本书第五章第一节中已经研究指出，在社会主义生产关系下，社会生产的目的是满足社会全体成员（人民）日益增长的贯穿生态文明的物质和精神的需要，在社会主义生产关系所规定的生产目的引领下，实现社会主义生产目的的手段——生产力的发展必然采取绿色、低碳、循环的发展方式。马克思主义政治经济学理论以及循环经济发展实践告诉我们，生产关系的调整在激励循环经济发展和协调循环经济各领域各层次及各个主体之间的利益关系方面作用重大。在中国的社会经济发展问题的研究中，很长一段时间不重视对生产关系与生产力相互作用的研究，不重视社会主义生产目的对生产力发展进而对经济发展方式的引领作用的研究。中国是社会主义国家，在社会经济发展过程中，必须要以社会主义生产关系规定的生产目的引领生产力的发展，才能真正体现社会主义特征和性质。体现社会主义生产关系，落实社会主义社会生产目的，引领社会经济实现人与人、人与自然和谐发展，必须要在社会主义基本经济制度基础之上，围绕社会主义生产关系和其所规定的生产目的，构建和不断完善体现绿色发展、利益共享的制度体系，引领生产力作为实现社会主义社会生产目的的手段不断发展，引领社会经济实现人与人、人与自然和谐发展。

第二节　中国构建循环经济生产方式制度体系的内容和基础

以马克思的生产关系理论为基础构建中国特色社会主义的循环经济生产方式制度体系，社会主义经济制度和中华人民共和国宪法关于国家自然资源所有权的规定是构建循环经济制度体系的基础，是基本制度。制度体系中还包含建立在基本制度之上的"规范人们相互关系的约束"的正式规则及非正式规则。

一、制度体系的基本内容

人类社会之初的蒙昧时代到野蛮时代，没有基本规则来约束人的行为，弱肉强食。随着人类生产能力的提高，特别是剩余产品和分工的产生，促使人们开始探索如何协调相互之间的利益和行为，逐渐认识到通过制定规则建立一定的秩序对于社会的存在和发展的重要性，制度应运而生。通过制度，建立起社会秩序并不断改进制度，人类开始走向文明。可见制度是人类为了构建一个稳定的空间，追求一定社会秩序的结果。"制度是行为规则，并由此而成为一种引导人们行动的手段。因此，制度使他人的行为变得更可预见。它们为社会交往提供一种确定的结构。"①

但是，制度不是一个脱离历史发展阶段的概念，一定的经济社会发展阶段即一定的社会形态必然有一定的基本的社会经济制度与其相适应。关于这个问题，马克思主义政治经济学从社会生产关系的视角进行了深入研究。马克思主义认为社会经济制度即是社会生产关系的总和，在不同的社会经济制度或者社会生产关系下，有着不同的生产资料所有制的形式和由此决定的人们在生产中的地位和相互关系，以及不同的产品分配的形式等，其中生产资料所有制的形式是生产关系的基础，决定生产关系的性质，体现着社会的基本经济制度，决定着产品的分配制度。特定的社会生产关系的总和表现为特定的社会经济制度，如资本主义制度，社会主义制度。从生产关系作用于生产力角度讲，特定的社会经济制度体现着社会生产力源泉的归属，并且决定着作为财富之母的自然资源和作为财富之父的劳动共同创造财富的生产、交换和分配方式。在《资本论》中，马克思对资本主义生产关系即资本主义制度和其基本经济制度进行了深刻剖析，为研究和确立特定社会生产关系下的基本经济制度奠定了理论基础。

一个社会无论采取什么样的基本经济制度，其活动都需要基本规则来约束人们的行为，当代研究者所说的制度大多是指这个"规则"，也就是人们较普遍使用的关于制度的规定。凡勃伦认为，"制度实质上就是个人与社会对有关的某些关系或某些作用的一般思想习惯"；"人们是生活在制度——也就是

---

① 柯武刚、史漫飞：《制度经济学》，商务印书馆 2002 年版，第 112~113 页。

说，思想习惯——的指导下的，而这些制度是早期遗留下来的"；"今天的制度——也就是当前公认的生活方式"①。康芒斯说："我们可以把制度解释为'集体行动控制个体行动'"②。诺思对制度有一系列的论述，认为"制度是一系列被制定出来的规则、守法秩序和行为道德、伦理规范，它旨在约束主体福利或效用最大化利益的个人行为"③，"制度提供了人类相互影响的框架，它们建立了构成一个社会，或更确切地说一种经济秩序的合作与竞争关系"④，"制度是一个社会的游戏规则，更规范地说，他们是为决定人们的相互关系而人为设定的一些制约"⑤。相当一部分学者如肖特尔、舒尔茨、艾尔斯娜、刘易斯、拉坦和速水等都把制度看成是某种规则。可见，这些制度概念的实质就是"规范人们相互关系的约束"。对于具体内容的研究，当代研究者把制度（规则）分为两类，即正式规则和非正式规则。正式规则也称为外在制度，具有确定性、稳定性和强制性。"正式规则包括政治（即司法）规则、经济规则和合约。这些规则可以作如下排序：从宪法到成文法与普通法，再到明确的细则，最终到确定制约的单个合约，从一般规则到特定的说明书。"⑥ 正式规则包括三个方面：一是界定分工责任的规则；二是界定可以做什么和不可以做什么的规则；三是惩罚的规则、确定交换价值量标准的规则。非正式规则是来自文化的部分遗产，主要由习俗、惯例、个人行为准则和社会道德规范组成。非正式规则也称为内在制度，内在制度不是出自任何人的设计，而是源于千百万人的互动，是社会发展过程中的文化积淀产物，承担着外在制度所不可替代的独特作用。诺思指出："我们必须要关注那些非正式约束（informal constraints）。我们都知道行为习惯、习俗和行为模式对一个社会的

———————

① 凡勃伦：《有闲阶级论》，商务印书馆 1964 年版，第 139 页。
② 康芒斯著：《制度经济学》（上册），商务印书馆 1962 年版，第 87 页。
③ 道格拉斯·C. 诺思：《经济史中的结构与变迁》，上海三联书店、上海人民出版社 1994 年版，第 225～226 页。
④ 同上，第 225 页。
⑤ 道格拉斯·C. 诺思：《制度、制度变迁与经济效绩》，上海三联书店 1994 年版，第 3 页。
⑥ 同上，第 64 页。

运转起到关键作用。"① 各种制度相互影响、相互作用，共同构造了规范和引导人类社会朝着某个特定方向发展的规则。制度对个人与组织行为通过内部和外部两种强制力来激励与约束人的行为，防止个人与组织在选择行为中的损人利己的机会主义行为，以减少行为后果的不确定性，从而形成一定的社会秩序，建立一个人们相互作用的稳定的结构。

党的十八大报告提出要"加强生态文明制度建设。要把资源消耗、环境损害、生态效益纳入经济社会发展评价体系，建立体现生态文明要求的目标体系、考核办法、奖惩机制。建立国土空间开发保护制度，完善最严格的耕地保护制度、水资源管理制度、环境保护制度。深化资源性产品价格和税费改革，建立反映市场供求和资源稀缺程度、体现生态价值和代际补偿的资源有偿使用制度和生态补偿制度。加强环境监管，健全生态环境保护责任追究制度和环境损害赔偿制度。加强生态文明宣传教育，增强全民节约意识、环保意识、生态意识，形成合理消费的社会风尚，营造爱护生态环境的良好风气。"② 这里提出的制度建设就涉及正式制度和非正式制度。生产方式从线性向循环经济生产方式转变是生态文明建设的重要内容，构建中国的循环经济制度体系是生态文明制度建设的题中之义，也必然包括正式制度和非正式制度。

以马克思主义政治经济学理论为基础，经济制度体系的逻辑起点是：生产关系规定社会经济制度的基础，在这个基础上形成基本经济制度；在基本经济制度基础上形成经济体制，它是基本经济制度所采取的组织和管理形式；在既定的经济体制下，形成一系列具体管理制度。所以，经济制度体系由生产关系决定，体现生产关系，为生产力服务。发展循环经济，人的观念、行为、习惯等这些非正式的约束也起着非常重要的作用，因此，在研究和实践中构建循环经济的制度体系时，要兼收并蓄。完整的制度体系包括基本经济制度和建立其上的"规范人们相互关系的约束"即一系列正式制度和非正式的制度。

---

① 科斯、诺思、威廉姆森等：《制度、契约与组织——从新制度经济学角度的透视》，经济科学出版社 2003 年版，第 16 页。

② 胡锦涛：《坚定不移沿着中国特色社会主义道路前进 为全面建成小康社会而奋斗——在中国共产党第十八次全国代表大会上的报告》，中国政府网，2012 年 11 月 17 日。

循环经济的经济学理论基础研究

二、社会主义基本经济制度是构建中国循环经济制度体系的基础

本书以马克思主义政治经济学理论为基础，以中国特色社会主义市场经济为对象，研究促进循环经济生产方式发展的经济管理制度体系构建。制度体系的第一个层次是宪法秩序，宪法用以界定国家的产权和控制的基本结构，它包括确立生产、交换和分配的基础的一整套政治、社会和法律的基本制度，它的约束力具有普遍性，是制定制度的制度。关于中国社会主义的经济制度的基本内容，《中华人民共和国宪法》规定：中华人民共和国的社会主义经济制度的基础是生产资料的社会主义公有制，即全民所有制和劳动群众集体所有制。国家在社会主义初级阶段，坚持公有制为主体、多种所有制经济共同发展的基本经济制度。在社会主义经济制度基础之上，宪法进一步规定：矿藏、水流、森林、山岭、草原、荒地、滩涂等自然资源，都属于国家所有，即全民所有；由法律规定属于集体所有的森林和山岭、草原、荒地、滩涂除外。国家保障自然资源的合理利用，保护珍贵的动物和植物。禁止任何组织或者个人用任何手段侵占或者破坏自然资源。城市的土地属于国家所有。农村和城市郊区的土地，除由法律规定属于国家所有的以外，属于集体所有；宅基地和自留地、自留山，也属于集体所有。国家为了公共利益的需要，可以依照法律规定对土地实行征收或者征用并给予补偿。任何组织或者个人不得侵占、买卖或者以其他形式非法转让土地。土地的使用权可以依照法律的规定转让。一切使用土地的组织和个人必须合理地利用土地。①

之前的讨论表明，从生产力系统看，无论生产怎样进行，其源泉都是人的劳动和由土地、河流、森林、矿产、各种资源、气候等构成基本要素的大自然；从生产关系系统看，在不同的社会生产关系下，构成生产力系统要素作为财富的物质载体的自然资源归谁所有、归谁占有、归谁配置、归谁管理以及由此决定的财富收益归谁所有和如何分配是不同的。依据中国的国家宪法的规定，在中国特色社会主义市场经济条件下，构建循环经济生产方式发展的制度体系，社会主义基本经济制度是基础，由中国社会主义基本经济制度规定，自然资源归国家或者集体所有，这是构建循环经济制度体系的基础。

---

① 参见《中华人民共和国宪法》第六条、第九条和第十条。

国家或者集体作为所有者有收益权，并把收益用于保护自然资源和激励循环经济生产方式发展。自然资源由国家或者集体统一管理，与使用者形成契约关系，让出自然资源在一定时期的使用权。党的十九届四中全会把社会主义市场经济体制纳入了社会主义基本经济制度，提出要充分发挥市场在资源配置中的决定作用，因此，价值规律仍然是基本规律，自然资源的配置依然要通过市场进行，在价值规律作用下通过市场进行资源配置，体现资源配置效率。

需要指出的是，在马克思的价值规律中，虽然没有直接提到自然条件，但是在讨论决定生产力高低的因素时，涉及自然条件的好坏。优良的自然条件，会使劳动生产力水平提高，劳动生产力提高可以缩短社会必要劳动时间，所以，一定的社会必要劳动时间是以一定的自然条件为前提的。由于价值规律是通过市场竞争价格以及供求关系作用于市场活动中的主体，如果某些生产者廉价垄断了优良的自然条件，就会使自己的个别劳动生产力高于社会劳动生产力，也即个别劳动时间耗费少于社会必要劳动时间，从而获得超额的价值补偿，这个超额的物质利益不是靠生产者改善自己的生产条件获得的，而是靠廉价垄断自然界的恩惠获得的，生产者只要通过掠夺性使用廉价优质自然资源就能够取得竞争优势，获得越来越多的超额剩余价值。同种商品生产者之间不能通过平等支出劳动获得自己的物质利益，导致物质利益分配的不公平，这是违背价值量决定规律本质的。所以，价值规律有效配置自然资源，促使生产者通过提高劳动生产力获得不断增长的物质利益，一个重要的前提是生产者要公平拥有自然资源的使用权，公平竞争。还需要指出的是，即使公平拥有自然资源的使用权，但是，如果生产者能够廉价使用自然资源，在价值规律支配下，生产者为了追求最大利润，会采取节约劳动来提高劳动生产力的手段，在支出较少劳动情况下通过使用更多的廉价自然资源获得更多的物质利益，这就潜藏着发展生产力损害自然条件的可能性，如果人类只是从利己的目的出发发展生产力，就会使可能性转变为必然性。因此，价值规律并不能有效调节实现自然资源的节约利用，市场经济下传统的线性生产方式已经充分证明了这一点。另外，事实证明，在自由的市场经济条件下，价值规律并不能使所有资源特别是自然资源实现合理有效率的配置，突出的问题是，市场根据经济效率配置资源，但是，经济效率有不同的判别标准。具体讲，经济效率由收益和成本的比较产生，收益和成本的差额越大，经济效率越高，这涉及对成本的判别。成本用价格计量，但是市场并不能把所有与经济活动相关的资源都纳入价格机制当中，如空气、流动的水源等环境资源，这些不能用价格计量的东西被排除在成本之外，因此也不在经济效率评价之列，结果是，自由的市场经济在资源配置过程中必然不会考虑环境资源的保护问题，导致一部分人无偿地掠夺性使用环境资源从中获利，破坏了生态环境，经济发展质量下降。另外，马克思在研究资本主义无政府干预的自由市场运动时指出，在这样的市场中，价值规律调节有其滞后性和盲目性，它总是在生产出现严重比例失调之后才能发现问题，进行调节，结果造成自然资源的浪费。所以，在市场经济条件下，虽然市场中价值规律在资源配置中起决定性作用，但是，政府也必须要更加注重自然资源的可持续利用，通过制度体系建设克服市场在自然资源节约使用和生态环境保护方面的失灵问题。《中华人民共和国宪法》对自然资源所有权的规定为公平使用自然资源、公平分配使用自然资源获得的物质利益、促进自然资源的节约和循环利用提供了构建制度体系的基础，通过构建体现公平、激励节约和循环利用自然资源的制度体系，避免生产者通过垄断优质自然资源或者廉价使用自然资源进行不公平竞争和要为节约和循环利用自然资源提供制度保障。

从我国的循环经济发展实践看，循环经济发展过程中存在着循环利用生产和消费排泄物所生产的产品比直接使用自然资源生产的同类产品价格高因而缺少市场竞争力等问题，这与自然资源的所有权和使用权关系不清、使用者变成事实上的所有者、通过垄断自然条件不公平竞争、廉价掠夺性使用自然资源有很大关系。习近平总书记在党的十八届三中全会上指出："我国生态环境保护中存在的一些突出问题，一定程度上与体制不健全有关，原因之一是全民所有自然资源资产的所有权人不到位，所有权人权益不落实。针对这一问题，全会决定提出健全国家自然资源资产管理体制的要求。总的思路是按照所有者和管理者分开和一件事由一个部门管理的原则，落实全民所有自然资源资产所有权，建立统一行使全民所有自然资源资产所有权人职责的体制。"① 所以，构建循环经济制度体系，必须要依照宪法，明确自然资源所有

---

① 习近平：关于《中共中央关于全面深化改革若干重大问题的决定》的说明，新华网，2013 年 11 月 15 日。

权和使用权关系，用所有权人权益监督约束使用权人的行为，这是促进循环经济生产方式健康发展的根本性的制度保障。

第三节 构建循环经济生产方式经济管理制度体系的目的和内容

前面所提到的制度体系中的具体制度即是各个部门和领域的各种具体的管理制度，其中的经济管理制度规定着参与经济活动的人的经济利益，对社会经济活动中的成员形成激励和约束。经济管理制度安排的不同导致收入分配形式的改变，从而使资源分配随之改变，经济发展速度和绩效也会改变。循环经济的经济管理制度体系建立在基本经济制度之上，体现基本经济制度，规定各个循环经济活动主体之间的物质利益关系，目的是激励约束各个主体的行为，促进循环经济的发展。

一、构建循环经济生产方式经济管理制度体系的目的

理论上讲，各种具体的管理制度由社会活动中的人来制定，社会人对于制度的安排是有偏好的，这里所说的偏好是指社会偏好，所谓社会偏好是指由一个社会的核心价值观决定并且体现核心价值观的公众普遍认同的观念。在不同的社会基本经济制度下，其核心价值观从而社会偏好不同，因此有不同的管理制度安排，制度服务于目标，制度的目标由一个社会确定的核心价值观规定。价值观是指一个人对周围的客观事物（包括人、事、物）的意义、重要性的总评价和总看法。作为一种社会意识，价值观集中反映一定社会的经济、政治、文化，代表了人们对生活现实的总体认识、基本理念和理想追求。任何一个社会在一定的历史发展阶段，都会形成与其基本经济制度和要求相适应的、主导全社会思想和行为的价值观，即社会核心价值观。社会核心价值观是社会基本经济制度在价值层面的本质规定，体现着社会意识的性质和方向，不仅作用于经济、政治、文化和社会生活的各个方面，而且对每个社会成员价值观的形成都具有深刻的影响。社会主义核心价值观作为社会

主义的意识形态，由社会主义基本经济制度决定，中国社会主义核心价值观反映着中国社会主义国家的性质、社会的本质以及全体人民的奋斗目标和努力方向。在社会主义核心价值观引领下，形成正式和非正式制度体系，而制度体系又反作用于核心价值观，使核心价值观得到不断强化。党的十八大报告明确提出了中国社会主义核心价值观："富强、民主、文明、和谐、自由、平等、公正、法治、爱国、敬业、诚信、友善。"在 2013 年 8 月发布的《国务院关于加快发展节能环保产业的意见》中又提出，要把"生态文明纳入社会主义核心价值观"。在社会主义基本经济制度基础上，生态文明是中国特色社会主义核心价值观的题中之义，即文明包含生态文明，和谐包含人与自然的和谐相处，平等包含平等享有自然资源带给人们的福利，法治包含依法保护利用自然资源，富强包含拥有绿水青山和可持续发展的繁荣昌盛。这与党的十八大报告提出的"建设中国特色社会主义，总依据是社会主义初级阶段，总布局是五位一体，总任务是实现社会主义现代化和中华民族伟大复兴"以及"把生态文明建设放在突出地位，融入经济建设、政治建设、文化建设、社会建设各方面和全过程"[①] 的总布局和总要求相一致，特别是，要实现把生态文明建设融入经济建设、政治建设、文化建设、社会建设各方面和全过程，需要生态文明价值观的引领。

由社会主义生产关系及与其相适应的基本经济制度所规定的中国特色社会主义核心价值观引领，其社会生产目的的规定，经济发展目标是实现经济增长、社会发展和自然环境保护三者之间的协调推进，生产力作为实现这一生产目的的手段，其发展方式必须要实现从传统线性经济经济生产方式到循环经济的新型生产方式转变，并且，在市场经济条件下，必须要通过制度安排构建新的赢利模式，对人们符合发展循环经济要求的生产行为产生激励和导向作用，协调和整合循环经济运行中不同利益群体之间的关系，规范和约束人的经济行为，使企业在市场经济条件下采用循环经济生产方式有利可图，这就要求构建一个促进循环经济生产方式发展的制度体系，对人们的经济行为进行引导和约束。

---

① 胡锦涛：《坚定不移沿着中国特色社会主义道路前进 为全面建成小康社会而奋斗——在中国共产党第十八次全国代表大会上的报告》，中国政府网，2012 年 12 月 17 日。

二、中国循环经济制度建设的发展历程

从 1978 年改革开放开始，我国政府开始重视对工矿企业废物的回收利用，提出末端治理思想，陆续颁布了一些环境保护方面的法律法规，越来越关注资源环境保护的问题。在能源、资源的综合利用、清洁生产方面取得了一定的成效。1983 年国务院颁布了《关于结合技术改造防治工业污染的决定》，1985 年出台了《国务院批转国家经委〈关于开展资源综合利用若干问题的暂行规定〉的通知》，1986 年 3 月 19 日第六届全国人民代表大会常务委员第十五次会议通过《中华人民共和国矿产资源法》，1986 年 8 月 29 日第八届全国人民代表大会常务委员第二十一次会议对《中华人民共和国矿产资源法》进行了修订，1989 年 12 月 26 日通过并施行了《中华人民共和国环境保护法》。

进入 20 世纪 90 年代后，相关政策开始出现从末端治理到源头治理的导向。1993 年，在上海召开的第二次全国工业污染防治会议上着重讨论了资源型企业生产方式对环境产生的负面影响。上海会议之后，我国相继发布了一系列相关制度，对资源型企业生产行为进行规范，1993 年 10 月 7 日国务院发布了《中华人民共和国对外合作开采陆上石油资源条例》，并于 2001 年 9 月 23 日进行了修订。

从 1994 年开始，进入制度的研究探索阶段。这一阶段强调生态规律指导经济活动，以构建经济生态系统解决环境问题，循环经济制度建设开始形成体系。制度建设主要涉及以下方面：①研究在我国发展循环经济的重大意义及其与实施可持续发展战略的关系。②从理论上总结循环经济的概念、原则、层次和理论基础。提出要创新产业结构，即补充以维护和改善环境为目的的环境建设产业和以减少废物排放、建立物质循环为目的的资源回收利用产业，在此基础上构建新的产业结构体系等思想。③在技术专业领域开展了一些产品生命周期评价及生态环保材料的研究工作。④认为发展循环经济必须解决政策、立法、管理、制度、技术和观念上的诸多问题。在循环经济立法方面的问题成为研究热点。

之后环境保护制度进入进一步发展与完善阶段。1997 年 1 月 1 日起施行修订后的《中华人民共和国矿产资源法》、1998 年 7 月 1 日起施行修订后的

《中华人民共和国森林法》、2000 年 9 月 1 日起施行修订后的《中华人民共和国大气污染防治法》、2002 年 10 月 1 日起施行修订后的《中华人民共和国水法》、2003 年 1 月 1 日起施行的《中华人民共和国清洁生产促进法》、2003 年 1 月 1 日起施行的《中华人民共和国政府采购法》、2003 年 3 月 1 日起施行修订后的《中华人民共和国农业法》、2003 年 3 月 1 日起施行修订后的《中华人民共和国草原法》、2003 年 9 月 1 日起施行的《中华人民共和国环境影响评价法》、2004 年 8 月 28 日施行修改后的《中华人民共和国土地管理法》、2004 年 8 月 28 日施行修订后的《中华人民共和国渔业法》。

从 2005 年开始，制度建设全面进入构建法律法规体系、政策支持体系、评价指标体系、技术创新体系及建立激励约束机制阶段。相继制定了税收制度、许可证制度、达标认证制度、法规及管理制度，直至《中华人民共和国循环经济促进法》的实施，循环经济制度建设开始形成一个比较完整体系。

自 2004 年以后，在政府推动下，建设节约型社会、发展循环经济进入全面实施阶段。这个时期，2005 年我国政府第一次提出将循环经济作为政府决策目标和投资重点领域，其理念全面纳入经济社会发展总体规划和各分项规划中，开始进行循环经济的体系建设，与此相适应，开始组织编制循环经济发展规划，制定法律、法规等循环经济的制度，循环经济的制度建设进入新阶段：

1. 环境保护制度

2005 年 4 月 1 日起施行修订后的《中华人民共和国固体废物污染环境防治法》、2008 年 4 月 1 日起施行修订后的《中华人民共和国节约能源法》、2008 年 6 月 1 日起施行修订后的《中华人民共和国水污染防治法》、2009 年 8 月 27 日施行修订后的《中华人民共和国电力法》、2010 年 4 月 1 日起施行修订后的《中华人民共和国可再生能源法》、2011 年 3 月 1 日起施行修订后的《中华人民共和国水土保持法》。

2. 许可证制度

许可证制度是指，政府确定某一地区排污或排污浓度的总体水平，实现污染许可证的发放量等于该总体水平。发放许可证时，可结合企业现有排污情况，成比例缩小允许的污染物排放数量，超标部门给予经济甚至是法律惩罚。

我国政府为了维持市场秩序，保证公共安全，加强质量管理，保证人体健康和生命财产安全，促进市场经济的发展，对有可能危害人身财产安全、资源安全和生态安全的工业产品的质量，实施了政府行政审批的强制性制度——工业产品生产许可证制度。从事这些生产的企业，必须在资金、技术、设备、产品性质等各方面符合国家的规定，严禁不符合条件的企业进行生产。将不符合环保要求的企业拒之门外，可以促使企业自发履行环境责任，有效解决经济发展与环境保护的矛盾。

2005 年 6 月 29 日国务院第 97 次常务会议通过《中华人民共和国工业产品生产许可证管理条例》，于 2005 年 9 月 1 日起施行，其中明确规定："任何企业未取得生产许可证不得生产列入目录的产品，任何单位和个人不得销售或在经营活动中使用未取得生产许可证的列入目录的产品"。换言之，要想生产和销售在工业产品生产许可证制度管理范围内的产品，生产企业必须提前获得生产许可证，否则将会受到相关法律法规规定的惩处。这项制度有效阻止了不合格产品进入市场，并且保护了合法生产者以及消费者的利益，是政府依法对产品质量进行监管的有效措施。市场准入制度是国家对社会经济进行适度干预的基本形式之一，可以在一定程度上避免企业在自身利益最大化的驱动下侵占社会共同利益，致使人类生存的物质环境遭到重大破坏。

3. 《中华人民共和国循环经济促进法》

2008 年 8 月 29 日，第十一届全国人民代表大会常务委员会第四次会议审议并通过了《中华人民共和国循环经济促进法》，于 2009 年 1 月 1 日开始实施。该法共 7 章 58 条，明确了循环经济的基本管理制度、激励措施和法律责任。制定《中华人民共和国循环经济促进法》的目的是为了"提高资源利用效率，保护和改善环境，实现可持续发展"。发展循环经济的方针是："遵循统筹规划，合理布局，因地制宜，注重实效，政府推动，市场引导，企业实施，公众参与。"实现原则是："在技术可行，经济合理，和有利于节约资源，保护环境的前提下，减量化优先。""在废物再利用和资源化过程中，应当保障生产安全，保证产品质量符合国家规定的标准，并防止产生再次污染。"该法明确了国家将通过财政支持、税收优惠、金融支持、政府采购支持以及价格措施等方面的激励来推进循环经济发展。随着市场经济改革不断深化和生态文明建设的不断推进，2018 年 10 月，对该法律进行了修订，把"环境保护"修改为"生态环境"，把"工商行政管理"修改为"市场监督管理。"

4. 法规及管理制度

"行政法规指国务院为领导和管理国家各项行政工作，根据宪法和法律，并且按照《行政法律制定程序暂行条例》的规定而制定的政治、经济、教育、科技、文化、外事等各类法规的总称。"①

2005 年 7 月 2 日，《国务院关于加快发展循环经济的若干意见》明确指出了我国发展循环经济的主要目标与任务：建立比较完善的发展循环经济的法律法规体系、政策支持体系、体制与技术创新体系和激励约束机制；使资源利用效率大幅度提高，废物最终处置量明显减少；建成大批符合循环经济发展要求的典型企业；推进绿色消费，完善再生资源回收利用体系；建设一批符合循环经济发展要求的工业（农业）园区和资源节约型、环境友好型城市。中华人民共和国信息产业部、国家发展和改革委员会联合其他部委为控制和减少电子信息产品废弃后对环境造成的污染，促进生产和销售低污染电子信息产品，保护环境和人体健康制定了《电子信息产品污染控制管理办法》，并于 2007 年 3 月 1 日施行。由中华人民共和国商务部、国家发展和改革委员会联合其他部委制定，2007 年 5 月 1 日施行了《再生资源回收管理办法》，其目的是促进再生资源回收，规范再生资源回收行业的发展，节约资源，保护环境，实现经济与社会可持续发展。为了加强民用建筑节能管理，降低民用建筑使用过程中的能源消耗，提高能源利用效率，推动公共机构节能，提高公共机构能源利用效率，发挥公共机构在全社会节能中的表率作用，2008 年 10 月 1 日起施行了《民用建筑节能条例》和《公共机构节能条例》。为了规范废弃电器电子产品的回收处理活动，促进资源综合利用和循环经济发展，保护环境，保障人体健康，根据《中华人民共和国清洁生产促进法》和《中华人民共和国固体废物污染环境防治法》的有关规定，在 2011 年 1 月 1 日起施行了《废弃电器电子产品回收处理管理条例》。北京、上海、山东、重庆、深圳等 17 个省市也相继制定了发展循环经济的地方性法规。

---

① 沈宗灵：《法理学》，北京大学出版社 2006 年版。

三、构建循环经济生产方式经济管理制度体系的内容

从中国已有的与绿色低碳循环发展相关的经济管理制度看，不仅每个制度本身缺少系统性，而且各种制度出自不同的政府部门，各自为政，缺少经济制度的顶层整体设计和安排，监管不力，制度落实不利。在市场在资源配置起决定性作用和更好发挥政府作用的中国特色社会主义市场经济体制下，发展循环经济尤为重要的是要建立完整的相关经济管理制度体系，引导生产方式从线性向循环的新型生产方式转变。

在市场在资源配置起决定性作用和更好发挥政府作用的中国特色社会主义市场经济体制下，在组织资源配置方面，充分发挥市场决定作用，使其实现高效利用，而在转变发展方式，实现经济增长、社会发展和自然环境保护三者之间协调推进方面，则特别需要政府通过顶层系统设计宏观经济管理制度，提供激励约束机制，激励约束企业逐步从线性生产方式向循环经济生产方式转变。进行循环经济管理制度体系的系统设计，需要区分为三个层次。

第一层次是宏观层面的循环经济管理制度的系统设计，包括各个具体的经济管理制度和管理目标都要系统贯穿循环经济理念、指导思想和原则，构建循环经济指标体系，以基本经济制度为基础构建自然资源产权管理制度。构建调节循环经济各个主体的物质利益关系的制度体系，诸如通过体制机制构建形成合理的自然资源市场价格，把市场价格机制排除在成本之外的环境资源的耗费纳入成本，构建自然资源的交易管理制度和生态补偿制度等；构建落实这些制度的产业政策、财政政策、绿色金融政策等政策体系，以此激励和约束企业的生产行为，促进企业生产方式从线性向循环经济转变，促进居民和政府消费行为转变。这需要一个较为长期的逐步建设过程，完成这个制度体系的顶层系统设计，意味着宏观层面的循环经济管理制度实现了以线性生产方式为核心向以循环经济生产方式为核心的全面转变。

第二层次是建立和完善政府承担相应的循环经济管理责任、强制企业承担环境保护方面的社会责任、引导公众参与环境保护监督和引导消费者参与到循环经济发展过程当中的循环经济生产方式的管理制度体系。主要包括防止污染责任制度、绿色采购制度、工业园区一体化管理制度、信息公开化制度、环境影响评价制度和消费排泄物回收处理及再生资源使用制度等。这方

面的制度建设国内外已经有很多实践，也取得了一些效果，随着循环经济的发展，需要结合中国的实际情况不断完善。

第三层次是实行最严格的源头保护制度、损害赔偿制度、责任追究制度体系。这是从生态环境保护入手，强制企业实行循环经济生产方式的管理制度。在这个层次的建设中，除了坚持实施已有的有效制度外，还需要有针对性地进行制度创新，即建立新制度和完善已有制度。

管理制度需要在实践中不断完善，通过循环经济发展实践，不断发现问题，完善制度体系建设，提高治理能力。党的十九届四中全会作出《中共中央关于坚持和完善中国特色社会主义制度 推进国家治理体系和治理能力现代化若干重大问题的决定》，把制度建设放在十分重要的位置。通过制度建设推进国家治理体系和治理能力现代化，是在新中国成立一百年时实现建成中国特色社会主义现代化强国的重要保障。决定中提出要坚持和完善生态文明制度体系，促进人与自然和谐共生，因为生态文明建设是关系中华民族永续发展的百年大计。提出要更加自觉地推进绿色循环低碳发展，为此要全面建立资源高效利用制度：在自然资源总量管理方面，推进自然资源统一确权登记法制化、规范化、标准化、信息化，健全自然资源产权制度；在促进资源节约和循环利用方面，落实资源有偿使用制度，健全资源节约集约循环利用政策体系，普遍实行垃圾分类和资源化利用政策。可以看到，目标一以贯之，思路已经明确，关键的问题是在实践中构建环环相扣、切实有效的管理制度体系。

第四节　促进循环经济生产方式发展的政策

制度需要政策辅助实施。推动循环经济生产方式发展的政策在一些发达国家有不少的实践，对我国的政策制定和实践有借鉴作用。

一、制度与政策的关系

制度建立，并不意味着可以起到应有的作用，还需在其框架内细化、归类，制定各种政策来辅助实施，通过政策发挥其作用。政策是由一定主体

（政府和社会团体）作出对一定客体产生一定影响的规定和要求，它是在制度形成后或逐渐形成的具体操作，较之制度，它更具有行为特征。政策作为计划、规划、议案、政府决策、社会目标等多面体的表征词，从属于制度框架，为制度服务。制度制约政策，政策把制度具体化，执行操作任务，随制度的产生而产生也随制度的消亡而消亡，并在实际执行中不断完善，逐渐上升为法律、规章，具有目标特征、行为特征、灵活多变特征、实证特征以及法律特征。为了使循环经济制度对促进循环经济的顺利发展发挥作用，需要实施一系列政策措施，利用计划、财政、税收、投资等政策推进循环经济生产方式发展。

二、国外循环经济政策概览

为了使循环经济制度对促进循环经济的顺利发展发挥作用，发达国家实施一系列政策措施，利用计划、财政、税收、投资等政策推进循环经济，通过政府引导、企业自律和公众的参与逐步建立了循环型社会。

（一）日本循环经济政策

1. 循环经济发展计划

日本在制定综合法、基本法和专项法基础上，于 2003 年 3 月制订了建设循环型社会的长期指导方针《推进形成循环型社会基本计划》。一系列配套的法律法规的颁布使抽象的法律转化为具体条文，其详细、全面的配套规定具有很强的可操作性，从而有效地保障了日本向降低环境负荷，实现经济社会可持续发展的循环型社会转变。

2. 税收政策

对引进再循环设备的企业减少特别折旧、固定资产税和所得税。如政府对废塑料制品类再生产处理设备，在使用年度内除了普通退税外，还按取得价格的 14% 进行特别退税。对废纸脱墨处理装置、处理玻璃碎片用的夹杂物剔除装置、铝再生制造设备、空瓶洗净处理装置等，除实行特别退税外，还可获得 3 年的固定资产税退还。对公害防治设施可减免固定资产税，根据设施的差异，减免税率分别为原税金的 40% ~ 70%。对各类环保设施．加大设备折旧率，在其原有折旧率的基础上再增加 14% ~ 20% 的特别折旧率。

3. 预算政策

为克服废弃物对经济发展的制约，增强以环境技术和环境经营为核心的产业竞争力，日本政府制定了相关的财政预算。2003 年，为建设循环型社会，日本相关的财政预算为 35.1 亿日元，2004 年为 24.7 亿日元。尽管用于循环经济的预算占财政总预算比例还很低，但日本政府已开始对发展循环经济给予经济支持。一是创造型的技术研究开发补助金制度。对中小企业从事有关环境技术开发项目给予补贴，补助费占其研发费用 1/2 左右；二是对废弃物再资源化设备生产者给予相应生产、实验费的 1/2 补助；三是对引进先导型合理利用能源设备予以补贴，其补贴率为 1/3，补贴金额最高为 2 亿日元；四是推进循环型社会结构技术实用化补助优惠政策。对民间生产企业采用的高效实用技术给予 2/3 的补贴，补贴金额最高上限为 1 亿日元。

4. 融资政策

在融资方面，只要满足一定的条件，日本政策投资银行、冲绳振兴开发金融公库、中小企业金融公库、国民生活金融公库对引进 3R 技术设备的企业提供低利息融资。从事 3R 研究开发、设备投资、工艺改进等活动的各民间企业，根据不同情况分别享受政策贷款利率。同时，在企业设置资源回收系统，由非营利性的金融机构提供中长期优惠利率贷款。对实施循环经济的企业、项目，给予各种税收优惠。

5. 资源回收奖励政策

日本许多城市采用资源回收奖励政策，鼓励市民回收有用物质。如大阪市对社区、学校等集体回收报纸、硬纸板、旧布等发给奖金。全市设了 80 多处牛奶盒回收点，并发给牛奶纸盒卡，盖满回收图章后可凭卡免费购买图书。市民每回收 100 只铝罐或 600 个牛奶盒，可获得 100 日元的奖励。

6. 公众的参与政策

政府规定媒体要承担宣传循环经济、提高人民节约意识的社会责任。通过其他各种手段，如把循环经济纳入学校教育中；动员市民开展垃圾收集活动，尤其是废旧电子产品、电池等的回收，提高了废弃物的回收利用；公众减少对过量、奢华包装产品的消费，进行适度消费和正确购物，减少包装垃圾的产生；延长一次性用品和不可再生资源产品的使用期限；向公众发放有关垃圾分类和处理的资料等进行宣传，鼓励市民积极参与到产品的节约使用、废弃物的回收中，以提高公众保护环境的意识。

（二）德国循环经济政策

1. 生态税政策

德国政府于 1998 年制定了"绿色规划"，在国内工业经济行业和金融投资中将生态税引入产品税制改革中，2000 年开始实施该税制，对那些使用对环境有害的材料和消耗不可再生资源的产品征收生态税（如汽油、电能及间接产品），以鼓励废旧产品的回收利用，减少废物污染。生态税的引入有利于政府通过经济措施从宏观上控制市场导向，促使生产商改进工艺、设备和技术，引导生产者的行为，进而达到改进消费模式和调整产业结构的目的。还有其他一些税收优惠政策，如加大设备折旧率，免交销售税等。

2. 抵押金返还政策

德国政府针对消费领域制定和颁发了《饮料容器实施强制押金制度》的法令，该法令规定在德境内任何人购买含有包装和容器的产品必须多付 0.5 马克作为包装和容器的押金，在产品完成其使用功能后，消费者把包装和容器退还给商店就可取回抵押金，以保证容器使用后退还商店以循环利用，这是欧洲第一个关于包装回收的法令。在《包装条例》中还规定，如果液体饮料的容器是不可回收利用的，购买者必须为每个容器至少多付 0.25 欧元的押金，当容器容量超过 1.5 升时，需要至少多付 0.5 欧元。只有容器按《包装条例》的要求返还时，押金才能退回。

3. 废弃物收费与处理制度

德国建立了专门监督企业废料回收和执行循环经济发展要求的机构。生产企业必须要向监督机构证明其有足够的能力回收废旧产品才会被允许进行生产和销售活动。负责包装废弃物处置的 DSD（Duales System Deutschland）双轨回收系统有限公司是德国专门组织回收处理包装废弃物的非营利社会中介组织（也称为绿点公司），1995 年由 95 家产品生产厂家、包装物生产厂家、商业企业以及垃圾回收部门联合组成，有 1.6 万家企业加入。DSD 不是垃圾处理企业而是一个组织机构，其基本原则是谁生产垃圾谁就要为此付出代价。根据规定，德国包装材料的生产及经营企业要到"德国二元体系"协会注册，交纳"绿点标志使用费"，并获得在其产品上标注"绿点"标志的权利。协会则利用企业交纳的"绿点"费，负责收集包裹垃圾，然后进行清理、分拣和循环再生利用。

德国废弃物处理费的缴费主体主要是城市居民和生产者。对居民收费，主要是按户收取、也有计量收费，按不同废物和废物不同量收取费用。对生产者收费，按照"谁污染、谁付费"的原则，要求生产者对其生产的产品负责，迫使生产者对其使用的落后生产技术予以更新改造。对居民和生产者收取的垃圾费增加了对废弃物回收再利用和资源化处理的资金投入，从而为垃圾处理积累了资金，推动了垃圾的减量化和资源化。据德国环保局统计，垃圾收费政策实施后，垃圾减少了65%；包装企业每年仅包装废弃物回收所交纳的费用已高达2.5亿~3亿美元。

4. 财政补贴和投资政策

德国政府很重视环保设施和节能设施的建设，规定对各类环保设施的兴建给予相当于其投资费用1%的补贴；对节能设施建造与改造给予其投资费用25%的补贴率。对能减轻环境污染的环保设施给予低息贷款，这种贷款利率低于市场利率，偿还条件又优于市场条件；贷款周期长，利息固定，头几年还不需偿还，必要时还可以给予补贴。对减少环境危害的产品，可以免交销售税，只需缴纳所得税即可。企业还可享受折旧优惠，环保设施可在购置或建造的财政年度内，折旧60%以后每年按成本的10%折旧。

（三）美国循环经济政策

1. 法律法规政策

美国加州于1989年通过《综合废弃物管理法令》，要求在2000年以前，50%废弃物通过源削减和再循环的方式进行处理，未达到要求的城市将被处以每天1万美元的行政罚款。美国7个州规定新闻纸的40%~50%必须使用由废纸制成的再生材料。2003年，美国城镇产生的废弃物为5.5亿吨，回收利用率达到40%。在各种废弃物回收利用率中，纸张为42%，软饮料塑料瓶为40%，铁制包装为57%。

2. 政府奖励政策

美国积极制定政府奖励政策，于1995年设立了"总统绿色化学挑战奖"，支持那些具有基础性和创新性、对工业界有实用价值的化学工艺新方法，以达到减少资源消耗和预防污染的目的。

3. 税收政策

美国通过征收新鲜材料税，促使人们少用原生材料、多进行再循环；除可再生能源外，对其他能源都要征收生态税；征收垃圾填埋和焚烧税。美国通过税收优惠政策，促进资源有效利用，如美国亚利桑那州对分期付款购买回用再生资源及污染控制型设备的企业可减销售税10%，康奈狄克州对再生资源加工利用企业减免州级企业所得税、设备销售税及财产税。从20世纪90年代起美国政府开始了农业"绿色补贴"的试点，设置了一些强制性的条件，要求受补贴农民必须检查自己的环保行为，定期对农场所属区域的野生资源、森林、植被进行情况调查，政府根据实际检查情况，决定对其是否给予补贴以及补贴多少，对表现出色的农户，暂行减免农业所得税，以资鼓励。

4. 收费政策

根据所倒垃圾数量对人们进行收费是最直接的刺激措施。对饮料瓶罐采用了垃圾处理费预交制度，此法可以使废弃物在重量上减少10%～20%，在体积上减少40%～60%。预交金一部分用于废弃物回收处理，另一部分用于回收新技术的研究开发。收取污水处理费，对废旧物资商品化收费。

5. 循环消费政策

通过网络在政府规定或支持的商业网站进行旧货交易，也可同慈善机构定期举行的甩卖活动进行旧货买卖，消费者之间可以实现产品的有偿转让来实现循环消费。

6. 政府优先购买制度

美国几乎所有的州均对使用再生材料的产品实行政府优先购买政策，政府采购中优先使用有再生成分的产品。

（四）其他国家循环经济政策

法国环境部设立专门机构从事防治或减少废物产生的一系列政策，每年给清洁生产示范工程补贴10%的投资，给科研的资助高达50%。荷兰政府促进少废、无废的清洁生产技术的开展和利用，给工厂提供占新设备费用15%～40%的补贴。

荷兰规定采用革新性的清洁生产或污染控制技术的企业，其投资可按1年折旧，而其他投资的折旧期通常为10年。实施废水、废弃物处理收费政策，固体废弃物处理厂由政府投资建立，每处理 1 千克垃圾规定收费 0.16 荷兰盾。

英国 2000 年开始颁发 Jerwood—Salters 环境奖，用于资助在绿色化学方面卓有成就的年轻学者。

瑞士政府规定，企业在使废弃的塑料瓶回收率达到 75%，才能获准广泛生产与使用塑料瓶。在全国各地设立专门的回收箱分别对废罐头盒、废电池回收以作他用。

三、国外循环经济政策对我国的启示与借鉴

国外循环经济实践成功经验之一是建立了一套循环经济政策支持体系，包括政府规制性政策、利用市场运作的市场性政策和公众参与政策，这些政策体系确保了循环经济的制度得以发挥作用。

（一）政府的规制性政策

规制性政策主要是政府及时颁布配套政策，通过行政命令和控制手段主导市场行为，政府的这些命令和手段对市场具有指导和驱动作用，是促进循环经济发展的内动力。这些命令和手段包括法律法规、禁令、规划、计划等，且操作单一。循环经济的规制性政策大多是配合立法制定，具有层次性和可操作性。排污权交易、排污收费、押金返还制度、生态税、资源税等各种政策手段综合配套，共同促进形成发展循环经济的激励和约束机制，政策主要包括法律法规政策、资源回收奖励政策和政府奖励政策。这些政策鼓励用高新技术改造传统产业，发展资源消耗低的产业；鼓励企业和公众回收利用废旧资源；引导金融机构对有利于促进循环经济发展的项目给予贷款支持，对循环经济的发展具有较好的激励和约束作用。

（二）市场性政策

在促进循环经济发展时，调控手段措施齐全。市场性政策是基于市场的一种经济手段，也是制度的重要补充手段，发挥着重要作用。市场性政策形式多种多样，通过税收、收费、补贴和价格等调节或者影响市场主体的行为。

在税收政策方面，对有利于环境保护、节约资源的企业实施税收减免和优惠的税收政策，鼓励企业进行清洁生产、废弃物综合利用和技术研发，对进行废旧资源处理的企业给予普通退税和特别退税优惠，对企业从事循环利

用设备生产的免征销售税；对用再生能源生产产品和节能型产品的企业给予税收抵免等。

在收费政策方面，主要是要对废弃物和污染物征收处理费。对企业和消费者依据不同规定收费，对生产者来说延伸生产责任制，对产品废弃物回收处理负责，按照企业排污量、污染程度进行收费；对消费者按户按人口按量等标准收取。最后积累污染物和废弃物处理的资金，并可广泛接纳社会私人经济以承包、服务协议等多种形式参与这项措施。

在补贴政策方面，主要是政府对在生产过程中按照循环经济发展目标和要求进行清洁生产、可再生能源利用、技术设备研发的企业和个人以直接性补贴、间接性补贴、投资、贷款、奖励、优先支持股票上市等形式进行鼓励。以促进市场主体企业积极参与到循环经济的活动中，达到节约资源、保护环境、规模生产的目标。总之，循环经济的政策体系是在政府的指导与驱动下，企业和社会广泛参与从而形成规制性政策、参与性政策和市场性政策的政策体系，实现生态环境、经济效益和社会效益的协调统一发展的目标。

在能源政策方面。主要是通过财政手段来激励可再生能源的开发和利用。政府拨款资助可再生能源的研发并为可再生能源发电项目提供低税优惠。政府部门带头使用可再生能源产生的产品。对于生产节能型家电的企业提供低税优惠。鼓励研发和使用新型的采用可再生能源车辆，以节约石油资源。

（三）社会公众参与性政策

国外家庭和民众的广泛参与和积极投入。主要有：一是参与垃圾分类与回收。各个家庭将垃圾分类遗弃后，有专门部门回收循环利用。诸多发达国家都对垃圾采取了分类处理方式，这一措施的有效实施在很大程度上得益于民众的自觉维护和支持。二是购买绿色产品。民众改变"高消费、高浪费、高污染"的传统消费模式，实施绿色消费，购买绿色产品，有利于循环经济在社会范围的推广。

四、推动中国循环经济生产方式发展的政策体系构建

借鉴发达国家一些行之有效的政策实践经验，根据我国循环经济发展实

际，构建促进循环经济生产方式发展的政策体系。

（一）产业政策体系构建

产业政策体系的构建包括下面三个角度：

1. 结合主体功能区划规划，优化产业布局

按照国家主体功能区划规划，根据资源环境承载能力、现有开发密度和发展潜力，国土空间划分为优化开发、重点开发、限制开发和禁止开发四类主体功能区。结合国家的要求，在不同功能区实行不同的区域政策和产业政策，优化产业布局，探索建立与主体功能区划相适应的循环经济发展模式，促进资源合理开发和保护生态环境。

2. 严格市场准入，加大淘汰落后产能力度

结合供给侧结构性改革，制定和完善相关标准，根据其标准，实施市场准入制度，起到尽快淘汰落后产能的目的。例如，对电力、钢铁、化工、焦炭、电石、铁合金、建材、造纸、水泥等重点行业实施比较严格的市场准入制度，保证行业发展的质量，促进其又好又稳的发展。对高能耗、高排放、低效率的行业实施差别价格政策，制止盲目投资和低水平重复建设。制定鼓励、限制和淘汰的技术、工艺、设备和产品的名录，在源头上减少污染的发生概率，促进循环经济的健康发展。

3. 按照循环经济发展要求建立生态产业

对于工业而言，循环经济的理念是促进工业绿色发展，建立企业清洁生产审核制度，促进资源节约和循环利用，减少有毒有害材料的使用。对于企业工业园区而言，促进企业在空间上的集聚规模效应，引导各产业有机链接，开展生态工业设计和生态工业区建设。对于农业而言，鼓励发展生态农业，减少对环境有害的化肥等物质的使用，增加有机肥的投入和使用。对于旅游业，合理开发旅游资源，禁止破坏当地文物和自然景观。

（二）价格调整政策体系构建

市场机制中的价格调节手段具有灵活性和自发性特征，调节的范围和调节的幅度都具有灵活的操控力，是市场配置资源的基本杠杆，适当利用价格调整政策，是循环经济发展逐步市场化的重要手段。构建价格调整政策体系，主要包括以下三点：

1. 完善资源性产品价格形成机制

价格调整政策体系的构建，离不开市场价格的形成机制。首先应建立、完善资源产权市场体系，在明确产权的基础上，形成反映市场供求和环境、资源外部性成本的价格形成机制，充分发挥价格在社会经济运行中的引导作用，优化资源的配置。

2. 协调企业发展循环经济过程中的价格关系

在企业发展循环经济的过程中，主要包括初次使用资源过程、再生资源回收使用过程和废弃物处理过程。在我国现行的价格体系中，初次使用资源的成本低，再生能源的回收使用的价格较高，废弃物处理的成本较高。根据市场定价机制的作用，适当提高初次使用的资源产品的价格，降低可再生资源产品的价格，同时提高废弃物排放的收费，使初次使用的资源和废弃物排放的成本相对提高，使用可再生资源产品的成本相对降低，引导企业自发促进循环经济发展，提高资源利用效率，积极进行废弃物的再次使用。

3. 完善排污收费制度和生态补偿制度

在企业发展循环经济的过程中，排污的处理是一个非常重要的问题。排污势必会对社会的环境造成污染，这是企业在运行中产生的负的外部性。环境保护具有正的外部性，但是，在线性生产方式下的价格体系中，企业保护环境的收益小于其付出的成本。消除环境污染的负外部性，要逐步提高排污收费的标准，按可持续发展的科学发展观来规范排污收费制度的实施。将排污收费的款项用于保护环境，完善生态补偿机制，按照"谁污染谁治理"的原则，实施企业环境成本内部化的目标，实现谁治理谁受益，促进企业发展循环经济。

（三）财政政策体系构建

1. 财政补贴政策

全面清理各种补贴政策，取消不利于资源节约和环境友好的补贴政策，加大对循环经济生产方式企业的补贴，如采取财政贴息、税前还贷等，对企业在生产经营过程中使用的无污染或减少污染的机器设备实行加速折旧制度，以提高企业发展循环经济的积极性。

2. 政府优先采购政策

政府采购具有政策导向性和宏观调控的作用，在政府采购中优先选择循环经济产品，采购符合环境保护标准的产品。降低循环经济产品的市场准入门槛，并保证具有稳定的市场份额，降低企业循环利用资源和废弃物的市场交易成本。

3. 财政研发资金政策

促进循环经济发展是一项政府主导的活动，需要政府的财政资金投入。目前，我国确定了一些循环经济发展重点行业，主要集中在钢铁、有色、煤炭、电力、化工、建材、轻工七大行业。这些行业实现资源回收利用的潜力很大，通过开展循环经济试点工作，探寻和完善重点行业循环经济发展的有效模式、关键技术领域、重点投资领域、评价指标体系，树立循环经济典型企业，以政府科技研发项目支持形式进行资金支持。

4. 财政转移支付政策

促进循环经济发展，国家应该把资源、环保建设纳入社会发展长远规划，在财政预算科目中应设立资源、环保建设的财政支出预算科目，并通过转移支付的方式用于生态资源环保与建设工程。在资金分配过程中，应采取科学、规范、透明的方法进行。在分配的重点上，应加大对重点生态保护地区、资源枯竭地区、关闭了重点污染行业和企业所在地的财政转移支付力度，保障提供均等公共服务所需要的资金支持。同时确保河流上游水源林保护区、动植物保护区、湿地草原保护区、天然林保护区从受益地区得到相应的经济补偿。

5. 税收政策

（1）完善发展循环经济的税收政策。

对自然资源征税，体现自然资源国家所有权的收益权，适当扩大资源税征收范围，可以在现行资源税的基础上，将土地资源、水资源、动物资源、植物资源和海洋资源等自然资源都列入资源税的征收范围，促进使用者节约和循环利用自然资源。在此基础上，实行税种、税费合并的政策。将土地使用税、耕地占用税、土地增值税等并入资源税，并将各类资源性收费如矿产资源管理费、林业补偿费、育林基金林政保护费、电力基金、水资源费、渔业资源费等也计入资源税。同时，加大对资源回收利用、开发利用替代资源的税收优惠政策。另外，在计征方法上可以采取从价和从量相结合的方法，完善计征办法。

在消费税方面，可以适当扩大消费税的征收范围，尤其应把资源消耗量大的消费品，如一次性生活用品、高档建材、高档家具、塑料制品、电池、烟草等列入征税范围。设计差别税率，对高能耗、环境不友好的消费品征收较高的消费税，抑制不合理的消费；而对资源消耗量小、利用再生资源生产的产品和环境污染小的产品，征收较低的消费税或者给予税收减免。如增设煤炭资源消费税税目；对低标号汽油和含铅汽油征收消费附加税；对危害健康和污染环境的消费品征收消费税或消费附加税；对奢侈品、高档消费品征收消费税。

在关税方面，积极建立绿色关税体系。调整进出口税收政策，对于国内紧缺资源和高能耗、高排放、资源型产品而言，控制其出口，并鼓励其进口。这样有利于资源节约和综合利用、提高能源效率、保护和改善生态环境的设备进口。建立绿色关税体系，有效保护国内稀缺资源，改善进出口结构和质量，为循环经济发展创造良好的对外贸易环境。

（2）开征有利于循环经济发展的税种。

设置环境税。环境税是国家为了保护环境与资源，凭借其主动权利对一切开发、利用环境资源的单位和个人，按其开发、利用自然资源的程度或污染、破坏环境资源的程度征收的税种。根据国外的一些实践，环境税是提高政府干预有效性、降低污染治理成本的政策工具，应成为我国借鉴的经验，把环境税作为我国环境管理的重要政策手段。

发达国家相关税种还有污染税、原料投入税、产品税、出口税、进口税、差别税、租金和资源税、土地使用税和投资税减免。在污染产生的时段就进行外部性的预防，在外部性可能产生的过程和末端也都进行严格的税制规范，使经济发展符合健康发展的要求。对开发、利用自然资源的行为和有污染的产品均有税收限制，如开发、利用森林资源税、含铅汽油税、含氯氟化碳产品税等。应用最广泛的环境税是燃油环境税，对含铅和无铅汽油实行差别税，对含硫和含碳燃料征收硫税、碳税等。这些做法我们都可以在实践中借鉴。

（四）金融政策体系构建

在市场经济的条件下，金融政策是非常重要的市场化调控和引导手段，对经济主体的行为有十分重要的引导作用和影响作用。

1. 通过政策性贷款，支持循环经济的发展

许多循环经济的项目建设周期很长，涉及的投资量比较大，因此具有很

大的风险。在这种情况下，很多商业银行不愿意介入，承担过高的风险。这就需要充分利用现有政策性银行，主要是国家开发银行的优势，强化对循环经济的资金支持，促成相关市场体制的形成。通过政策性贷款，支持与循环经济中的环境、资源等问题相关的基础设施建设融资，解决融资困难的问题。另外，通过政策性贷款影响循环经济在农村的发展，促进农业经济效益、生态效益和社会效益的共同提高，为农村循环经济的发展提供一个良好的环境。最后，利用低成本的政策性贷款支持发展循环经济的企业融资，通过优先贷款、低息贷款、贴息贷款、无息贷款、延长贷款周期等渠道给予企业在资金上的支持。同时，商业银行在支持循环经济发展时，应得到国家及各级政府有关政策措施的支持，以促使其在推动循环经济发展方面发挥巨大作用。例如，为支持循环经济的企业和投资项目而放低贷款利率的银行，应得到国家财政补贴。

2. 投融资政策

由于我国金融市场的现状是以间接融资为主，因此，融资难一直是困扰企业发展的"瓶颈"。作为我国循环经济发展的政策性投资主体，政府部门投资的目标是追求环境效益和社会效益的最大化，国有银行应通过调整信贷结构，优先支持和保证与节约降耗、清洁生产、资源综合利用和环保产业等与循环经济相关的产业、企业和建设项目的资金需要。同时还要严格控制对盲目投资、低水平重复建设、高耗能、高耗水、高污染等产业、企业和建设项目的信贷资金投放，并以此促进循环经济的发展和经济增长方式的转型。

在面对不同的贷款项目时，根据具体情况制定贷款利率。对废物资源化、再生资源回收利用以及与发展循环经济相关的技术开发、设备制造等企业和投资项目的贷款给予利率优惠，而对于高耗能、高污染和低效率的企业和投资项目的贷款则以比较高的利率限制其发展，从而引导和调控市场主体的行为，鼓励其在各行各业大力开发应用与循环经济相关的技术和设备。

建立有利于循环经济发展的商业银行间接融资体系，依靠现有商业银行体系对与循环经济相关企业给予支持和约束。商业银行根据各地方的循环经济发展特点，制定不同的贷款政策。企业贷款可通过地方政府的中小企业发展机构来委托贷款，也可根据情况进行直接贷款。还可以考虑建立专门的中小企业发展银行，对与循环经济相关的中小企业获取外部资金提供其他支持。

3. 组建循环经济产业投资基金

产业投资基金是指以"集合投资、专家管理"的模式，将在一定范围内募集的资金投资于事业的一个投资基金品种，主要投资于未上市企业，对该类企业提供资本支持，是未上市企业尤其是中小型企业的重要融资渠道之一。产业投资基金作为企业的重要资金来源之一，对于引导企业行为、支持和促进循环环境发展有着极为重要的作用。因此，可以由政府出资成立基金，或与银行、大公司等合资建立投资基金，再招募基金管理人，采用有限合伙的方式，专门负责循环经济产业投资基金的运作。设立循环经济专项资金，整合现有的清洁生产专项资金、可再生能源专项基金、散装水泥专项资金和其他有关专项资金，具有重要的战略意义。设立循环经济产业投资基金，进一步扩大支持范围，加大支持力度，提高各种资金的使用效率，支持循环经济的发展。在产业投资基金运行中，可以明确规定可优先发展领域的产品目录。

4. 创新银行类金融产品

（1）资产证券化筹集资金。

企业资产证券化可以为企业盘活资产，筹集资金，这是促进企业快速发展的又一重要方式。证券监管部门应充分利用这一工具，在企业资产证券化的有关政策法规和业务规则中，优先鼓励符合发展循环经济要求的企业和投资项目通过这种方式筹集资金，鼓励证券机构开发和培育有利于发展循环经济的资产证券化项目，鼓励各级地方政府通过资产证券化筹集资金用于支持和促进本地区循环经济的发展。

（2）发行债券。

探索建立企业债券市场，因为债券融资是企业融资的重要方式之一。支持循环经济试点企业在国内外资本市场上市融资，放宽企业债券发行额度限制，对促进循环经济发展有着重要作用。国家有关企业债券监管部门在核准企业发债申请工作中，应制定相应政策措施，优先核准与发展循环经济相关的企业和建设项目发行债券融资，或者降低对这些企业和项目发行债券的条件，降低对企业资产盈利能力要求，允许企业采取多种担保方式，发行债券进行融资，以鼓励和引导发债企业降低资源消耗，综合利用能源，发展循环经济。

（3）支持符合要求的企业上市融资。

股票融资是企业筹集长期资金的重要方式，权益资本具有稳定的特征，可以为企业带来持续稳定的资金。我国现在对企业股票发行和上市实行核准制，符合股票发行和上市条件的企业经保荐人保荐，由中国证监会核准，才能取得公开发行股票并上市的资格。为了鼓励和支持符合发展循环经济要求的企业公开发行股票融资，中国证监会可制定相应的政策措施，在同等条件下优先核准与发展循环经济相关的企业公开发行股票和上市，利于社会资源优先向符合发展循环经济要求的企业配置，促进循环经济的健康发展。

（4）支持增发新股和配股。

企业股票发行和上市之后，增发和配股是上市公司再融资的重要方式。为了鼓励上市公司发展循环经济的积极性，监管部门应对在节约资源、清洁生产、资源综合利用以及开发减量化、再利用和资源化技术设备方面有优势或有切实可行措施的上市公司优先准许其增发新股或配股，对募集资金投向符合发展循环经济要求的建设项目的上市公司的增发和配股申请优先予以准许，而对于高能耗、高污染、低效率的上市公司的增发和配股则予以限制，以促进上市公司采取措施向循环经济生产方式转变。

参考文献

［1］Pearce，D. & Turner，R. K. Economics of Natuml Resource and the Environment. Harvester Wttxtsheaf，1990.

［2］阿尔温·托夫勒：《第三次浪潮》，生活·读书·新知三联书店 1983 年版。

［3］埃伦·梅克辛斯·伍德、约翰·贝拉米·福斯特主编：《保卫历史——马克思主义与后现代主义》，社会科学文献出版社 2009 年版。

［4］保罗·霍肯：《商业生态学》，上海译文出版社 2007 年版。

［5］丹尼尔·贝尔：《后工业社会的来临——对社会预测的一项探索》，商务印书馆 1984 年版。

［6］段宁：《清洁生产、生态工业和循环经济》，载于《环境科学研究》2001 年第 6 期。

［7］菲利普·阿吉翁、彼得·霍依特：《内生增长理论》，北京大学出版社 2004 年版。

［8］冯春：《国内外发展循环经济的政策研究》，载于《经济师》2010 年第 7 期。

［9］冯心明：《发展循环经济的政策取向与制度构建》，载于《广东社会科学》2006 年第 6 期。

［10］冯之浚：《循环经济是新的经济增长方式》，载于《光明日报》2007 年 1 月 30 日。

［11］冯之浚：《循环经济在实践》，人民出版社 2005 年版。

［12］凤亚红、李永清：《环境保护的博弈分析》，载于《西安科技学院学报》2003 年第 4 期。

［13］高宇、王守雷：《论我国自然资源产权制度改革下的创新与反思》，载于《法制与社会》2011 年第 8 期。

［14］黄英娜、张天柱、颜辉武：《循环经济产生和发展的经济学基础》，

载于《环境保护》2004 年第 8 期。

［15］杰里米·里金夫：《第三次工业革命：新经济模式如何改变世界》，中信出版社 2012 年版。

［16］解振华：《大力发展循环经济》，载于《中国科技投资》2009 年第 3 期。

［17］解振华：《关于循环经济理论与政策的几点思考》，载于《环境保护》2004 年第 1 期。

［18］E. 库拉：《环境经济学思想史》，世纪出版集团、上海人民出版社 2007 年版。

［19］李刚、孙丰云：《可持续发展中的市场、技术与环境问题》，载于《中国软科学》2001 年第 7 期。

［20］李云燕：《论市场机制与政府行为在循环经济发展中的地位与作用》，载于《中央财经大学学报》2006 年第 1 期。

［21］李兆前、齐建国、吴贵生：《从 3R 到 5R：现代循环经济基本原则的重构》，载于《数量经济技术经济研究》2008 年第 1 期。

［22］《列宁选集》（第 2 卷），人民出版社 1972 年版。

［23］刘旌：《循环经济发展研究》，天津大学博士学位论文，2012 年。

［24］刘庆山：《开发利用再生资源，缓解自然资源短缺》，载于《再生资源研究》1994 年第 10 期。

［25］刘思华：《生态马克思主义经济学原理》，人民出版社 2006 年版。

［26］刘玉珂、王现林、张淑萍：《〈资本论〉是循环经济理论的滥觞》，载于《经济经纬》2005 年第 4 期。

［27］卢嘉瑞：《马克思的高级使用价值理论与循环经济》，载于《马克思主义研究》2013 年第 4 期。

［28］卢现祥：《西方新制度经济学》，中国发展出版社 1996 年版。

［29］陆学、陈兴鹏：《循环经济理论研究综述》，载于《中国人口·资源与环境》2014 年第 5 期。

［30］吕丹：《政府主导型循环经济促进机制研究》，中国社会科学出版社 2009 年版。

［31］马江：《论马克思经典理论中的循环经济思想》，载于《统计与决

策》2009 年第 6 期。

[32] 马凯：《贯彻和落实科学发展观 大力推进循环经济发展 》在中国循环经济发展论坛 2004 年年会上的讲话。

[33]《马克思恩格斯全集》（第 26 卷Ⅲ），人民出版社 1974 年版。

[34]《马克思恩格斯全集》（第 31 卷），人民出版社 1972 年版。

[35]《马克思恩格斯全集》（第 38 卷），人民出版社 1972 年版。

[36]《马克思恩格斯全集》（第 20 卷），人民出版社 1971 年版。

[37]《马克思恩格斯全集》（第 46 卷）（下），人民出版社 1980 年版。

[38]《马克思恩格斯文集》第 1、2、3、4、5、6、7、8、9、10 卷，人民出版社 2009 年版。

[39] 马克思：《资本论》第 1 卷～第 3 卷，人民出版社 2004 年版。

[40] 牛桂敏：《从经济学视角看循环经济理论的创新》，载于《中共天津市委党校学报》2009 年第 4 期。

[41] 牛文元：《循环经济：实现可持续发展的理想经济模式》，载于《中国科学院院刊》2004 年第 6 期。

[42] 彭秀丽：《试论循环经济的经济学基础》，载于《湖南行政学院学报》2005 年第 5 期。

[43] 齐建国：《关于循环经济理论与政策的若干思考》，载于《新视野》2004 年第 2 期。

[44] 钱箭星、肖巍：《马克思生态思想的循环经济引申》，载于《复旦学报》（社会科学版）2009 年第 4 期。

[45] 曲格平：《发展循环经济是 21 世纪的大趋势》，载于《中国环保产业》2001 年第 1 期。

[46] 任勇、吴玉萍：《中国循环经济内涵及有关理论问题探讨》，载于《中国人口·资源与环境》2005 年第 4 期。

[47] 任勇、周国梅：《中国循环经济发展的模式与政策》，中国环境科学出版社 2009 年版。

[48] 索洛：《世界就要面临末日了吗?》、威廉·米契尔编：《宏观经济学文选：当前政策问题》，纽约出版社 1974 年版。

[49] 索洛：《资源的经济学和经济学的发展》，载于《美国经济评论》

1974 年第 5 期。

　　［50］托马斯·思德纳：《环境与自然资源管理的政策工具》，上海三联书店、上海人民出版社 2005 年版。

　　［51］王晓红：《促进我国循环经济发展的财政政策路径选择》，载于《经济学动态》2008 年第 9 期。

　　［52］王岩等：《矿产资源型产业循环经济发展——内蒙古西部地区典型案例的理论研究》，经济科学出版社 2008 年版。

　　［53］王岩：《马克思主义可持续发展观及当代价值研究》，光明日报出版社 2012 年版。

　　［54］王岩：《以社会主义生产关系规定的生产目的引领中国经济发展》，载于《改革与战略》2016 年第 12 期。

　　［55］王岩主编，钟霞、赵海东副主编：《循环经济：市场动力与政府推动》，内蒙古大学出版社 2012 年版。

　　［56］王彦鑫：《范式革命与循环经济范式》，载于《山西财经大学学报》（高等教育版）2007 年第 1 期。

　　［57］吴季松：《循环经济的由来与内涵》，载于《科技术语研究》2006 年第 1 期。

　　［58］吴季松：《循环经济——全面建设小康社会的必由之路》，北京出版社 2003 年版。

　　［59］吴季松：《循环经济综论》，新华出版社 2006 年版。

　　［60］武春友、王乐、蒋兵：《我国环境污染事故发生的博弈分析》，载于《现代管理科学》2010 年第 7 期。

　　［61］徐民华、刘希刚：《马克思主义生态思想与中国生态制度建设》，载于《江苏行政学院学报》2011 年第 5 期。

　　［62］亚当·斯密：《国民财富的性质与原因的研究》，商务印书馆 1974 年版。

　　［63］杨雪锋：《循环经济的运行机制研究》，华中科技大学博士学位论文，2006 年。

　　［64］杨志等：《循环经济可持续发展的经济学基础（分论）》，石油工业出版社 2009 年版。

［65］谢海燕：《中国循环经济政策体系研究报告》，知识产权出版社2010年版。

［66］杨志等：《循环经济可持续发展的经济学基础》（总论），石油工业出版社2009年版。

［67］杨志：《对循环经济研究的理论思考——基于马克思主义经济学视角》，载于《教学与研究》2007年第11期。

［68］杨志、郭兆晖：《环境问题与当代经济可持续发展辨析》，载于《经济学动态》2009年第1期。

［69］杨志、王岩、刘铮等：《中国特色社会主义生态文明制度建设研究》，经济科学出版社2014年版。

［70］杨志、王岩：《〈资本论〉解读》，（马克思主义研究论库第一辑），中国人民大学出版社2015年版。

［71］杨志、张欣潮、贾利军等：《生态资本与低碳经济》，中国财政经济出版社2011年版。

［72］尹力军：《政府制度安排与循环经济发展》，载于《环境科学与管理》2006年第3期。

［73］张凯：《对循环经济理论的再思考》，载于《中国人口·资源与环境》2004年第6期。

［74］张顺铃、赵国良、孙少磊：《论马克思循环经济思想的三大原则及其实现条件》，载于《生态经济》（学术版）2008年第1期。

［75］张象枢：《可持续发展经济学基本假设与可持续经济系统特征》，载于《中国地质大学学报》（社会科学版）2007年第2期。

［76］张新平：《生态马克思主义经济理论视阈下循环经济的本质》，载于《湖北民族学院学报》（哲学社会科学版）2008年第5期。

［77］张薰华、王岩：《生态文明建设要义论》，载于《当代经济研究》2014年第1期。

［78］张宇：《中国不能出现颠覆性错误——正确认识社会主义初级阶段的基本经济制度》，载于《红旗文摘》2014年第2期。

［79］赵玲玲、刘明杰：《论发展循环经济与完善制度建设》，载于《当代经济》2008年第11期。

［80］郑云虹：《基于循环经济的制度分析》，载于《东北大学学报》（社会科学版）2006 年第 6 期。

［81］郑志国：《基于资本循环的资源循环利用分析——马克思的循环经济思想初探》，载于《当代经济研究》2006 年第 10 期。

［82］周国雄：《公共政策执行阻滞的博弈分析》，载于《同济大学学报》（社会科学版）2007 年第 4 期。

［83］周宏春、刘燕华等：《循环经济学》，中国发展出版社 2005 年版。

［84］诸大建：《可持续发展呼唤循环经济》，载于《科技导报》1998 年第 9 期。

［85］诸大建：《循环经济 2.0：从环境治理到绿色增长》，同济大学出版社 2009 年版。

［86］诸大建、臧曼丹等：《C 模式：中国发展循环经济的战略选择》，载于《中国人口资源与环境》2005 年第 6 期。

［87］庄威、徐平东：《国内外循环经济发展状况研究》，载于《厦门科技》2005 年第 3 期。

［88］左铁镛：《加快发展循环经济构建节约型社会》，载于《中国建材》2005 年第 10 期。

图书在版编目（CIP）数据

循环经济的经济学理论基础研究／王岩著．—北京：
经济科学出版社，2019.9
ISBN 978 - 7 - 5218 - 0946 - 6

Ⅰ.①循⋯　Ⅱ.①王⋯　Ⅲ.①中国经济 - 循环经济 -
经济发展 - 研究　Ⅵ.①F124.5

中国版本图书馆 CIP 数据核字（2019）第 204946 号

责任编辑：范　莹　杨　梅
责任校对：郑淑艳
责任印制：李　鹏

循环经济的经济学理论基础研究
王　岩　著
经济科学出版社出版、发行　新华书店经销
社址：北京市海淀区阜成路甲 28 号　邮编：100142
总编部电话：010 - 88191217　发行部电话：010 - 88191522
网址：www.esp.com.cn
电子邮箱：esp@ esp.com.cn
天猫网店：经济科学出版社旗舰店
网址：http://jjkxcbs.tmall.com
北京季蜂印刷有限公司印装
710×1000　16 开　13.75 印张　210000 字
2019 年 12 月第 1 版　2019 年 12 月第 1 次印刷
ISBN 978 - 7 - 5218 - 0946 - 6　定价：55.00 元
（图书出现印装问题，本社负责调换。电话：010 - 88191510）
（版权所有　侵权必究　打击盗版　举报热线：010 - 88191661
QQ：2242791300　营销中心电话：010 - 88191537
电子邮箱：dbts@ esp.com.cn）